销售攻心术

宇峰◎著

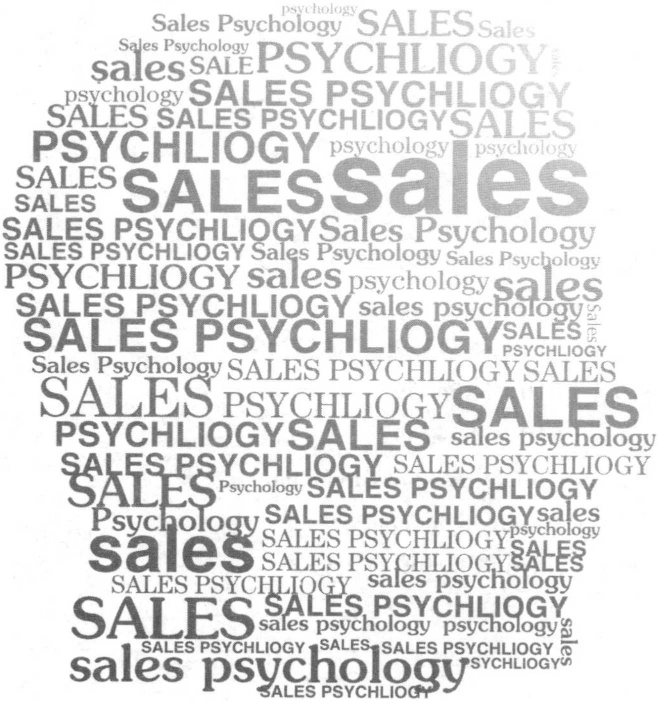

时事出版社

图书在版编目（CIP）数据

销售攻心术 / 宇峰著 . —北京：时事出版社，
2016.8（2020.2 重印）
ISBN 978-7-5195-0000-9

Ⅰ . ①销…　Ⅱ . ①宇…　Ⅲ . ①销售 – 商业心理学
Ⅳ . ① F713.55

中国版本图书馆 CIP 数据核字（2016）第 135365 号

出 版 发 行：时事出版社
地　　　址：北京市海淀区万寿寺甲 2 号
邮　　　编：100081
发 行 热 线：（010）88547590　88547591
读者服务部：（010）88547595
传　　　真：（010）88547592
电 子 邮 箱：shishichubanshe@sina.com
网　　　址：www.shishishe.com
印　　　刷：三河市华润印刷有限公司

开本：787 × 1092　1/16　印张：20　字数：272 千字
2016 年 8 月第 1 版　2020 年 2 月第 3 次印刷
定价：35.00 元
（如有印装质量问题，请与本社发行部联系调换）

前言

“成功的销售人员一定是一个伟大的心理学家。”这是销售行业的一句名言。

从某种程度上说，销售不仅是一份工作，也是一门艺术，更是一场心理博弈战。销售要做的不仅仅是将商品卖给客户那么简单，而是智慧的较量，也是心与心的较量。在这场战役中，你打赢了，订单就是你的！无论是原一平、乔·吉拉德，还是汤姆·霍普金斯、弗兰克·贝特格，这些人之所以能够成为顶级的销售大师，正是因为他们谙熟推销心理学的运用技巧，巧妙地运用了攻心术。

所谓销售攻心术，就是一种洞察人心、赢得信任的技术。销售人员利用说话及心理技巧，识别客户的购买意图，拉近与客户之间的距离并获得客户的认同，从而轻松地搞定客户。真正掌握销售攻心术的人，可以洞悉客户的心理，从而对症下药，让客户在不知不觉中接受你及你的商品。

美国一项调查显示，那些顶级销售人员的业绩通常是一般销售员的300倍。在大多数企业中，80%的业绩是由20%的销售员创造出来的，而这20%的人并不一定能言善辩，也不一定能力卓越，但是他们都有一个共同点，那就是掌握了销售攻心术。

所以说，能否获得出色的成绩，在很大程度上取决于销售人员与客户沟通、交际、博弈的能力。很多销售员都明白这个道理，但是在销售的过程中却难以尽如人意。很多销售员不知道如何面对客户的拒绝，如何让客户心甘情愿地购买产品；有些销售员不知道该如何开场、如何介绍自己；有些销售员经常早出晚归，跑遍大街小巷却一无所获；有些销售员常常口若悬河、滔滔不绝，却只能得到客户的拒绝；有些销售员千方百计想要得到客户的信任，却越做越错……这主要是因为他们不懂得心理学，没有搞懂客户真正的心理需求。

兵法说“攻心为上”，销售也是如此，谁能够掌控客户的内心，谁就能成为真正的赢家。本书对销售人员具有较强的指导作用，可以帮助销售人员掌握不同客户的性格特征和心理特征；掌握赞美客户的技巧，赢得客户的认可和信任；突破客户的心理防线，最终轻松赢得订单。我们相信，通过阅读本书，你必定可以提高销售技巧，让销售业绩直线上升。

目录
Contents

第三章 识人读人术

——不同客户的性格和心理特征

第四章 电话说服术

——电话销售成功的心理学技巧

第七章　心理迎合术

——重视客户的真正心理需求

第八章　心理暗示术

——不知不觉中消除客户的戒心

第九章　产品推介术

——如何让客户对产品感兴趣

第十章　心理博弈术

——洞察变化无常的客户心理

第十一章　心理攻坚术

——如何坚定客户的购买决心

第十二章　心理降服术

——做好公关也是一门学问

第十三章　售后平衡术

——真正的销售从售后开始

第一章

心理修炼术
——销售在于用心，拼的就是心理

成熟的心理素质是一个优秀推销员的必备条件。推销员只有在心理上成熟，其在社会大众面前行使的推销行动才能够成功。优秀推销员所具备的心理素质一般包含强烈的推销欲望、热情、自我推销能力、充分的自信、勇于创新等各个方面。具有较强成就动机的个人往往能够根据条件的变化，采取最有效、最能够发挥个人作用的方法处理问题。业绩优秀的销售员都拥有强烈的企图心、强烈的赚钱欲望，工作时总是全力以赴，他们理所当然应获得丰厚的报酬。

1.

没有成功的欲望，就不能成为顶尖推销员

推销员总是会感到有一些微妙的东西存在，这些东西对他的销售能力有重大的影响，只是这些东西若隐若现，难以琢磨。心理学家的大量研究表明，人的社会性动机其实就是这样的因素。

世界著名的心理学家、哈佛大学教授麦克里兰博士在《人类动机》一书中指出，社会性动机对销售业绩有直接的影响。社会性动机包括成就性动机、亲和性动机、影响性动机。根据他的研究，高成就性动机与出色的销售业绩直接相关。

按照麦克里兰博士的定义，动机反映了个人追求特定目标状态的内在欲望或需求，例如品尝美味的食品、创造出与众不同的产品或方法、得到大家的爱戴等。一个人针对某个目标的动机越强，他希望达到目标的愿望或内在动力也就越强，他就越有可能为实现目标自发地采取相应的行动。

研究结果表明，销售人员的动机特征与销售业绩有直接的联系。成就动机比较强的个人，有较强的内在动力推动他去实现自己所追求的目标。另外，具有较强成就动机的个人讨厌按部就班地做事，往往能够根据条件的变化，采取最有效、最能够发挥个人作用的方法处理问题。因此，销售工作的这种特征正好迎合了具备一定强度的成就动机的个人。成就动机使他们在追求目标的同时，保持机动灵活，采取适合具体条件的行动去实现目标，而不是死守教条。

如果一个销售员因为找不到工作才加入销售的行列中，销售只是他在过渡时期的选择，那么在这样的状况下，要求他面对自己，不断地调整，恐怕是

一件很难的事。很多公司销售人员的流动性很大，基本上都是因为他们没有下定决心做销售，业务提成高不见得就能留住人，关键在于他们到底有没有下定决心从事销售工作。“试试看”是很多人刚刚进入销售行业时的心态，这些人觉得如果不行的话就离开，但他们忘记了一点：销售人员跟公司内部的行政人员是不同的，行政人员领的是固定工资，而销售人员除了基本工资之外还有额外提成。为什么要让销售员有提成呢？因为他们必须要面对市场上的种种挑战，面对陌生人的恐惧，面对拒绝、挫折甚至客户的不理不睬，他们的心情可能会跟坐过山车一样起起伏伏，有成交时的喜悦，也有面对耕耘而没有收获的失落。一个成功的销售员必须不断地超越自己，从而获取高报酬。但不是每个销售员都会有收获，因为很多没有下定决心冲过难关的人，会在考验的过程中被淘汰出局。

优秀销售员的成功欲望，多来自现实生活的刺激，是在外力的作用下产生的，而且不是正面的、鼓励型的。刺激的发出者经常让承受者感到屈辱、痛苦。这种刺激经常在被刺激者心中产生一种强烈的愤懑与反抗精神，从而使他们做出一些“超常规”的行动，焕发起“超常规”的能力，这大概就是孟子说的“知耻而后勇”吧。一些顶尖销售员在获得成功后往往会说：“我也没有想到自己竟然还有这两下子。”

成功的欲望源自于你对财富的渴望，对家庭的责任，对自我价值实现的追求。不满足是向上的车轮！他们因欲望而不甘心，而行动，而成功，他们想拥有财富，想出人头地，想获得社会地位，想得到别人的尊重。

强烈的企图心就是对成功的强烈欲望，有了强烈的企图心才会有足够的决心。这是成功的法则。

每一件事、每一项工作都会有其特定的最好结果，这个最好结果就是我们做这件事、这项工作所期望达到的最终目标。在开始做事之前，只要明确地记住最终目标，就能不管哪一天、干哪一件事，都不违背你为之确定的最重要的标准，且所做的每一件事都会为这个最终目标做出一定的贡献。

不同的选择，决定不同的命运。一流的信息、一流的观念创造一流的财富。推销员应该是博学之人，有必要利用一切手段，并以最新的资讯来武装自己；相反，如果目光短浅、容易满足，就会给自己的发展带来重重阻碍。

一些大公司在招聘销售人员的时候，总会问这样一个问题：“你为什么要做销售员？”对于这个简单的问题，大部分的应聘者会回答“我喜欢这个有挑战性的工作”、“为了实现自己的梦想”等等。做出这样回答的应聘者一般是不会被录取的。相反如果应聘者说“为了赚钱”，招聘者反而会露出满意的笑容，祝贺他被录用。

说“为了赚钱”似乎有点俗，但为什么被录用了呢？这是因为从这个回答中，招聘者能够看到应聘者所拥有的强烈的企图心。

拿破仑曾说：“不想当元帅的士兵不是好士兵。”这句话套用到推销员身上，就可以这样说：“不想赚大钱的推销员不能成为一个顶尖的推销员。”

事实也确实如此，一个不想赚大钱的推销员一般都不能创造良好的业绩。有两个推销员，他们分别来自两个不同的公司，但销售的产品和活动的区域却是一样的。一年下来，其中一个比另一个卖出的东西要多 3 至 4 倍。为什么会这样？因为业绩优秀的那个推销员拥有强烈的企图心，有强烈的赚钱欲望，工作时总是全力以赴。结果，他理所当然地获得了丰厚的报酬。而另一个人得到的报酬只能维持他的生活之用，因为他的欲望太小，没有强烈的企图心。

关键小结

一个不想赚大钱的推销员一般都不能创造良好的业绩。因为凡是业绩优秀的销售员都拥有强烈的成功欲望，这样才能有足够的决心，才能付出更多的热情。这是成功的法则。

2.
用热忱刺激客户的购买欲

销售人员经常被人称作“热情的传递者”。对于你要推销的产品，你越是充满热忱，越是充满信心，就越能够用这种热情去感染人，从而使你的客户真切地感受到你的这份热忱，并接受它。事实往往是如此，拥有无比的热忱，且以坚韧不拔的信心贯注于行动，众多看似才能平平的推销员，却比那些天分较高的推销员创下更好的成绩。因为他热衷于自己的推销，那一股热忱自然而然地感染了消费者，使消费者在不知不觉中产生了购买欲望。

成功者对待任何人指派的工作都会全力以赴，失败者只挑自己喜欢的工作发挥才能。业务人员不能把东西销售出去，是因为他没有把自己销售出去——你不可能引燃别人心中的热切之火，假如你自己的内心仍充满冰凉的疑惑。

所以销售员必须对自己的工作充满热情。那如何保持自己的热忱度呢?有两种方法可以借鉴：一是多多了解自己的产品；二是相信自己的产品会给客户带来许多好处。

人们做每一件事或者说每一句话都是先从自己的情感角度出发的。我们知道，你越是喜欢自己的工作，就越在乎它。如果你对公司、公司的产品和服务倾注足够多的心血，你会很自然地从心底里在乎你的客户；而你一旦从心底里在乎你的客户，你就会悉心地帮助客户在采购方面做出明智的选择，这必将让客户满意你的服务，带来更大的销售潜力。

所有顶级的销售人员都很喜欢、热爱他们自己的工作，他们的客户在与他们的交往中也切身感受到了这一点。其结果是，这些客户不只一次购买他们的产品，还愿意一而再，再而三地购买他们的产品，并且将他们的产品推荐给其他朋友。

态度是一般销售人员与优秀销售人员产生区别的重要因素。这不仅存在于销售中，在生活中任何领域都存在。人们可以想想自己周围最快乐、最成功的人平时的表现——他们精神振奋、面带微笑，积极地对待生活。

为什么不将销售看作是个人爱好，赋予其热情、期待、乐趣呢？为什么不考虑从个人爱好中获利，销售你的个人成果以及你自己呢？

工作和个人爱好之间的区别是：工作缺乏感情的投入。多数对工作不抱幻想的人对工作中发生的情况漠不关心、无动于衷。他们很少积极主动地参加企业的业务活动，很少主动与其他人联系、接触。

学会把兴趣带到工作中，那么工作也会给你带来乐趣。你一定能够从工作中发现一点点的乐趣，即使它是冰冷的话筒或者商务名片。在你的谋生手段中，一定有你喜欢的一方面。

那么，有什么方法可以让推销员对自己的工作激发出热忱与自信呢？下面几种方法可以一用。

（1）随时养成坐到前面的习惯。任何集会的时候，后面的座位都会先坐满。大部分人喜欢坐在后面，或许是因为不愿意太显眼，可是要知道，这种态度会使自己显得畏缩不前，在别人看来，这就是态度消极，热忱不足。如果养成主动坐到前面的习惯，这个态度就会带给我们热忱与自信。

（2）养成凝视着对方交谈的习惯。凝目注视对方，等于告诉对方："我是正直的人，对你绝不隐瞒任何事。我对你说的话，是我打心底里相信的事。我没有任何恐惧感，我对自己充满了信心。"

（3）走的速度比别人快20%。以比别人快20%的速度走，到底意味着什么？心理学家说，一个人改变动作的速度，就能把自己的态度一起改变。走路比一般人略快的人，等于告诉所有的人："我正要赶到有要事待办的地方。我必须去做很重要的事，不仅如此，我要在到达之后15分钟内把那件事办成功。”

（4）主动发言。在会议上，你必须养成主动发言的习惯。越能主动发言，热忱与自信也就越能“如影随形”，有增无减。这种现象会使你更容易继续与对方谈下去。

（5）大方、开朗地笑。当你笑时，请别忘了要大方、开朗。诚心不足的笑，或是半途刹住的笑，必须列为禁忌。大方笑到露牙，这种笑才能吸引对方，使对方产生好感。

关键小结

拥有无比的热忱，这是那些顶级销售员创造更好业绩的关键。他们的热忱自然而然地感染了消费者，使消费者在不知不觉中产生了购买欲望。

3. 先把自己推销给客户

日本销售大师原一平在27岁时进入保险公司开始推销生涯。当时，他穷得连饭都吃不起，而且露宿公园。但是一位老和尚的话改变了他的一生。有一天，他向一位老和尚推销保险，老和尚平静地说：“你的介绍无法引起我投保的兴趣。人与人之间，像这样相对而坐的时候，一定要具备一种强烈的吸引对方的魅力，如果你做不到这一点，将来就没有什么前途可言了。”老和尚又说：“年轻人，先努力改造自己吧！”

销售行业是人与人打交道的事业，是你主动寻找顾客的事业。如果消费者连你这个人都无法接受和依赖，他就不可能成为你的顾客，所以在销售行业中有句名言："推销员在推销出自己的产品之前，首先推销的应该是自己！"

第一流的推销员究竟在哪一点上与其他推销员不同呢？那就是，他们具有卓越的推销自身的能力。拥有众多顾客的推销员，与其说是推销商品，倒不如说是首先在推销自己。对于推销员来说，自我推销是非常重要的一点，始终坚持以自我推销为先，才能够取得成功。自我推销法是推销的最主要方针。你销售商品，但仅仅依靠商品是不会使顾客动心的，而恰恰因为这是你的商品，顾客才愿意购买。

是的，只有把自己推销给客户，才会有进一步向客户推销产品的可能。

乔吉拉德是世界著名的推销大师，他在15年的时间里总共销售了13001辆（每次只卖一辆）汽车。这项记录被《吉尼斯世界记录大全》收入，他本人也被誉为"世界上最伟大的推销员"。乔吉拉德49岁时便退休了。那时他连续12年荣登《世界吉尼斯记录大全》世界销售第一的宝座；他所保持的汽车销售世界纪录：连续12年平均每天销售6辆车，至今无人突破。他也是全球最受欢迎的演讲大师，曾向众多世界500强企业的精英传授他的宝贵经验；来自世界各地数以百万的人被他的演讲、他的事迹所激励。35岁以前，乔吉拉德是个全盘的失败者，他患有相当严重的口吃，换过几十个工作仍一事无成，甚至当过小偷，开过赌场。然而，谁能想象得到，像这样一个谁都不看好，而且背了一身债务，几乎走投无路的人，竟然能够在短短三年内爬上世界第一销售的位置，并被《吉尼斯世界纪录》称为"世界上最伟大的推销员"。无论在哪，人们都会问乔吉拉德同一个问题：你是怎样卖出东西的？他的回答是：生意的机会遍布每一个细节。多年前他就养成一个习惯：只要碰到人，左手马上就会到口袋里去拿名片。他到处用名片，到处留下他的味道、他的痕迹。每次付账时，他都不会忘记在账单里放上两张名片。去餐厅吃饭，他给的小费每次都比别人多，同时放上两张名片。出于好奇，人家都要看看这个人是做什么的。人们在谈论他、想认识他，并根据名片来买他的东西，经年累月，生意便源源不断。

“给你一个选择：你可以留着这张名片，也可以扔掉它。如果留下，你知道我是干什么的、卖什么的，必要时可以与我联系。”所以，乔吉拉德认为，推销的要点是，并非推销产品，而是推销自己。

关键小结

作为推销员，第一个目标就是要消除客户的不信任感。你需要先将自己推销出去，让客户更加信任你，从而自然而然地进入产品销售的问题。

4. 拥有自信，你就成功了一半

一个拥有自信的推销员，也就成功了一半。

乔·吉拉德 35 岁时，他之前的事业在一夜之间崩塌，变得一无所有，负债达 6 万美元之多，家里连一点吃的都没有，两个年幼的孩子整日饿得嗷嗷叫。后来他重建信心，进入一家经销汽车的公司，承诺两个月内将打破公司中最佳推销员的记录。“刚开始的第一次推销是最辛苦的。一旦成功，以后的发展便看你自己的了——我对自己说。就在那时我悟出了一个伟大的真理：信心产生更大的信心。那是我爬向人生高峰的开始……两个月内，我真的实现了自己许下的诺言，我打破了公司中所有推销员的业绩，并偿还了 6 万美元的负债，同时也买回了自尊。信心产生信心，我再次确认这句话对我产生的力量。一年内，我的汽车销售业绩达到了 1425 辆，我终于从失败转而成为世界上最伟大的汽车推销员。”

当你和客户会谈时，言谈举止若能表现出充分的自信，就会赢得客户的信任；客户信任了你，才会相信你的商品说明，从而心甘情愿地购买。通过自信，才能产生信任，而信任则是客户购买你的产品的关键因素。

有一句古老的推销格言：一项成功的推销要使你的推销对象对你、你的公司和你的产品树立起一定的信心。如果一个买主能在以上三个方面都形成一定的信任的话，买卖成功自然就是水到渠成的了。

要记住，你的自信心会影响到你的客户，所以时时建立自信，用自信扫除成功路上的一切障碍——这是战胜一切的诀窍。

你把自己看成是什么样的人，你就会成为什么样的人。你的自我形象，也就是你内心深处对自己的看法，这会对你的外在表现有很大的决定作用。

博恩·崔西给推销员们的建议是："从现在起，请将你自己看作是一名顾问吧。让你的言行举止都好像是一名顾问的样子。穿戴打扮、行头装备都像是一个拿高薪的高级顾问的样子——因为你确实是你所在领域的专家。所以，当人们问起你的职业时，请你骄傲地告诉他们：我是一名顾问。"一位从事屋顶材料销售的经理了解到这个规律之后，回到办公室里，将所有的写有"销售人员"的名片全部换掉，新名片上写着"室外材料咨询顾问"。后来他告诉我说，此后不到一个月的时间里，他整个公司的工作氛围已全然改变，销售员们相互之间的交往也开始有别于以往，而当销售人员都将自己看作是咨询顾问时，他们在客户面前也有不同于以往的表现。这个变化发生之后的第一个月，他们公司的销售额就提高了 30%。

事实上，我们每个人的身上都存在这种两面的力量——信心和害怕。人人皆有，只是程度有所不同罢了。在你建立信心时，不能老想着"以后再做"，因为根本没有明天这回事，今天决定了你的明天。

所以，你要立即行动，将害怕、怯懦的思想从心中永远地除去，下面几种方法曾帮助我消除恐惧，增加了自信和勇气，我想它也一样会帮助你。

（1）相信自己——告诉自己“我能行”，把这句话写在你浴室的镜子上，每天大声喊上几遍，让它们浸入你的心灵。

（2）结交乐观自信的人——这样的人能带给你积极向上的奋斗动力，任何时候你都不要畏惧失败。

（3）坚定信心——信心会让你产生更大更强的信心，这种力量能促使你走向成功。

（4）主宰自己——汽车大王亨利·福特曾说过，所有对自己有信心的人，他们的勇气来自于面对自己的恐惧，而非逃避。你也必须学会这样，坦诚面对你的自我挑战，主宰你自己。

（5）勤奋工作——无论你从事什么工作，要想有所作为，只有踏实勤奋才能向成功靠拢。

关键小结

很多推销员在推销产品时不自信，这样一来，客户如何能信任你？要记住，你的自信心会影响到你的客户，这是你成交的关键。

5. 主动去敲开客户的门

采取主动并不表示要强求、惹人厌或具有侵略性，只是不逃避为自己开创前途的责任。要取得推销的成功，一定要主动去敲市场的门，坚持不懈地推销自己的卖点。

作家柳青说，人生的道路尽管很漫长，但要紧处就那么几步。对于人生而言，奋斗固然重要，但能否抓住机遇也是十分关键的。市场从来不会主动找上门来，需要我们去敲开它的门。

我们可以从上一节提到的乔·吉拉德身上学到最大的主动性。

乔·吉拉德35岁时倾家荡产，如果第二天再没有钱，家里所有的人会继续饿肚子，甚至饿死。第二天，乔·吉拉德去了一家汽车销售公司。他主动强调可以免费工作。虽然他很有诚意，很有信心，但由于对汽车不了解——他对汽车的了解还不如他的顾客，因此第一天当太阳西沉、夜幕降临的时候，他连一辆汽车都没有卖出去。但这时，一位衣着华丽的妇女向对面的汽车行走了过去。如果站在乔·吉拉德的位置，很多人往往会有两种表现：一种是念咒语：转过来，转过来……一直到对方进到对面的汽车行；另一种是诅咒：哼，去那里吧，一定买最差的汽车，一定是的，笨蛋！但乔·吉拉德却不会，他迅速跑了出去：注意，不是去抢劫，也不是无礼地拦住别人，而是很有礼貌地伸出手臂，说道："尊贵的夫人，我叫乔·吉拉德，是卖汽车的，请听我说，我知道您想要买汽车，请您到我们的汽车行买可不可以？"那位夫人说道："对不起，我就是想去这里买的（指着面前的车行）。""对不起，尊贵的夫人，请相信，对于汽车的了解也许我不如那家车行的销售员，但对于服务，我会是这个世界上最好的服务员。您一定是想买最好的汽车，同时享受与您的身份匹配的最好的服务！"那位夫人还有点犹豫，乔·吉拉德接着说了自己目前失业的状况，终于打动了那位贵夫人。贵夫人点了点头，到了乔·吉拉德服务的车行，最终在他优质的服务下买了一辆汽车。

国内外对众多的调查研究表明，成功的推销员都有一个共同的特点，即都具有奋发向上、不断进取的心态。这是成功最重要的因素。

奋发向上、不断进取的人能不断地为自己树立新的目标，并把它们转化为自己成功的原动力。无论他身处何种境地，都会尽心尽力，力争完美。在他身为推销员时，就时时为登上推销冠军的宝座而努力，最终他会获得成功。

那么，如何才能做到奋发向上，成为一名成功的推销员呢？

首先要培养敬业和专业的精神。一个奋发向上的人，无论何时何地都会重视自己正在从事的职业，并从内心深处树立起一种职业的自豪感。与此同时，对自己工作中所遇到的无论多么细微的事情，他都会全力以赴。

其次要对自己高标准、严要求。每时每刻都要对自己提出更高的标准和更严格的要求，这可以从生活中的各个方面来进行。它可以是提高一定百分比的销售额，也可以是提高一点利润，增加一些洽谈成功的机会，甚至只是提高你写字、吃饭或者走路的速度。这些日常生活方面的要求，看起来似乎与推销工作风马牛不相及，但久而久之，它会培养出一些有助于你成功的良好习惯，使你的推销更富有效率。

最后要养成勤劳和认真的习惯。成功的推销员要脚勤、口勤，要勤跑动，要经常去拜访每一个可能成为自己客户的人。他时时都会比别人先迈出一步，因为他深知在各种竞赛中，冠军和亚军之间常常只有几秒之差、几厘之距。因此，凡事他都会在开始之前就准备妥当，随后满怀信心地去做。

关键小结

勤劳和敬业是一个良好的习惯。销售是一个很辛苦的工作，推销员要脚勤、口勤，要勤跑动才能得到更多的机会。因为客户从来不会主动来找你，你必须积极主动地去寻找客户。

6.

克服销售中的胆怯心理

害怕自我推销的行为，在职业销售方面就表现为客户拜访时的胆怯。它以多种形式出现，会给职业销售人员的绩效带来不同程度的损害。

Sally 目前正在准备一份销售计划，两天之后将向一名新的潜在客户推介。该计划她已经修改了 10 多次，现在又在检查打印件是否有错误。随后，她还将再次准备如何演示，并将要点写到便笺条上，以备实际运用或演练使用。所有这些都在销售工作日进行，而销售工作日是她与新的潜在客户接触的唯一时间。这种总在做准备但很少付诸实践的倾向，是一种拜访胆怯心理的表现形式，被称为“过分准备”。

Ryan总是努力向他的客户和潜在客户展示最佳形象。他气度不凡，作风专业，资料和交通工具也准备得一丝不苟。比如，今天下午出去与潜在客户会面时，他会将他的小车里里外外清洗干净以保持他的形象，但因此牺牲了和客户面谈的时间。这也是销售拜访中胆怯的一种趋向，被称为“过度专业”。

Judy的产品特性与价格，要求她必须与潜在客户的行政总裁接触。对于这一点她感到很不安，因此她很有创造性地进行工作，开始与采购代理、人力资源经理和其他愿意与她交谈的任何人打交道。她很容易就与这些人建立了融洽的关系，但不知怎的，她总是不能接触到总裁或老板。不幸的是，除非特别例外，只有最上层的人才能决定购买她所推销的东西。Judy有一种“社交自卑意识”的倾向，这是销售拜访中胆怯心理的另一种形式，其标志是不情愿与处于社会经济高层或掌权的人物接触。

Jack销售的是金融产品。他知道，通过举办免费研讨会向潜在客户宣传的方式效果最好。他看到与其职位相当的同事在一次又一次举办研讨会后销售额不断攀升。尽管如此，他还是坚持每次只接触一名潜在客户，一对一地推销他的产品。他这种不愿当众推介的倾向是销售拜访中胆怯心态的另一种形式，被称为“怯场”。

胆怯、怕被拒绝是新销售员常见的心理障碍，通常表现为：外出拜访怕见客户，不知道如何与客户沟通；不愿给客户打电话，担心不被客户接纳。

销售的成功在于缩短和客户的距离，通过建立良好的关系，消除客户的疑虑；如果不能与客户主动沟通，势必丧失成功销售的机会。

销售人员需要克服胆怯。一位销售经理曾这样说他的经验：“如果我的业务员问我怎样克服胆怯害怕的心理，我通常建议他尝试做一件事：找机会多参加大型的集会。先别忙着找座位，待到主持人宣布活动正式开始时，你再鼓足勇气径直走到前台一二排嘉宾席或领导席，寻个空位子坐下。甭担心，那地方一般都会有不少空座位，来宾彼此也未必全认识，无法识破你是一个无关紧要的局外人，出于礼貌，他们还会跟你客气，与你搭讪。”

胆怯并非全来自外界的强大威胁，更多的时候源于自身的虚幻压力和对能力的怀疑。人或多或少都会有些惰性，自卑心理无时不在暗示我们，威胁无处不在。有了这样的幻觉，胆怯便会乘机膨胀起来，并且被放大到夸张的程度，令人失去信心，这样放弃便有了可下的台阶。不可为而为之是鲁莽，可为而不敢为便是怯懦了。还是让我们记住西德尼·史密斯说的一句话吧：“大量的人才失落在尘世间，只因缺少一点儿勇气。”

英雄和懦夫的区别就在于，英雄比懦夫多了几分钟的勇敢罢了。普通人会从令人恐惧的境地绕路走开，避免自己心生恐惧；而勇敢的人则强迫自己去迎战恐惧，去做那些让普通人恐惧的事。

关键小结

很多新手推销员总是不敢迈出第一步，总是缺少那么一点勇气，这成为他们迈向成功的最大障碍。如果你想要成为成功的推销员，那么不要逃避，勇敢地战胜它。

7. 把斧子推销给小布什

人们常说，无限风光在险峰。攀登险峰就得去探索，去尝试。美国外交官、律师爱德华·菲尔普斯曾说："做一件事情，如果有效果，那就继续做；如果没有效果，就试试别的。"

有时，采取行动意味着做一些我们以前从来没有做过的事情——尝试新的事情，以新的方式沟通，以便扩展我们的技能。

如果我们生活在自己的"安乐窝"里，会感到舒适、安全，可以重复着做过的、得心应手的事情，用我们惯用的方法与人沟通，至少我们知道结果会怎样。我们也无需挑战自己的自我印象或者我们的技能水平。但是，如果我们老是留在自己的"安乐窝"里，也不会取得任何进步。正如谚语所说：如果我们老是在重复做相同的事情，我们的生活就一直不会有什么变化。离开我们的"安乐窝"可能会使我们感到不适应，因为我们是在冒险，没有成功的保障，我们所知道的仅仅是通过尝试做不同的事，我们将得到不同的结果。

布鲁斯学会创建于 1927 年，以培养世界上最杰出的推销员著称于世。它有个传统：在每期学员毕业时，都会设计一道最能体现推销员实力的实习题，让学生去完成。克林顿当政期间，他们出的题目是：请把一条三角裤推销给现任总统。8年间，有无数个学员为此绞尽脑汁，最后都无功而返。克林顿卸任后，题目被改成：请将一把斧子推销给小布什总统。前8年的失败与教训让许多学员都知难而退了。

然而，推销员乔治·赫伯特却做到了，并且没有花多少功夫。他说：我认为，将一把斧子推销给小布什总统是完全可能的。因为小布什总统在得克萨斯州有一座农场，那里长着许多树，于是我给他写了这样一封信："有一次，我有幸参观您的农场，发现那里长着许多矢菊树，有些已经死掉，木质已变得松软。我想，您一定需要一把小斧头，但是以您现在的体质来看，这种小斧头显然太轻，因此您仍然需要一把不甚锋利的老斧头。现在我这儿正好有一把这样的斧头，它是我祖父留给我的，很适合砍伐枯树。倘若您有兴趣的话，请按这封信所留的信箱，给予回复……"

最后，小布什总统给乔治·赫伯特汇来了15美元。

乔治·赫伯特成功后，布鲁金斯学会在表彰他的时候说："金靴子奖已经设置了26年。26年间，布鲁金斯学会培养了数以万计的推销员，造就了数以百计的百万富翁。而这只金靴子之所以没有授予他们，是因为我们一直想寻找这么一个人——这个人从不会因为有人说某一目标不能实现而放弃尝试，从不会因为某件事情难以办到而失去自信。"

关键小结

这个世界上没有不可能的事情。把斧子推销给总统，对于大多数人来说，是一件极为困难的事情，正是这种惯性思维封闭了大多数人的思想，所以才没有人敢尝试。可是，连尝试的勇气都没有了，怎么能成功呢?

8.

把拒绝当成家常便饭

被顾客拒绝一次，10个推销员中有5个会从此打住；被拒绝第二次，5个人中又少掉2个；再被拒绝第三次，就只剩下一个人会做第四次努力了，这时他已经没有竞争对手了。

一位保险公司总经理用“50—15—1”原则来激励推销员们坚持不懈地努力。所谓“50—15—1”是指每50个业务电话，只有15个对方有意和你谈谈，这15个人里面只有1个人去向你买保单。没有坚持不懈的精神，哪来良好的业绩?

成功的推销员是屡败屡战的，他们不相信失败，只认为成功是一个阶段，失败只是成功过程中出现的不正确方式。短暂的失败，使他们学会了更好的方法，促进自己进步。不断地进步，不断地改善，一次又一次地从头开始，便有了最后的美好结果。一位生意场上的高手说得好：“一份心血一份财，心血不到财不来。”

有这么一个童话，说明了恒心的重要性。

很久很久以前，在遥远的北方有一位美丽的女神，名叫凡娜吉斯。一天，有人来敲她的门，敲得很轻，声音里带着点犹豫。这时女神正躺在安乐椅上，她想：“让他再敲一会儿吧！”

不一会儿，敲门声消失了。

女神感到很奇怪：“这个客人到底是谁呀！这样犹豫不决。”她奔到窗口一看，只见敲门的客人已经走了。

女神说："啊，原来是维勒，他是这样漫不经心，让他空跑一趟吧！"

过了不久，女神又听到了敲门声。这个人敲得很热心、很坚决，耐心地敲了很长时间，一直敲到女神动了心，开门迎接他。

这位客人又是谁呢？他就是肖夫斯特姆。女神爱上了他，最后与他结婚生子。

做销售和做人一样，要坚持才能走出自己的路子。销售不是今天你来了，今天你就会有收获，而是在一个又一个深陷的泥潭中挣扎出来的。也许坚持未必会胜利，可是你不坚持就只有失败。投降是懦弱者想出来的妥协办法，举起白旗只因为心中的激情已经退去，所以他也只能在泥污中过着自己的下半生。

一个成功的销售人员会不以物喜、不以己悲。胜利固然是好的，但不是终点，而是另一个胜利或是失败的开始；失败也不用悲伤，因为那预示着下一个成功的到来。销售人员随时经受着被人拒绝或是放弃的痛苦和折磨，所以一个成功的销售人员是生活的强者，不会因为一点点的挫折就想着放弃。

做业务必须有耐心，不断地拜访，避免操之过急；必须从容不迫，察言观色，并在适当的时机促成交易。客户拒绝时，切勿泄气，要进一步努力说服客户，并设法找出客户拒绝的原因，再对症下药。

下面有几种锻炼恒心的方法，大家可以借鉴。

（1）把每天的努力当作用双拳向一棵大树的一击，第一击可能不会使这棵大树震动，第二击也不会，第三击也不会，但这棵树总有一天会倒下。

（2）愚公移山的精神（只要不断地反复去做，任何事情都可以成功）。

（3）绝不考虑失败（将"暂停"、"不能"、"没办法"、"不可能"、"有问题"、"未必成功"、"失败"、"没希望"以及"撤退"等字眼和词句从自己的词典里删除）。

（4）学会和运用别人在工作上胜过自己的秘诀（要努力尝试到胜利时才罢休，潜意识里绝不允许任何一天以失败收场）。

关键小结

成功的推销员是屡败屡战的，他们不相信失败，只认为成功是一个阶段，失败只是成功过程中出现的不正确方式。不要害怕拒绝，关键是如何把拒绝变成订单。

第二章

形象修习术

——好形象营造吸引客户的强大气场

推销行业处处以貌取人，衣着打扮光鲜、品位好、格调高的推销员，往往占尽先机。当然，对推销员来说，最重要的是打扮适宜得体，这样才能得到顾客的重视和好感。适宜的衣着是仪表的关键，所以推销员应该注意服饰与装束。销售是一种动态性质的工作，是一种人与人直接面对面的促销方式。正是基于这一点，销售人员的服饰、气质、微笑、礼貌、肢体语言、真诚及和蔼程度，往往直接影响到客户对销售的接受心理。本章就着重对以上几个方面进行剖析。

1. 给顾客留下良好的第一印象

有位资历颇深的营销专家告诫涉足营销界的同仁们：在营销产业中，懂得形象包装，给人良好的第一印象者，将是永远的赢家。

弗兰克是一个出色的推销员。弗兰克在一次技术交流会上结识了一位经理，该经理对弗兰克公司的产品颇感兴趣。两人约定了时间准备再仔细商谈一下。前往公司的那一天下起了大雨，于是弗兰克穿上了防雨的旧西装和雨鞋出门。

弗兰克到那家公司后便递上了名片，要求和经理面谈，他等了将近一个小时，才见到那位经理。弗兰克简单地说明了来意，没想到那位经理却冷淡地说："我知道，你跟负责这事的人谈吧，我已跟他提过了，你等会儿过去吧。"

这种遭遇对弗兰克来说还是第一次，在回家的路上他反省着："是哪个地方做错了呢？"今天所讲的内容应该会跟平常一样魅力十足地吸引客户的呀！怎么会这样呢？他百思不得其解。

然而，当他经过一家商店的广告橱窗，看到自己的身影后才恍然大悟，立刻明白了自己失败的原因。平常弗兰克都穿得干净、潇洒且神采奕奕，而他今天穿着旧西装、雨鞋，看着就像落魄的流浪汉，更别提推销了。

推销大师法兰克·贝格曾说过，外表的魅力可以让你处处受欢迎，不修边幅的推销员给人留下第一眼坏印象时就失去了主动。

推销行业处处以貌取人，衣着打扮光鲜、品位好、格调高的推销员，往往占尽先机。然而，这并不意味着打扮得越华丽越好。对推销员来说，最重要的是打扮适宜得体，这样才能得到顾客的重视和好感。适宜的衣着是仪表的关键，所以推销员应该注意服饰与装束。

服饰在个人形象里居于重要地位。伟大的英国作家莎士比亚曾经说：“一个人的穿着打扮，就是他的教养、品位、地位的最真实写照。”在日常工作和交往中，尤其是在正规的场合，穿着打扮的问题正越来越引起现代人的重视。从这个意义上说，服饰礼仪是人人应该认真考虑、面对的问题。

有人以为服饰只要时髦、昂贵就好，其实不一定。合适的穿着打扮不在奇、新、贵上，而在于你的穿着打扮是否与你的身份、年龄、体型、气候、场合等相协调。正如著名哲学家笛卡尔所说，最美的服装应该是“一种恰到好处的协调和适中”的服务。

俗话说，佛靠金装，人靠衣装。从某种程度上说，得体的衣着打扮对于销售人员的作用，就相当于一个赏心悦目的标签对于商品的作用。如果你在第一次约见客户时就穿着随便，甚至脏乱邋遢，那么你此前通过电话或者电子邮件、信件等建立的良好客户关系可能就会在客户看见你的一刹那全部化为乌有。你要想令客户对你的恶劣印象发生转变，那就要在今后的沟通过程中付出加倍的努力，更何况有时候不论你付出多少努力，客户都会受第一印象的左右而忽视你的努力。

在选择服饰时，销售人员应该注意一点，那就是不论任何服饰，都必须是整洁、端庄的，而且服饰的搭配必须和谐，千万不要为了追求新奇而把自己打扮得不伦不类。为此，销售人员实在有必要经常留心身边气质不凡的上司或同事，以及比较专业的杂志或电视节目等。

以下是衣着的七大原则：

不要吝啬：在你的经济能力范围之内买最好的衣服。质量好的衣服穿起来令你显得更帅，也较耐穿。你可以在上班、工作、宴会、旅行、休闲等不同时机选择不同服饰，但要多加选择搭配。

适合场合：你不能穿着牛仔装去见银行总裁，也不能穿着西装去玩足球。

定期烫洗：油污、斑点、皱褶对你的推销有很大影响，会令人讨厌。

小心收藏：好的衣服应该小心悬挂，以保持它们的形状。

选择饰物：粗俗的领带、过大的皮带、扣子，或过重的首饰，会分散别人对你本身的注意力。

鞋子搭配：鞋子和衣服的搭配要合适。而且在不同的场合和时间，鞋子也要注意有所选择。

鞋子保养：鞋子要擦得光亮，注意不要让鞋跟磨掉。

关键小结

对推销员来说，最重要的是给客户留下良好的第一印象，这样才能得到对方的重视和好感。而适宜的衣着是第一印象的关键，所以推销员应该注意服饰与装束。

2. 气质也是一种自我推销

无可争议，杨澜是当今中国最出色的女性之一，她美丽、聪慧、优雅、知性，在 30 多岁时，就已经实现了许多人一生都无法实现的梦想：考上了好大学，找到了好工作，嫁给了好丈夫，生了好儿女，开创了好事业，拥有 8 亿多的身家。

杨澜“气质穿衣法”的高明之处就在于能表现人的气质，既有职业女性的端庄优雅，又有年轻女性该有的活力与潮流。她的衣服并没有多特殊的设计，但是穿在她身上却非常得体，光彩耀人。如果说穿衣让杨澜显得好看，那么她的行为举止无疑给这“好看”二字注入了灵魂。很明显，杨澜是受过专业礼仪指导的，她的一举一动都可圈可点，即使代表一个电视节目、一个城市、乃至一个国家，也不会有失礼的地方。

气质是指人相对稳定的个性特征、风格以及气度。性格开朗、潇洒大方的人，往往表现出一种聪慧的气质；性格开朗、温文尔雅的人，多显露出高洁的气质；性格直爽、风格豪放的人，气质多表现为粗犷；性格温和、风度秀丽端庄的人，气质则表现为恬静……无论聪慧、高洁，还是粗犷、恬静，都能产生一定的美感。相反，刁钻奸猾、孤傲冷僻，或卑劣萎靡的气质，除了使人厌恶以外，绝无美感可言。

与外表装饰相比较，更为重要的是，推销员应注意内在气质的修养，要注意文化学习，培养自己优雅、热情、诚恳的气质。这样的推销员才能被顾客接受和信任。推销员千万不要沾染江湖习气，否则顾客会认为你是江湖骗子而严加防范，致使推销过程产生困难。

气质美首先表现在丰富的内心世界上。理想则是内心丰富的一个重要方面，因为理想是人生的动力和目标，没有理想，内心空虚贫乏，是谈不上气质美的。品德是气质美的另一个重要方面。为人诚恳、心地善良是不可缺少的。文化水平也在一定程度上影响着人的气质。此外，还要胸襟开阔、内心安然。

气质美看似无形，实为有形。它是通过一个人对待生活的态度、个性特征、言行举止等表现出来的。一个人的举手投足、步态、待人接物的风度，皆属气质。朋友初交，互相打量，有气质的人立即给人以好的印象。

具体到推销员，其气质一般表现在如下方面：

（1）仪表。仪表礼仪很重要。一个长相讨人喜欢的人自然容易给客户留下深刻印象。

（2）表达。还未开口就满头大汗，说话结结巴巴辞不达意，似乎离销售气质远了点，面试官最喜欢是那种见面“自来熟”的人。每天跑客户，认识不同的人，见面就能聊上几句，局促的局面很快就能打破，接下去的生意自然也就顺利了。

（3）谦和。和气才能生财，如果一个人持趾高气扬的态度对客户说话，那么在进行客户拜访的时候岂不是要把客户得罪干净？

（4）耐压。前脚还未跨出客户的办公室门，眼角里瞟到客户已把自己的名片扔进废纸篓，这是销售代表常常会碰到的事情——没把你赶出大门已是客气了。所以，如果不能承受若干“刁难”，没听上几句重话，就“眼泪忍不住掉下来”，销售市场当然会淘汰你。

（5）忠诚。凡是销售业绩比较好的员工，首先对自己的产品有强烈的爱。只有具备这种发自内心的对产品强烈的爱，才会对公司、对产品产生忠诚，接下去就是如何把这种爱传达给客户，让他来分享自己的产品。

关键小结

与外表装饰相比较，推销员更应注意内在气质的修养，要注意文化学习，培养自己优雅、热情、诚恳的气质。这样的推销员才能被顾客接受和信任。

3. 一个微笑胜过十句话

鲍勃凝视着屋内，目光停留在一位魅力十足的黑发女子的身上。而此时，她似乎也正微笑着望着他。于是，鲍勃毫不迟疑，立刻起身，走进屋内，与这名女子攀谈起来。女子的话并不多，不过她依然微笑着注视着他，所以鲍勃仍然继续着他的谈话。这时，鲍勃的一位女性朋友从他身旁经过，悄声对他说：

“算了吧，鲍勃……在她眼中，你就是个笨蛋。”听闻此言，鲍勃顿时目瞪口呆。可是，那位可人儿此时仍在冲着他微笑！

其实，鲍勃不过是犯了一个大多数男人都会犯的错误——误解了异性在微笑时紧闭双唇所代表的含义。

流露出自然而甜美的微笑，给人一种亲近、友善、和蔼的感觉，让人在心中留下美好难忘的第一印象。微笑的技艺要掌握分寸，真诚的态度，微微的点头，动作不宜过大，发自内心的笑容才是最自然的。一次完美的微笑，常常可以让对方感到亲切，进而对你产生好感，下一步的销售活动就可以顺利地进行了。

日本有近百万的寿险从业人员，其中有很多人不知道日本前10名寿险公司总经理的姓名，但却没有一个人不知道原一平。原一平的一生充满传奇。他从一个无可救药的小太保，变成日本保险业的“推销之神”，他的微笑亦被评为“价值百万美元的微笑”。

原一平在最初成为推销员的7个月里，没有拉到一分钱的保险，没有拿到分文的薪水。为了省钱，他只好上班不坐电车，中午不吃饭，晚上睡在公园的长凳上。但他依旧精神抖擞，每天清晨5点起床从“家”徒步上班。一路上，他不断微笑着和擦肩而过的行人打招呼。

有一位绅士经常看到他这副快乐的样子，很受感染，便邀请他共进早餐。尽管他饿得要死，但还是委婉地拒绝了。当得知他是保险公司的推销员时，绅士便说：“既然你不赏脸和我吃顿饭，我就投你的保好啦！”他终于签下了生命中的第一张保单。更令他惊喜的是，那位绅士是一家大酒店的老板，帮他介绍了不少业务。原一平的命运从此彻底改变了。由于原一平的微笑总能感染顾客，他成了日本历史上最为出色的保险推销员。原一平的笑容是如此的神奇，在给顾客带来欢乐与温暖的同时，也给自己带来了巨额的财富和一世的英名。

作为一个推销员，如果脸上总是能面带微笑的话，这是一笔巨大的无形资产。你的笑容是否那么阳光灿烂并不重要，重要的是你时常保持着微笑。在人们的工作和生活中，没有一个人会对一位终日愁眉苦脸的人产生好感；相反，一个经常面带微笑的人，往往也会使他周围的人心情开朗，受到周围人的欢迎。在一般情况下，如果你对别人皱眉头，别人也会用皱眉头回敬你；如果你给别人一个微笑，别人就会用更加灿烂的微笑回报你。

第一次拜访客户时，如果你带着一张灿烂的笑脸进门，它可以让你省去很多程序性的介绍和麻烦。微笑就像三月的阳光，能融化堆积在人们心灵之间的冰雪，改变客户的心情，制造出你与客户交流所需要的和谐气氛。当然，这种微笑首先也会改变你自己。对于推销员来说，微笑是一张心灵的名片，必不可少。你呈递给客户的第一张名片如果是笑容的话，那对于你的客户来说，它远比你身上穿什么样的衣服更加重要。

关键小结

原一平说："微笑是最有效的销售武器。"微笑的魅力远远超过你我的想象，它可以打破客户的心理防线，也是带给客户好心情的必杀技。正所谓，一个微笑胜过十句推销的话语。

4.

礼仪是推销员最好的名片

一个销售员，除了应该注意服饰、语气和体态外，更应该注意自身的修养。优雅、礼貌的行为可以促进你的销售。

发明“销售关键语理论”且在推销教育上建立名声的美国推销专家费拉曾经说过：“有些顾客，对推销员很冷淡，好像故意要在双方之间设立障碍，一些经验颇多的推销员，对这种不轻易显出亲切感的顾客，往往也无可奈何。其实，这个问题的症结，八成是在推销员。根据我的经验，我敢肯定地说：这是身为推销员的你，在推销礼节上，有某些缺陷所致。也许，你认为推销礼节是小事一桩。事实上，缺乏推销礼节，会成为阻碍你与顾客融洽交谈的一堵厚墙……”

销售工作绝对是讲究“礼多人不怪”的，这个“礼”代表的是“礼貌”、“礼数”、“礼仪”，而非怂恿大家行贿送礼，败坏社会风气。

首先，要善于聆听。在交谈中让顾客充分地表达出自己的想法，有助于销售员了解更多的消息，亦有助于建立与客户的相互信任。

其次，不发牢骚。在与顾客交谈中，应避免流露出对自己的雇主和公司的不敬或不满。这种谈论对自己和公司形象造成的伤害，是不可估计的。没有人会喜欢以议论他人为乐的人。

再次，要保持轻松。在和顾客的交谈中，一定要以轻松自如的心态进行，过分紧张会降低你所提建议的可信度。

最后，应善于运用礼貌语言。礼貌是对他人尊重的情感外露，是谈话双方心心相印的导线。人们对礼貌的感知十分敏锐，有时即使是一个简单的“您”、“请”等字眼，都可以让他人感到一种温暖和亲切。

此外的注意事项是：一定要说好基本用语，注意仪态，注意选择词语，注意语言简练，注意音调和语速。

关键小结

在推销工作中，礼仪是推销员的名片，客户可以通过推销员的礼仪而知晓其修养、品质，从而考虑是否信任、接受。所以，时刻不要忘记礼仪，不要让缺乏礼仪成为阻碍你与顾客融洽交谈的一堵厚墙。

5. 身体语言比说话更有效

一个无心的眼神、一个不经意的微笑、一个细微的动作，就可能决定了你的成败——即使这是一次千万元级别的商务谈判。是的，那些被我们忽略的微妙身体语言，就是有着如此神奇的魔力。我们能够辨认的面部表情有25万种之多，但这仅仅是身体语言中的一小部分。正是这些微妙的身体语言，决定了我们在与他人的交往中是掌控别人，还是为他人所掌控。

身体语言是比说话更为有效的沟通方式。大多数人的感觉和行为都与他的肢体语言是一致的，而不是他的口头语言，如果你一生都保持着幸福自信的肢体语言，这极有可能带来让你惊喜的结果！我们的肢体语言反映了我们的感受，同时也影响着我们的感受，这是一种双向感应。

最早研究肢体语言的心理学家迈克尔·阿杰尔称肢体语言为“沉默的语

言”。尽管它几乎不在意识注意的范围之内，但我们建立、培养和维持关系主要是通过这种沉默的语言。

肢体语言对于透明的沟通至关重要。美国传播学家艾伯特·梅拉比安曾提出一个公式：

信息的全部表达 =7% 言语 +38% 声音 +55% 表情

我们把声音和表情都作为非语言交往的符号，在人际交往和销售过程中，信息沟通只有7%是由言语进行的，另外93%的信息传递是通过非语言方式进行的。当一个人口头上在说一件事，而肢体语言却在告诉你完全不同的信息时，这时你还会相信他吗？与大多数人一样，你会相信肢体语言而不是口头的语言。这一统计数据基于心理学教授艾伯特的著名研究。虽然有些人比其他人更擅长理解肢体语言，甚至有些人是这方面的专家，但事实上我们每个人每天都在无意识地做着这些事。我们能够迅速甚至在一眨眼的瞬间感觉到一个人是否友好、可信或者诚实。

在给予信息时，我们能够确信我们的肢体语言的信号阐释了我们所要表达的信息。我们还可以运用肢体语言鼓励或者制止别人与我们交流。我们可以不发一言地提问和决断，还可以很好地运用时机，何时该直言，何时要含蓄，何时应强调，何时应低调。

在收集信息时，如果我们理解肢体语言，就能够更容易地认识到一些问题，诸如缺乏理解，达不成协议或冲突的端倪何在。我们能够尽早发现支持的、协商的或鼓励的信号。通过改进我们的进程和方法来确定对某些事情的轻重缓急，从而确定是加强理解，还是施加压力。运用我们自己和其他人的肢体语言，会使人们的交流变得更有效。

这里提供 15 种提高身体语言效果的方法，供销售人员参考：

（1）不要双手环抱在胸前或者翘二郎腿。

（2）保持眼神交流，但是不要盯着别人。

（3）人与人之间保持一定距离，双脚间要留点距离，显得有自信。

（4）放松你的肩膀。

（5）当听别人发表意见的时候，轻微点头以表达对演讲者的尊敬。

（6）不要作风懒惰，弯腰驼背。

（7）如果对别人的演讲很感兴趣，身体可以轻轻前倾以表示自己的兴趣。

（8）微笑，讲一些笑话让对话环境更轻松。

（9）不要不断地触摸自己的脸，这只会让你觉得紧张。

（10）保持目光平视。不要把目光集中在地上，给别人一种不信任的感觉。

（11）放慢语速，可以让你冷静，减少压力。

（12）不要坐立不安。

（13）与其让你的手左右摆动或者触摸自己的脸，不如让你的手势加入对话中，但要避免适得其反。

（14）不要总把手抱在胸前，尽量放在腿的两侧，否则会让听者觉得你显得拘束。

（15）一定要保持良好的精神状态。

关键小结

有时身体语言是比语言更有效的沟通方式，一个无心的眼神、一个不经意的微笑、一个细微的动作，就可能决定了你的成败。推销员要善于运用自己的身体语言赢得客户的信任和好感。

6.

你真诚地对待客户，客户自然真诚地对你

“精诚所至，金石为开。”优秀影视节目或作品之所以能够感动人，多是因为真诚。连烧香拜佛也讲究“诚则灵”，商场上的语言也离不开真诚。因为人都有一个基本的分辨能力，虚假的语言只能欺骗少数人，多数人是不会上当的。商业语言的真诚就在于有真实的情感和诚恳的态度。一些不诚实的推销员可能会一时得意，但是从长远的眼光来看，只有诚实才能永葆推销力。

乔·吉拉德被誉为世界上最伟大的推销员，他曾经讲过这样一个故事：

“记得曾经有一位中年妇女走进我的展销室，说她想在这儿看会车打发一下时间。闲谈中，她告诉我她想买一辆白色的福特车，就像她表姐开的那辆，但对面福特车行的推销员让她过一个小时再去，所以她就先来这儿看看。她还说这是她送给自己的生日礼物。‘今天是我55岁的生日。’‘生日快乐！夫人。’我一边说，一边请她进来随便看看，接着出去交待了一下，然后回来对她说：‘夫人，您喜欢白色车，既然您现在有时间，我给您介绍一下我们的双门式轿车——也是白色的。’我们正谈着，女秘书走了进来，递给我一打玫瑰花。我把花送给那位妇女：‘祝您长寿，尊敬的夫人。’显然她很受感动，眼眶都湿了。‘已经很久没有人给我送礼物了。’她说，‘刚才那位福特推销员一定是看我开了部旧车，以为我买不起新车，我刚要看车，他却说要去收一笔款，于是我就上这儿来等他。其实我只是想要一辆白色的车而已，只不过表姐的车是福特，所以我也想买福特，现在想想，不买福特也是可以的。’最后她在我这儿买走了一辆雪佛莱，并写了一张全额支票，其实从头到尾我的言语中都没有劝她放

弃福特而买雪佛莱的词句。只是因为她在这里感受到了重视，才放弃了原来的打算，选择了我的产品。”

真诚是推销员的第一步。真诚而不贪婪，这是推销员的第一准则。记住，当你予人好处时，影响就会像滚雪球一样越滚越大，你的钱包自然会渐渐地鼓起来。

一个和蔼可亲、开朗爽直的推销员会激发顾客购买商品的兴趣，而一个阴暗的推销员会让顾客感到反感。销售员与顾客的关系越融洽，越能取得顾客的信任，越有利于改变他的态度。

如果人们觉得你和蔼可亲、平易近人，那么他们就会更喜欢你。用通俗实用的话来讲，做到这一点只需要：

（1）鼓励别人谈论自己：这能使自己获得可资参考的信息。“您觉得……如何？”询问对方问题并聆听（还要记住）回答，你能使人觉得他们的生活经历对你是有益处的。下次遇到这些人只要提到一些显著的事例，就能表明你很在乎他们。

（2）显示真诚的兴趣：询问密切相关的问题就能建立良好的关系。“什么事让您想起了那事呢？”在意别人的偏好并建立共同之处就能表明自己与之休戚相关。“我知道这件事您很反感……”

（3）直呼其名：与人交谈时，直呼其名会给交流沟通加入个性色彩，会显得非常平易亲切。人的名字是人的性格中不可或缺的重要组成部分，交谈时使用名字表明你很关心他们，把他们作为单个的人来看。这不仅使人觉得自己非常重要，而且还使得他们心里暖洋洋的。

关键小结

真诚是推销员的第一步。真诚而不贪婪，这是推销员的第一准则。记住，当你予人好处时，影响就会像滚雪球一样越滚越大，你的钱包自然会渐渐地鼓起来。

7.

不得不注意的形象细节

在家里或朋友聚会的场合，如果你不拘小节，谁也不会怪罪你；但在公共场合，当然也包括与顾客洽谈生意的场所，你的行为必须要合乎规范，符合社会所要求的一般标准，即大家所认同的礼节。否则的话，就会被认为是失礼，让人耻笑，以至于影响你的正常商务活动。

正如一句古老的谚语所言：你没有第二次机会去塑造美好的第一印象。

那么需要注意哪些方面的内容呢？下面有诸多提示可以给大家一些借鉴。

在与客户交谈之前，你一定要先对着镜子从头到脚整理一下自己的服装，发现没什么问题后，再精神抖擞地去赴约。

一些推销人员在面对客户时或在众目睽睽之下，偶然会有一些不雅的举动，令其形象大打折扣。因此，在日常生活中应该有意识地避免各种不雅的行为：

不要在顾客面前打哈欠；

不要在顾客面前抖动双腿；

不要在顾客面前掏耳抠鼻；

不要留长指甲且藏污纳垢；

不要在餐桌上剔牙，更不要乱吐；

在社交场合不要挠头皮；

不要随地吐痰；

不要用“喂”喊顾客；

男性推销员不要留长发和长胡须。

当众搔痒。搔痒动作非常不雅，如果你当众搔痒，会令客户产生不好的联想，诸如皮肤病、不讲卫生等，让人感觉很不舒服。

吸烟。在一个不吸烟的客户面前吸烟是不尊重对方的行为，这样做可能让他对你“唯恐避之而不及”。

打哈欠、伸懒腰。这样会让顾客觉得你精神不佳或不耐烦。

对着客户咳嗽或随地吐痰。这更是一种应该杜绝的恶习。姑且不论别人看见你随地吐痰后会做何感想，这种举动本身就意味着你缺少修养。

高谈阔论、大声喧哗。这种行为会让顾客感觉你目中无人。一个毫不顾及旁人感受的人又怎么会为顾客提供细致的服务呢？

交叉双臂抱在胸前，且摇头晃脑的。这样的举止会令顾客觉得你不注意小节，是个粗心的人。

当众照镜子。这样做显得销售人员对自己的容貌过于注重，是没有自信且目中无人的一种表现，很容易引起顾客的反感。

双脚叉开、前伸，人半躺在椅子上。这样显得非常懒散，而且缺乏教养，是对顾客不尊重的表现。

搭乘公共交通工具时争先恐后，不排队。这种推推搡搡、互不相让的恶习，应该坚决摒弃。

只有树立了有内涵、有修养的形象，客户才会欣然接受你，给你销售与服务的机会。作为销售人员，一言一行都要对公司的形象负责。

此外，销售人员还要强调如下细节：

头发：头发最能表现出一个人的精神状态，专业的销售人员的头发需要精心的梳洗和打理。

耳朵：耳朵内须清洗干净。

眼睛：眼屎绝不可以留在眼角上。

鼻毛：鼻毛不可以露出鼻孔。

嘴巴：牙齿要干净，口中不可散发出异味。

胡子：胡子要刮干净或修整齐。

手部：指甲要修剪整齐，双手保持清洁；想象一下您握住别人一只脏手时的感觉，你就知道修剪指甲的重要性了。

衬衫领带：衬衫要及时更换，注意袖口及领口是否有污垢；衬衫、领带和西服需要协调。

西装：西装给人一种庄重的感觉，西装的第一粒纽扣需要扣住；上衣口袋不要插着笔，两侧口袋最好不要放东西，特别是容易鼓起来的东西，如香烟和打火机等。记住西装需要及时熨整齐。

鞋袜：鞋袜须搭配平衡，两者都不要太华丽，鞋子上不小心粘上的泥土要及时清理，否则当你进入会客场所时会降低客户对你的好感。

名片夹：最好使用品质优良的名片夹，能落落大方地取出名片。

笔记用具：准备商谈时会用到的各项文具，要能随手可取。避免用一张随意的纸张记录信息。

关键小结

细节决定成败。无论是在生活中还是职场上，我们都要注意自己的个人形象，尤其要注意个人形象方面的细节问题。

第三章

识人读人术
——不同客户的性格和心理特征

不同的客户，其心理特征是不一样的，对于不同的客户类型，销售员采取的销售措施也不一样。客户类型大体来说有下面十种，分别是理智型客户、任务型客户、贪婪型客户、主人翁型客户、抢功型客户、吝啬型客户、刁蛮型客户、关系型客户、综合型客户、潮流型客户。对于这些客户类型，以下的方法均可以尝试。

1.

说服理智型客户，最有效的就是坦诚

理智型的人主要的特征有：冷眼看世界，抽离情感，喜欢思考分析，知识很多，但缺乏行动，对物质生活要求不高，注重精神生活，不善于表达内心感受；想借此获取更多的知识，来了解环境；面对周遭的事物，他们想找出事情的脉络与原理，作为行动的准则。有了知识，他们才敢行动，才有安全感。他们的思考模式是：当要解决一个问题或者要做出一个决策的时候，习惯先收集大量资料和数据，或者请教有经验的专家。将多方面收集到的大量信息进行综合分析，并从这些信息和数据中找出规律，找出它们之间的内在联系或者逻辑关系。善于利用这些分析、思考、推论、判断来做决策，或者制定解决问题的策略。

理智型客户办事比较理智，有原则，这类客户不会依关系的亲疏来选择供应商，更不会基于个人的感情色彩来选择对象。这类客户大部分工作比较细心，比较负责任，他们在选择供应商之前都会做适当的心理考核比较，得出理智的选择。这种顾客严肃冷静，遇事沉着，不易被外界事物和广告宣传所影响，会认真聆听销售人员的建议，有时还会提出问题和自己的看法，但不会轻易做出购买决定。

我们先来看一个理智型客户购买产品的例子。

老吴准备给家里搞装修，来跟我商量，到底要找哪个装修公司。虽然我才装了房子，但对这些还真的不太清楚，于是老吴开始自己去寻找。一段时间后，老吴把深圳几乎所有的装修公司都摸透彻了，甚至还给它们分了类——第一种是完全无牌无照的；第二种是有牌但没有名气的；第三种是名气很大且组织装修队的，不过它是做管理的；第四种就是名气和品牌都很大，而且自己组织装修队的。分类后，老吴便在这四组里分别抽取了几家公司做测试和调查，因为他想把这些装修公司到底做什么、怎么做都摸清楚。

装修公司搞定后，老吴又亲自买装修所需的材料。于是，深圳几乎所有的材料市场和批发点，又都被老吴踏了个遍。老吴甚至到网上去查资料，搞团购，还兴冲冲地跑来问我："我们干脆做一个家装网站怎么样？我已经把深圳所有的家装信息全部搜集到了！"当老吴把装修需要的材料全部买齐的时候，已经是他决定装修后的第7个月了。说实在的，我很佩服老吴搜集信息的精神。

过春节的时候，老吴约我们几个朋友去他家看新房，要知道这可是他花了差不多一年的时间做出来的杰作呢。然而当我踏进他房间的那一刹那，突然觉得很拘谨，因为他的房子装修得非常规矩，所有的东西都是有棱有角的，而且连颜色都是黑白分明的。老吴还在讲着："这块大理石是团购来的，这个……"

对于理智型客户，销售员强行公关、送礼、拍马屁等公关方式都不适用，最好、最有效的方式就是坦诚、直率的交流；不可以夸大其词，要该怎么样就怎么样，把自己的能力、特长、产品的优劣势等直观地展现给对方；给这类客户承诺的一定要做到，能做到的一定要承诺到，这就是最好的公关方式了。

对此类顾客，销售人员必须从熟悉产品的特点着手，谨慎地应用层层推进、引导的办法，多方分析、比较、举证、提示，使顾客全面了解利益所在，以期获得对方理性的支持。与这类顾客打交道，销售建议只有经过对方理智的分析和思考，才有被接受的可能；反之，拿不出有力的事实依据和耐心的说服证明，推销是不会成功的。

客户不都是以情来诉求的，其中一定有必须以理来诉求的客户。遇到这种客户，一定得运用注重理性的方法来应对。

再看一个例子：

客："孩子还小嘛！我认为买不买保险无所谓！"

营："不，您错了！在以前农业社会根本没有什么保险观念，就算个人发生不幸，大家庭还可以照顾遗族，可现在都是所谓的'核心家庭'，就算您的兄弟姐妹有心想施以援手也力不从心，何苦为您的家人增加不必要的困扰和担心呢？"

客："可是我在银行里还有存款啊！"

营："有多少呢？能让您的家人衣食无忧地生活多久呢？能让您的小孩无忧无虑地念完大学、出国深造吗？"

客："……"

营："这就是关键所在，购买这份我为您特别设计的保险，可以让您和您的家人永远不再烦恼下半辈子的经济问题，相信您在可以选择的范围内，一定会愿意所有的状况都是在您可以做主的情况下发生的！"

客："这个嘛……"

营："患难之交是在患难发生时才能知道的，可是现在就有一个患难之交在患难还没发生前，您就可以确定的，而且是完全不打折扣的，请您不要再犹豫了！为了您，为了您的家人，有备无患是绝对不会错的！"

在说完这段话之后，不妨再以图表来加强自己的说明，让客户亲眼目睹事实，在纯粹以理诉求的情况下，最重要的就是冷静、清晰的说明。

面对理智型的客户，营销员一定要以理来诉求；如果无法以理性的话去处理，将会使客户认为你的专业知识不够，从而失去客户的信任！

要打动客户的心，一定要先给予客户想要的东西。

关键小结

对于理智型顾客，销售人员必须从熟悉产品的特点着手，谨慎地应用层层推进、引导的办法，多方分析、比较、举证、提示，使顾客全面了解利益所在，以期获得对方理性的支持。

2.

说服任务型客户，必须注重第一印象

任务型客户是指仅仅想完成某种任务而采购某物的客户。

先来了解一下任务型客户的特点。这类客户一般在公司的职务不会是股东级的，他们只是在接受上级给予的任务，而且这个任务也不是自己的工作职责范围之内的，所以这样的客户一般对完成任务只是抱有比上不足比下有余的态度，不会有太多的奢望。

对于这类客户，推销员应采取的对应方式有：要周到地服务，要主动为客户分析，一定要承诺得斩钉截铁，给对方吃个定心丸。这样的客户不是完全的重点公关对象，因为这样的客户往往是我们的即时性客户，做完了一笔业务可能以后就没有机会和他打交道了。所以在费用和服务上都不能太优惠，拜访这样的客户第一印象特别重要，有了好的第一印象一定要跟进、说服，给予一定的质量、服务、时间上的承诺。

对于任务型的客户，推销时要掌握一些技巧：

技巧一：学会进行封闭性问题的提问。销售的过程中，能针对我们的每个卖点设计并提问一些封闭性的问题，也就是让顾客回答一些“是”与“不是”的问题。例如，先生，我们的音箱是不是外观很时髦?

在设计封闭性问题的时候，要尽量让顾客回答“是”，假如顾客回答的都是“是”的话，那我们的销售基本就成功了。

技巧二：尽量让客户参与到我们的销售互动当中。销售是一个互动的过程，并不是一个人表演的舞台，做好互动是增加我们产品信服力，使顾客关注我们讲解内容的最好途径。例如，我们在讲解音箱的材料时，可以让顾客抱起音箱试试它的重量。

技巧三：以编故事或潜意识的暗示把客户引导到情节当中。要知道，我们所要面对的是各种各样的消费者，需要做的是使各类消费者能够很好地理解我们产品的功能，加强对我们产品的印象，利用编故事或潜意识的暗示能很好地把消费者引入我们的话题。例如，在试低音、高音的时候可以编一些小故事：先生，假如您晚上回家想听一下摇滚音乐的话，我们这款音箱的低音效果完全能满足您的要求（此时做相应的演示与讲解）；假如您早上起床想听一下轻松的音乐，使自己放松一下的话，我们这款音箱的高音效果同样可以满足您的要求（此时做相应的演示与讲解）。

技巧四：销售的过程中要注意促单。销售的过程需要讲究效率，在产品解说到一定过程的时候要促单。例如，先生，您放心，我给您开一台吧。

关键小结

任务型客户是指仅仅想完成某种任务而采购某物的客户。拜访这样的客户第一印象特别重要，有了好的第一印象一定要跟进、说服，给予一定的质量、服务、时间上的承诺。

3.

面对贪婪型客户，千万不可完全满足

贪婪型客户的特点是：一般在自身公司的关系比较复杂，做事的目的性比较强，对价格压得比较厉害，对质量和服务的要求比较高，但这种类型的客户很容易稳定，只要和对方的关系发展到一定程度就很容易把握住需求。这类客户时常会主动要求和接受额外的好处。

无论贪婪型客户在你的面前装得有多么大方，其实他心里都希望你能将产品便宜卖给他甚至免费送给他试用。他们常常会让你感觉到他们并不把产品放在心上，说不定还会告诉你他有某个朋友也在做类似的东西，不花钱都可以拥有，根本没必要把面子给你，然而你一旦有便宜让他们讨，他们的态度立即会改变。

对于贪婪型客户，我们应采取的应对策略是：如果你发现他有以上所说的倾向，就要立即告诉他公司有规定不让这样做，也可举例说明不能这样降价或赠送的理由，请他们理解。不过接着你要想出同样的优惠方法或者具有较大吸引力的举措，让他觉得同样有便宜可占，购买就不成问题。笔者曾经这样制服了好几个贪婪的人，一开始我都不知道自己上当了，后来经过别人提醒，我才反应过来！再后来我就能看清楚是怎么回事了。其实惯用的手法也就那几种，你看明白怎么回事了，就装傻，让他干着急，再出其不意地让他意外几次，他就知道你的厉害了，会对你敬而远之，然后你就解脱啦。如果没有利益关系就不必理会这种人，要是他得寸进尺就对他来狠的，不必顾及情面。

对于这样的客户，在关系上要保持心灵上的沟通，不可大造声势，要给对方以安全感、保密感。另外在质量、价格、服务上都要有一定的保障，要在合理合法范围内主动送礼、主动给回扣。但是对这类客户也不可以完全满足对方，操作中该给多少回扣就给多少，该加收税收的就一定要加收。一味地满足对方会导致自己的操作很被动，因为对方的贪婪没有止境。

关键小结

对于贪婪型客户，在关系上要保持心灵上的沟通，不可大造声势，要给对方以安全感、保密感。另外在质量、价格、服务上都要有一定的保障，要在合理合法的范围内主动送礼、主动给回扣，但不要一味满足对方。

4. 面对主人翁型客户，在价格上下功夫

主人翁型客户特点是：大部分是企业的老板或者非常正直的员工，只追求价格、质量、服务的最佳结合体，尤其是对价格最为关注，所以对于这样的客户首先要在价格上给予适当的满足，再根据质量采取回升价格的战略。要让对方感觉你做的东西就是价格最便宜的，质量最好的。对于这样的客户可以适当地用些隐蔽性的方法。

在了解这类客户的特点之后，我们要采取的对应方式是：要以价格为突破口，在价格上给客户一个好的印象，在质量上可以根据客户的认知度定位，前期道路铺好之后就要经常回访，经常交流，经常沟通、问候、拉关系。对于这样的客户，只要在价格上能适当地满足对方，在关系上能保持良好的沟通，

就能长期服务下去。

具体说来，我们可以采取的方式有：先入为主，努力营造价格低廉的第一印象。先入为主是人们对一切事物形成第一印象的一般规律，而第一印象一旦形成，往往会在头脑中留下深刻烙印，形成思维定式，产生较长时间的持续效应。作为商家，其市场定位不论是以价格低廉作为竞争优势，或是以优质服务作为竞争优势，还是以时尚潮流作为竞争优势，要想把自己的定位准确地告诉消费者，必须在开业之初便着力营造这一形象，以期形成消费者的第一印象。

家乐福在这方面十分重视，往往在开业初的一段时间把商品价格定得很低，给消费者造成一种十分“便宜”的印象，此后再有计划地逐步提高某些商品的价格，使消费者在形成第一印象之后不知不觉地忽略了商品价格上调的事实。这种做法不同于国内零售企业开业初的价格促销，国内企业往往大肆宣传开业时的让利促销，很容易在消费者心中形成开业过后价格会大幅上调的印象，完全起不到价格促销的长期效果。

面对越来越多这样的客户，推销一定要与时俱进，采取不同的销售技巧。其中的技巧之一是学会利用销售道具。

我们写议论文需要论据，做数学证明题同样需要“因为……所以……”。同理，在我们实际的销售过程中，要学会利用一些报刊、书刊、评论、评测等有利信息来充当我们销售过程中的有力论据。

例如，在回答“你们的数码产品质量是不是不好呀？”回答此类的问题时可以说：老板您看过由南方日报出版社出版的《创业心经》吗？里面就有关于我们 ×× 产品的介绍，他们给我们的定义是:“在欧洲打响的民族品牌。”先生，您可以试想一下，一个在国际上拥有良好品牌形象的企业，会为了赚您 20 多元钱而生产一些劣质的数码产品销售给您，而把自己的品牌形象搞坏吗？所以您购买我们的产品绝对放心！

关键小结

服务主人翁型客户要以价格为突破口，在价格上给客户一个好的印象，在质量上可以根据客户的认知度定位，并保持良好的关系。

5. 说服抢功型客户，一定要站在他的角度

我们先来了解抢功型客户的特点，这类型的客户一般不会是公司的大领导，也不会有很大的权力，但是这样的客户有潜力，其地位一般处于上升趋势。这样的客户眼光重点定位在质量上，在价格上只要适当就可以了。这样的客户有的时候会出现自己掏钱为公司办事情的情况，在公司为了表现自己也经常吃哑巴亏。

对于抢攻型客户，销售员必须采取的应对方式是：一定要站在客户的角度着想，千万不可以伤害其自尊心，在质量上一定要把好关；这样的客户不需要保持太紧密的联系，只要在日常的工作中给予适当的帮助，为客户在自身公司的发展做点力所能及的事情就可以了；在节假日给予适当的问候，保持长期的联系，因为这样的客户很有可能会发展成为未来的潜力客户。

在销售过程中，我们必须让此类客户相信我们产品的品质，为了更好地达到此目的，可以采取一些相应的销售技巧，比如要善于与一线品牌做比较。

作为终端销售人员，要对竞争对手的产品了解透彻，只有这样，才能更好地解说我们的机器。同时，在销售的过程中，应尽量把我们产品的质量、功能、性能与第一品牌靠近，拉近我们与第一品牌的距离。例如：

客户说：我还是比较喜欢买个名牌的，例如 ××× 的，它的音质比较好！

答：先生，您就找对人了！我们这款 MP3 采用的芯片也是和目前 ××× 最新上市的一款一样的！都是采用了 ROCKCHIP2608A 芯片。您也知道，音质的好坏是由芯片类型决定的，所以我们这款 MP3 和 ××× 的音质是没有差别的！而且我们的录音功能可以长达 10 个小时，这是 ××× 没有的。

同时，保持一定的沉默，也是一种有效的销售技巧。闭上嘴的目的在于腾出时间与空间来让客户表达，销售人员则成为一个专注的聆听者。闭上嘴的另一大作用，是给自己时间与空间来思考客户的谈话内容，以抓住客户的需求点。发言是一种表达，聆听是一种美德。具有如此美德的销售人员，客户怎么会拒绝呢？

要真诚聆听客户的谈话，并不时通过表情或简短的语句回应客户的谈话内容。聆听是给客户谈话时间，这能使客户感受到自己受到了尊重，反过来会更加信任并尊重销售人员。所以，在谈话未完成之前，不要随意打断客户的谈话，认真聆听的态度会给客户留下好印象。

适当的表情或回应的语句会激起客户继续谈话的兴趣。因为你的回应表明他的谈话正在受到关注，从而有兴趣与你继续沟通与交流，这样不仅能增多行销机会，而且将获得更多的客户需求信息。选择适当时机提问，确认你需要的信息，而这对于客户谈话的内容也是一种认可。

在适当的时机提问，不仅表明你在认真聆听客户的谈话，而且也在认真思考客户谈话的内容，这会让客户有受到重视的感觉，并能引导客户谈出有利于行销的内容，这将便于收集所需的信息。对于这些有用的信息，销售人员要及时进行记录。

对于抢功型客户，一定要让客户的心理得到满足。

有一次在某酒楼宴请一些朋友。酒足饭饱之后，准备买单，服务员拿来账单，一位朋友一把抢了过去，看了一下说：“把你们赵总叫来。”赵总是朋友的朋友，朋友喊他过来的意思是想让酒楼给打个折扣。服务员确认我们认识赵总后就出去了。过了一会，他们的楼层经理过来了，寒暄了一下，说道："真是很抱歉，我们赵总今天没有在酒楼这边。不过您几位既然是赵总的朋友来照顾我们的生意，我代表我们赵总及酒楼对您几位表示感谢。账单就按 8.5 折，您看如何？"朋友听后很生气，拿出手机要给赵总打电话。楼层经理几经解释后自己打了电话，然后把电话交到了朋友的手上。朋友和他聊了几句后，电话又回到了楼层经理的手上。最终酒楼给打了 8 折，另外奉送了一个果盘。

五一节是餐饮行业的大日子，这样的日子赵总一定得守着阵地，但他为什么不出现呢？做酒楼生意的，朋友自然满天下，如果每个人来了都要求见他，都让他打折，他的生意也就不用做了。而朋友这边也不见得就为了打个折扣，无非是让赵总卖他一个面子，让他在大家面前觉得好看。因此，即便是楼层经理给打了 5 折，朋友还是要找赵总的。而作为楼层经理，对于这样情况的处理，他们是有权限的，对于什么样的客人可以打几折他们自己都能做得了主，但他却没有直接把折扣给打了，而是通过赵总给打了个 8 折。这样的一个兜转，朋友有了面子，请客者省下了一点钱，酒楼也把该赚的钱赚了，皆大欢喜。

关键小结

对于抢功型客户一定要站在客户的角度着想，让客户的心理得到满足。同时，一定要在质量上把好关。

6.

面对吝啬型客户，拿下一单是一单

吝啬型客户的特征，简单说来，有下面几点：一般比较小气，想赚这种客户的钱不容易，这样的客户不会因稳定、信任、关系而选择一个固定的供应商。他们会首先比较价格，而且比较的结果是让你没有利润，然后再要求质量。对于高价位的产品不舍得购买，多年以来的节约习惯使他们对高价位的产品比较排斥，对产品挑剔最多，拒绝的理由也令你意想不到。这样的客户经常会隐瞒事实，夸大自己，很多时候还会选择招投标的形式，以此来压价，满足自己虚伪的吝啬心理。

针对吝啬型客户，销售员可采取的应对措施有很多。我们先来分析一下：吝啬型客户其实也并不是一毛不拔的人，他们花钱都是花在刀刃上的，你要能激发他们的兴趣，而后表明物有所值，着重强调一分钱一分货，将商品的特征解释清楚，指出价值所在。告知价格不只是价格，还包含了许多其他的成分，可强调产品的生命成本或投资回报率，告知对方报酬率高才是重点，否则一切都是浪费。说清楚差价，试探出他们到底嫌贵了多少，以价差来衡量在服务与产品上的差异。你能做到循循善诱，他们就会很爽快地打开荷包。比如对方以价格为由，拒绝购买你的产品，你就可以分几次推销，把一年的花销划分到每一个月中以减少对价钱的压力。

其实吝啬的客户不一定就是没有购买诚意的，需要区别对待。我们在生活中也会遇到先尝后买的事情，其中尝的是样品，是免费的。我们觉得正常，那如果是大客户的话，他有时也喜欢先尝尝。还有就是一种操作上的习惯。比如这个公司如果出了样品费，本来没多少钱，但是也许会碰到不好走账或者操作程序很麻烦的情况，这也是正常的。所以，希望不要一棒子打死而失去好的合作机会。

建议不要在这样的客户身上花费太多的时间，根据自己的产品特点及企业优势能做一单就做一单，不要指望下次会给你赚钱的业务。这样的客户一开始就不能一味地满足其需求，该圆滑的时候就一定要圆滑，因为这样的客户不会因你的良好表现和良好关系就容忍你的一些小错误。这样的客户如果不是自己的强项和优势的业务大可不必去参与竞争，因为对自己得不偿失，钱没有赚到，精力倒花费不少。所以，这类型的客户不是企业发展的重点客户。

那么，怎样才能让这类客户不斤斤计较，不在价格问题上还个昏天黑地呢？战略谈判公司 THINKI 的 CEO 戴特迈尔根据多年经验总结出一个方法：多重报价。即给客户三种选择方案，而不是只有一种。如果只提供一种方案，客户就会本能地想着还价。而如果从低到高给出三种方案的报价，客户的注意力便会从“我要还价”转移到“哪种方案更合适”上。客户会开始思考“第三种方案价格太高，第一种提供的价值又不够充足，还是第二种最合适”。

不过，多重报价的方法并非万无一失。客户可能会要求用最低的报价买最高报价的方案，并且诱使你分项列出每一项的单价。千万不要随着客户这样去做，这样就给了他们逐项还价的机会。

另外，客户也可能要求你把第二种方案的价格下调。这种情况下，你要学会交换。要么从方案中去掉一些对客户来说不太重要的项目，要么让客户提供一些对你有用的东西作为交换，比如将你介绍给公司的其他部门。不管怎样，谈判的原则是：除非有得交换，不然不轻易降价。

其实，降价反而会让客户不悦。如果轻易地降低价格，客户会觉得你的报价有很大的水分，会减少对你的信任与尊重。而如果采用交换的方式，你既不会损失自己的利益，又会让客户更相信你。

在戴特迈尔看来，多重报价最大的好处就在于将销售与客户从对立的两方转化到同一阵营中来。当你提供多重选择方案时，客户感觉到自己是在主动地做选择，而不是被动地与你展开价格拉锯战，因此谈判起来就会更加配合。

关键小结

吝啬型的客户一般比较小气，想赚这种客户的钱不容易，从一开始就不能一味地满足其需求，该圆滑的时候就一定要圆滑。其实吝啬的客户不一定就是没有购买诚意的，销售人员应该灵活应对，区别对待。

7. 对付刁蛮型客户，坚持就事论事

我们先来分析一下刁蛮型客户的特点：这样的客户在第一次交往中会表现得很好，显示自己是来自一个很好、很有信誉、很有实力的公司，有时甚至会出现你开 800 他给你 1000 的情况。这样的客户在和我们交谈的过程中基本上是不会准备好资料的，希望所有的资料都由我们来准备，也不会在价格上和我们斤斤计较，在质量上也不会提苛刻的要求。他们会想方设法设置一个陷阱，找借口说时间非常着急，其实真正等你做完了，他一点也不着急要货，往往是想通过一些无关紧要的问题干扰你的视线，尽量使我们的操作出现些问题，到时候好抓把柄找麻烦。

对于这类客户，我们所要采取的方法是：千万不可以马虎，更不可以为客户的表现所动心，在所有的操作上一定要积极客观，不能被动，价格是怎么样就怎么样，质量是怎么样就怎么样，制作之前一定要由客户亲自确认签字，

否则绝对不可以操作下去。对客户要求的时间也不可以随便承诺，给自己施加压力，预付款一定要收，合同一定要签，绝对不可以先做事再谈价格。总之对于这样的客户一定要先小人后君子，不见兔子绝对不可以撒鹰，不可放松大意。

凡是从事过服务业的人一定遇到过不讲理的客户。有一种客户，他很抠、很刁钻，但品牌响亮，这可以帮你提升知名度和美誉度，也应该屈就一下，把他们暂时当作上帝。至于那些又没钱赚，又不讲理的客户，应该采取适当的方式来教训他们一下。下面笔者举一个朋友的事情做例子：

我遇到过一个韩国食品客户，其品牌知名度尚可，但产品品种非常单一，在市场上几乎只能看到一种类型的食品，且数十年都没有新产品推出。他们想找一个销售经理，专门负责和卖场打交道，希望通过自己的关系和渠道，把他们的货品打进那些大卖场，如家乐福、麦德隆等。我做了市场调查之后，发现没有同类企业的销售主管愿意去，除了以上原因外，还包括有很多人不认同韩国公司的企业文化，觉得不是职业发展的最佳顾主。

由于这个单子是另一个离职的同事转给我的，所以在我接到这单时，他已帮这个客户操作了很长一段时间，但无功而返。我接手之后，给客户提了很多建议，包括提供调查报告和一些职位调整方案，但对方均没有采纳，而且不给我任何回复。

本以为这件事就此结束了，可三个月之后，这个客户突然找上门来，而且是兴师问罪，说我们耽误了他们这么久的招人进程，要我们承担责任。对如此不讲理的客户，我采取的是先礼后兵。先是向他们列举了我所做的一切，说明是在得不到对方任何支持和反应的前提下，才没有进一步的动作，并不是我们违反条款和服务不周。他们听后依然强词夺理，要求我们马上服务，但被我严辞拒绝了。对方一看没招了，就说要投诉我，我听后一点没慌张，马上把老板的电话报给了对方，但同时要求对方也把他们总经理的电话报给我。对方听了，非常意外和紧张，颤微微地问，你为什么要知道我老板的电话？我回答说：

你在这个岗位上的不专业、不配合，才导致这个销售经理的人选迟迟没有到位，我要向你老板建议，在找到这个销售经理之前，应该先找一个代替你的人，正因为你这一个环节的不得力，整个招聘流程才无法顺利进行。

面对刁蛮型客户，首先你不要被他的气势吓倒，而是应该就事论事，指出解决问题的关键所在。我这个朋友作为专业销售顾问，发现了根本问题，并且一招击中了客户的要害。结果可想而之，那个刁蛮的客户被我朋友专业的态度吓退，乖乖地做为配合。

关键小结

对待刁蛮型客户千万不可以马虎，在所有的操作上一定要积极客观，不能被动。对客户要求的时间也不可以随便承诺，给自己施加压力，预付款一定要收，合同一定要签，绝对不可以先做事再谈价格。

8.
应对关系型客户，不可过分纵容

关系型客户的特点是：在先有朋友关系后成业务交往，这样的客户操作如果没有把握好一个介于朋友和客户之间的度，就很容易导致业务做不好，朋友关系也搞砸了。尤其是在服务行业，朋友介绍朋友，朋友需要帮忙等等的业务时常会出现。

根据这种特点，销售员应该采取的应对方式有：对于这种关系的客户一定要做好几个原则，不该收的款千万不能收，该收的一定要谈好。帮忙和生意一定要分开。如果遇到总是喜欢占便宜的朋友客户，一定要注意小单子可以帮忙做，需要花费一定成本费用的大单子，要么在双方谈好后一切按正规方式操作，要么就委婉地推掉。千万不能占小便宜。

与关系型客户打交道，像追女孩子一样。先要找机会相处，接着送些礼物，在求婚前要说美好的将来，向她表忠心。营销人员和客户交往也应如此。

女孩子不好追，你主动与之接近，可她心眼奇小如海底的针，她心思善变如天上的云；客户也不好求，你上门寻求合作，可他们对你的条件却百般挑剔。

与客户初次见面或交情尚浅，就不好开门见山直奔主题，不好要求“请你向我下 100 万元订单”。这就好像我们在街上遇到漂亮的女孩，虽然看着喜欢，却不可以跑上去跟她讲“请你嫁给我吧”。

首先，要增进了解，第一步是找机会相处。笔者所服务的企业，对营销人员有“四勤”、“三责任”之要求。“四勤”是“勤访客户，勤当消费者，勤当旁观者，勤作导购员”；“三责任”是“客户赚不到钱是我们的责任；客户卖得不好是我们的责任；客户不满意更是我们的责任”。“勤访客户”的标准是，1 个月中，至少有 20 天是必须出差在外的，作这样的规定，就是为了让营销人员花时间与客户多相处。

25 岁的崔志鹏已经是一名产品经理了，除了管理各家银行的产品，还要对理财师进行培训和管理，与客户进行沟通。他经常对理财师说，要注重与客户的沟通，要为初次购买产品的客户耐心讲解。“客户不仅仅让我们有钱赚，更是我们的朋友。”崔志鹏对记者说，“我们希望客户不仅仅是为了买某项产品才找到我们，而是心甘情愿地接受我们的服务。除了为他们提供最新资讯，我们还会主动了解他们的生活需求，比如资产运作和处理方式等等，主动给予他们帮助。”作为产品经理的他，在繁忙的工作之余，最大的兴趣是在农家小院里与银行机构的朋友聊天喝茶，畅谈人生理想。

俗话说追求女孩儿得脸皮厚、有耐性，营销人员对目标客户也应死缠烂打、紧盯不放，但又不能让对方产生反感。我们拜访客户，有所谓的“成功五步诀”，说的是：

第一次，拜访客户，没被赶出来；

第二次，给对方名片而没被当场扔掉；

第三次，客户肯赐你一张名片；

第四次，肯给你5分钟时间介绍企业与产品；

第五次，肯接受你的邀请吃一顿饭。

这五步，都代表你取得了阶段性的成功。这样的容易满足兼自我宽慰，虽然类似“阿Q胜利法”，但却是优秀营销人必须具有的心理素质。

对待关系型客户，你纵然心里想得是尽力去成交，但也应有一定的原则和底线，不可将之捧上天或者无限纵容。

王经理通过朋友引荐与一家零售巨头谈判，希望产品能进驻其名下的卖场。但对方开出的条件实属苛刻，叫人难以接受。多谈无益，王经理就明确告之自己的底线，并略为透露说同城的另一家商业巨头正有意同他合作；此后有一周的时间，王经理对该零售巨头作了“冷处理”。王经理态度的变化，使对方顿感失落，而竞争者的加入，愈发增加了其危机感。权衡之下，这家零售巨头回过头来主动向王经理示好，最后他们成功“联姻”了。

一味迎合退让，只会让人看不起；不亢不卑才是正确的交友、为商之道。

关键小结

对于关系型客户一定要做好几个原则，不该收钱的千万不能收钱，该收钱的一定要把钱谈好；尽力去成交，但是不能一味地迎合退让。

9. 面对综合型客户，根据性格对症下药

先来了解下综合型客户的特点：这样的客户在交往中没有一定的性格模式，特定的环境下会演变成特定类型的客户，这样的客户一般非常老道，社会经验非常丰富，关系网也比较复杂，他的生活轨迹也不容易把握，思想活动很难认清。

这类客户让你找不到东南西北，很圆滑，当你销售时，他会沉默是金，对你的讲解无动于衷，定力很强，很多人认为他们不爱说话，当你筋疲力尽时你会离开，这是他们对你的对策。对于这类客户，我们的应对策略：这类客户话很少，但是心里很清楚，比谁都有一套，我们要仔细观察他们的反应（肢体语言）。他们只是表达的方式很特别，这种情况下我们就得多讲解趋势，多讲解产品的功能。对于这样的客户，处理问题一定要小心，不可以定义为任何一种专业类型的客户来对待，因为这样的客户可变性很强，在与这样的客户交往过程中采用以静制动的战略攻势比较好。始终要以认真、虔诚的心态，静观其变，等待把握客户的心态之后再对症下药，我们主要分以下几步与这种客户交流：

第一步：在不确定客户的真实需求时，让客户说话。我们以静制动，多问一些问题，带着好奇的心态，让客户尽情地发表意见，不要打断。你要做的就是倾听，收集更多的信息。

第二步：认可客户的感受：客户说完后，用“感性”回应客户，一般的句式有：我感受到你……。这样做将使你的客户感到不那么紧张，而且会让客

户感受到你和他是同一个战线的。

第三步：要求客户给予具体的阐述：“复述”一下客户的具体异议，彻底搞清楚客户的要求是非常重要的。你要设法了解他们在想什么，以便解决他们的疑虑。

第四步：确认并同步重复客户的回答：你所要做的是重复你听到的话，在NLP里面叫做“先跟”，跟客户和自己认同的部分。这个过程是你实现销售目标的通道。因为你将发现你的潜在客户是否知道你产品的益处，这为你引导客户走向最后的成功奠定基础。

第五步：带领客户看到异议背后的正面动机：当客户看到了背后的动机，销售就可以从此处入手，说出客户需要的价值，同时一起去创造更大的价值，异议就会因此消除，并且和客户建立起真正的信赖关系。

面对此类客户时，营销员的行为举止是否符合客户的期待，将决定他能否从心底里接受你。销售员尤其要注意以下几点。

一、说话要真诚。只有真诚的人才能赢得信任。不要为了推销产品，不考虑客户的实际能力，导致客户陷入困境。曾有业务员为了提升自己的业绩，劝说一位年收入只有两万元的客户购买了每年需要交5000元的投资型保险，第二年客户即陷入交费的困境，只能选择退保，但退保金又微乎其微。从此这位客户对保险就持有一种偏激态度，逢人就说保险公司如何骗他钱。

二、给客户一个购买的理由。客户购买产品的出发点是他正好需要这款产品，所以在购买之前，他们总是希望充分了解这款产品能为他们带来什么好处。业务人员面对客户的时候不要泛泛而谈，一味突出产品的优点，而应该把产品的优点与客户的需求相结合。

三、让客户知道不是他一个人购买了这款产品。人都有从众的心理，业务人员在推荐产品时适时地告诉客户一些与他情况相类似或相同的人也购买了该产品，他们是如何看待这款产品的，会使客户信心大增，增强他的购买欲。

四、以最简单的方式解释产品。某些产品专业性比较强，让客户自己看条款是不明智的选择（即使他是位博士），但如果你自己对条款没有理解通透，那也很难说服客户购买。学会用最简单的方式解释产品，突出重点，让客户在有效的时间里充分了解这款产品。

关键小结

对于经合型客户，处理问题一定要小心，不可以将其定义为任何一种专业类型的客户来对待，因为这样的客户可变性很强，最好的办法是随机应变，对症下药。

10. 对于潮流型客户，尽量让他高兴

潮流型客户好在人前表现，受人夸奖。一般表现为，穿着比较时尚，个性比较突出。而且会有意或无意的把自己身上具有特色的东西展示在别人面前。对于这类型的人我们要尽量去赞美和夸奖，只要做到这些点，他就会对你有好感。

对于这类型客户，赞美的技巧很有讲究。赞美是接近这种客户的最佳方式。但是如何去赞美客户，这在各个行业中都有不同的技巧与方法，这就是见什么人说什么话。自然而然的赞美能起到很好的效果。其实赞美就是一种认可，但是要去认可客户的方法有很多，这就要我们对客户进行细致的观察与聆听客户的叙说才能发现客户的优势。比如，客户说："我们最近的经营状况一直不好，生意太难做了。"这时候你可以拿出最近客户这个行业的竞争状况与市场行情来给客户做比较，"××先生（老板），据我所知，目前您这个行业的市场经营状况确

实这样，如果是我的话，可能早就不知道如何是好了，而您能做到现在这样的规模，说明您还是非常精明且有能力的……因为有挑战才会有机会呀……”

如果是在 IT 行业，赞美的方法无非就在下面三个方面。因为现在很多 IT（网络）公司的销售模式都采用电话销售，所以赞美的形式也颇具特色，可以分为这三个方面：声音、产品、企业。如：声音：性格、容貌、年龄；产品：广告、功能、效果；企业：管理、实力、影响力。

赞美都有技巧与方法，让客户在被认可的荣誉中不知不觉地接受你，从而打开心扉来谈，这其实就是一种温情脉脉的进攻。

我们在赞美客户时，一定要注意以下几个方面：

第一，如果是新顾客，不要轻易赞美，只要礼貌即可。在大家还不是很熟悉的情况下贸然地去赞美客户，只会让其产生疑心甚至反感，弄不好就成了谄媚。

第二，如果是老顾客，下次来的时候一定留意其服饰、外貌、发型等有无变化，有的话一定要即时献上你的赞美，效果非常之好。

第三，如果你要赞美别人，请你一定要从具体的事情、问题、细节等层面赞美，比如你可以赞美其问题提得专业，或者看问题比较深入等等，这样反而更加让客户感觉你的赞美很真实、真诚。

第四，最好借别人的口去赞美顾客。比如你可以说：“是的，刚才旁边的那个客户也说你很有品位！”等等。

第五，如果客户购买产品后，也要通过赞美来坚定客户购买的信心。一般来讲，客户购买完产品后，总是怀疑自己买亏了或者就是买得不合适，所以他们会去询问身边的朋友、亲戚、家人，来判断自己这次买的是否合适。所以如果买完后你能对他说：“先生 / 小姐，你真是太有眼光，这款是我们目前卖得最好的产品，很多客户都很喜欢！”顾客心里会很舒服！

你若遇到这样比较有个性的客户。这里有几个建议，使你能够与他达成一致。赞美客户可以使客人虚荣心上升，给客人以好感，使其心情愉快，利于冲动购买，使顾客停留专卖店的时间增长，更有机会销售成功。

用感人的语言可使客户下定决心，如“您夫人看到一定会高兴的。”用某种动作对犹豫不决的顾客做工作，让其下决心，如“您再看一下，您多试一下”。

关键小结

赞美是接近这种客户的最佳方式。但是如何去赞美客户，各个行业中都有不同的技巧与方法，需要见什么人说什么话。

第四章

电话说服术

——电话销售成功的心理学技巧

最新调查表明，有65%的居民使用过电话查询和咨询业务，有20%的居民使用过电话预订和电话购物。现代生活追求快节奏、高效率，电话销售作为一种新时尚走进了千家万户。本章将重点介绍电话销售的若干技巧，以期对销售员有用。

1.

电话销售，没什么可怕的

电话销售行业整体成功率并不高。有的产品推销起来比较简单，成功率能高达50%，例如通信行业的增值业务系列；而有的产品推销起来比较复杂且价格较高，成功率可能在3‰左右。电话销售行业平均成功率约为3%。这就意味着，做电话销售，拒绝是一种常态。

但如何面对拒绝呢？电话销售人员一方面可以不断提升自己的电话沟通水平，降低自己被拒绝的概率；另一方要学会自我调整心态，勇敢地面对每一次拒绝，每个人都有很大的潜力，刚从事电话销售的人不要因为自己受到了一点打击就感到绝望。要勇敢地面对一切问题，只有这样，才能不断地成长，最后取得成功。

周涛现在已是某公司的业务经理，回想两年前她第一次做电话业务员时的情景，感慨万千。

刚刚走出校门，对她而言，一切都是那么陌生，那么“险恶”。当时，她带着满腔的激情，应聘了第一份工作——电话推销员。第一次打电话前，她犹豫了足足一刻钟，最终还是用颤抖的手拿起了沉重的听筒。

电话铃声响过以后，另一头拿起了电话，是一个中年妇女不耐烦的声音，周涛“做”了个笑脸说：“我、我是××广告公司的，请问您有……”。那妇女就通过电话不耐烦地一声：“做业务的，没有！”

“砰”，电话挂上了。

当她艰难地拨第二个电话时，一位女士接起电话，警惕地问她来干什么，当周涛说出缘由时，她说声“不做”，也顺势把电话挂上了。

……

就这样，从早上到中午，周涛遭到了无数次的拒绝与打击。所有的电话，都毫不留情地对她挂上了，只剩下最后一个电话号码，周涛这时反而不再害怕。不知为什么，她心头莫名地涌起一种悲壮，两手不再颤抖，从容地微笑着。

最后一个电话接通了，是一位少女微笑着的声音。她说：“这是你打的第几个电话啊？”

“我今天所有电话号码的最后一个。”

“真是不容易啊！”

而实际上，在打第一个电话时，周涛就紧张得喘不过气来，甚至结巴得连话都说不出来。

周涛十分感动，因为少女用同情嘉奖了她最后的努力，并给了她信心，而她在下班的时候，也对所有被挂掉的电话心怀感激。

她心怀感激，而不是诅咒，因为从某种意义上说，是它们激发了她的斗志，从而战胜了羞怯，强化了信心。

每个人都会有胆怯心理，世界上无所畏惧的人是不存在的，任何人在面对陌生的环境、陌生的人群都会产生恐惧心理，有很多电话营销员因此而很难坦然、轻松地面对客户，这都是人性使然，是一种很正常的心理反应。其实，从打电话开始，一直到令人满意地签下合约，这条路上一直是充满惊险的。因为你急切地想得到，所以你害怕会失去。如何避免这种状况发生呢？无疑只有靠内心的自我调节，这种自我调节要基于以下考虑：就好像推销员的商品能够解决客户的问题一样，优秀的电话营销员应该能帮助客户做出正确的决定。成功的途径有很多，每一条路上，你都需要保持冷静，并且有信心地坚持目标，别怕让客户下决定，即便结果出乎你的意料。

在客户面前感到胆怯，很大程度上是缘于电话营销员有一种潜意识的职业自卑感，他们觉得自己似乎是在乞讨谋生，而不是在帮助他人。产生职业自卑感的主要原因是没有认识到自己工作的社会意义和价值。电话营销工作是为社会大众谋利益的工作，顾客从电话营销中得到的好处远比电话营销员多。电话营销员要培养自己的职业自豪感。电话营销人员其实是个帮助人的好角色——那有什么好害怕的呢？签订合约这个电话营销努力的辉煌结果，是双方都希望达到的一个共同目标，各得所需。而电话营销人员和客户，本来就不是对立的南北两极。

在你感到紧张的时候，你可以设想一下生意成交后的美景，客户对你的服务无比满意，这样的想法将有助于你化解紧张，镇定自若地与客户周旋。

刚进职场的新员工大部分都没有过电话销售的经验，在刚入职的头三天可能会热情高涨地去打电话联系客户，之后就会出现很明显地不敢打电话，害怕客户拒绝、挂电话等情况。基本表现形式就是经常坐在电话旁发呆，看资料看很久，经常看身边的同事在做什么，有的甚至会打电话给自己的朋友聊天等。

要想改变这种局面，解决办法有：首先，如果想做好销售这份工作，这是必须经历的阶段，目前出现这种问题很正常，很多人都经历过，坚持下去一定会成功。其次，可以从有经验的人身上学习技巧，锻炼心理素质。

作为电话营销员一定要胆子大，如果胆子不够大，心理素质不够好，就会直接影响你的成功机率，针对这个问题我们有以下几个对策，仅供大家参考：

1. 心态不怎么好，心里面总在想打陌生电话找不到人，更何谈销售产品。不是每通电话都能找到人，也不是每通电话都能如愿，大家心态要平和。

2. 不清楚如何开头，如何寻找潜在的客户。

可以细心琢磨一些吸引其兴趣和注意的办法；关于如何寻找客户，互联网、报纸、电视广告、杂志、朋友介绍、名录提供商等渠道均可。

3. 电话通了，不知道该说些什么。

这个问题请参考第 2 条，每个行业虽有一些差异，但基本都是一样的，

第一次通话是很重要的，电话营销脚本可以让你们公司出一套，细节决定成功，销售一定要重视细节。

4. 打电话一般找不到负责人，会被前台拦住。

现在广告电话满天飞，这个问题是没有办法避免的，下面给出了一些技巧可以参考。在说话的时候要底气足，不要怕，要随机应变，即使失败也没有关系。

以下几个技巧可以给你壮胆：

1. 熟练的行话：如果你用销售对象所在领域的行话说话，就比那些说话不着边际的人更胜一筹。了解那些复杂的术语自然不错，但更重要的是要知道该怎么用。

2. 尽可能做到对商品的了解跟客户一样多。

3. 多姿多彩的语言：选最好的词汇和语句，为你的商品增光添彩。

4. 权威的口吻：如果你声音微弱、意气消沉或者吞吞吐吐，那么不等客户听完你的话，你已经把自己打败了。要对自己和自己要做的事信心十足。

大多数的营销人员经历过恐惧，这没有什么可害羞的。因此可以大胆地承认，把恐惧释放出来，从而可以在以后的工作中去克服它。我们不能否认所有营销人员有时会有的正常情绪，承认你不想向那些不想见你的人打营销电话，同时你不倾向于谈论你不想谈论的事情，这很正常，我们都有情绪和事业的低谷和高潮。

关键小结

电话销售没什么可怕的。电话销售人员一方面可以不断地提升自己的电话沟通水平，降低自己被拒绝的概率；另一方面要学会自我调整心态，勇敢地面对每一次拒绝。

2.

有力的声音让客户喜欢你

有一次，意大利著名的悲剧影星罗西应邀参加一个欢迎外宾的宴会。席间，许多客人要求他表演一段悲剧，于是他用意大利语念了一段“台词”，尽管客人听不懂他的“台词”内容，然而他那动情的声调和表情，凄凉悲怆，大家不由自主地流下了同情的泪水。可一位意大利人却忍俊不禁，跑出会场大笑不止。原来，这位悲剧明星念的根本不是什么台词，而是宴席上的菜单！

恰当自然地运用声调，是顺利交往和销售成功的条件。一般情况下，柔和的声调表示坦率和友善，在激动时自然会有颤抖，表示同情时略为低沉。不管说什么样的话，阴阳怪气的，就显得冷嘲热讽；用鼻音哼声往往显得傲慢、冷漠、恼怒和鄙视，是缺乏诚意的，会引起不快。

声音质量包括：高低音、节奏、音量、语调、抑扬顿挫。语调就像画图，会直接影响客户的反应。在某种意义上，声音是人的第二外貌。一个词语的发音，音调的细微区别远远超过了我们的想象，在通电话的最初几钞钟内能“阅读”到用户声音中的许多内容。你的语音、语调以及声调变化占你说话可信度的 84%。因此，请给您的声音添加色彩。

音调的高低可引起对方的兴趣与注意，对风度翩翩、谈吐不俗的人，注意他们的谈话，记下他们的优点，多加琢磨，以提高自己的水准。

无论是面对面与客户沟通，还是通过电话与客户沟通，感染力无疑都是影响沟通效果的一个重要因素。我们都知道，沟通中的感染力主要来自于三个方面：身体语言、声音和措辞。当我们通过电话与客户沟通时，我们与客户相互看不到，那这种感染力从常规上讲将更多地体现在你的声音和你的措辞上。

一般来讲，影响声音特性的主要因素有：

1. 积极：积极的心态会使你的声音听起来也很积极而有活力。

2. 热情：热情可以感染客户，这是毫无疑问的！

3. 节奏：节奏一方面是指自己讲话的语速，另一方面也是指对客户所讲问题的反应速度。

4. 语气：与客户通电话时，语气要不卑不亢。即不要让客户感觉到我们是在求他们，例如："你看，这件事情，啊，全靠您了"等，这种唯唯诺诺的语气只会传送一种消极的印象给客户，而且也不利于建立专业形象。

5. 语调：语调不能太高，如果是男声，低沉、雄厚、有力的声音会更具有吸引力，男声特别注意不要太尖，或太似女声，娘娘腔。同时，讲话时语调的运用要抑扬顿挫。

6. 音量：音量当然不能太大，太大有些刺耳，当然太小对方听不到。

而在措辞方面，重点要素有：主要有简洁、专业、自信、积极、停顿、保持流畅。

还有一点我们要注意，虽然电话中我们与客户双方彼此看不到，但这并不等于说我们的身体语言不会带有感染力，因为你的身体语言会影响你声音的感染力。

强有力的声音感染力会使你的客户很快接受你、喜欢你，对你建立瞬间亲和力有很大的帮助。

电话营销时，你最初的几句话，所运用的语调应是沉稳、镇静和强有力的，不要过高或过低，你的话应该流利地而不是犹豫不决地说出来，肯定地甚至是有节奏地强调关键词和语句。

关键小结

无论是面对面与客户沟通，还是通过电话与客户沟通，感染力无疑都是影响沟通效果的一个重要因素。强有力的声音感染力会使你的客户很快地接受你、喜欢你，对你建立瞬间亲和力有很大的帮助。

3. 巧妙地向客户提问题促进成交

为了吸引客户的注意力，你必须向客户提出问题或是提出某个想法，意在表明你的产品或服务可以很好地适应客户的特殊需求或需要。你必须在你和潜在客户开始交谈时回答他的第一个问题，那就是“为什么我要听你说”。

举个例子来讲，在向一位客户进行推销时，你可以这样问:“您愿意听我说一个想法来帮助贵公司在运营过程中节省时间并节约资金吗？”

这个问题几乎会说到每一位商界人士的心坎里，你向潜在客户表明了为什么听你说话他们可能会有所收获，同时又可以帮助他们节省时间和金钱，所以这个开场白一开始就能吸引他的注意力。

不管你从事何种产品的销售，你都能设计出一个问题或是一番话来吸引潜在客户的注意力。你的问题应该针对潜在客户想要达到某个实际目标、避免运用不切实际的愿望来设计。举个例子，为PreparationH公司所做的广告是世界上最为成功的广告之一，这个广告只有一句话——“痔疮？”这句话很简单，但它立即吸引了潜在客户的注意力。

任何人对自己的事总是万分关心，对推销员的来访却毫不关心，这是很自然的现象。要吸引这样的准顾客，对你产生注意力，当然得有一些独特的技巧。你可以使出下面五个方法，达到这个目的。

1. 立刻向他说："你可以轻易获得某种很大的好处。"（或"如果，我能说出对您的工作有帮助的创意，是不是准许我跟您（或是贵公司）做个交易？"）

现代人的性子都很急，任何事如果无法立刻能够获得成果，他们就认为无需谈下去。慢条斯理地绕弯说话，已经不适合这个时代了。

2. 向对方探询某种意见。向对方请教意见，有两大好处：既可以引起对方的注意力，又能满足对方的自尊心。你探询的意见，最好是有关商业上的事。当然也不妨问一问与对方有关的事。例如，他的兴趣、爱好……等。

3. 答应帮助他解决面对的困难，借以搭建友谊的桥梁。例如，很多中小型厂商，常常为了生产过程中产生劣质品而烦恼。你就用下面的话引起他的注意："关于生产过程中会产生劣质品，我可以提供您一个解决的办法……。"

4. 告诉他"某些信息"。任何人对有助于自己的"信息"，总是立刻产生注意力，但是，提供的若是"半生不熟"的信息，效果就会适得其反。因而你提出来的必须是重要的信息，重要到对方一听就会感到震撼。信息的种类，可以是有关人物的，也可以是有关产品的，也可以是某种事件。平时，要眼观六路，耳听八方，把这一类"信息"多方搜集，以便随时能够提供给你的准顾客。

对于电话推销员，在电话被接通后的30秒内是否成功将直接关系到谈话能否继续。"在30秒内抓住对方注意力"成为每一名电话销售人员的一项基本修炼，那如何做到这一点呢？下面列举几种方法供大家参考。

1. 请求帮忙法。一般情况下，在刚开始就请求对方帮忙时，对方是不好意思断然拒绝的。电话销售人员会有 100% 的机会与接线人继续交谈。

销售人员：您好，李经理，我是 ××，×× 公司的，有件事情想麻烦一下您！

客户：请说！

2. 第三者介绍法。通过"第三者"这个"桥梁"过渡后，更容易打开话题。

因为有“朋友介绍”这种关系之后，就会无形地消除客户的不安全感和警惕性，很容易与客户建立信任关系。

3. 牛群效应法。在大草原上，成群的牛群一起向前奔跑时，它们一定是很有规律地向一个方向跑，而不是向各个方向乱成一片。电话销售人员在介绍自己产品的时候，告诉客户同行业的前几个大企业都在使用自己产品的时候，这时“牛群效应”开始发挥作用。通过同行业前几个大企业已经使用自己产品的事实，来刺激客户的购买欲望。

4. 激起兴趣法。这种方法在开场白中运用得最多、最普遍，使用起来也比较方便、自然。激起对方兴趣的方法有很多，只要我们用心去观察和发掘，话题的切入点是很容易找到的，具体参看以下案例。

约翰·沙维祺是美国百万圆桌协会的终身会员，是畅销书《高感度行销》的作者，他曾被美国牛津大学授予“最伟大的寿险业务员”称号。一次他打电话给一位美国哥伦比亚大学教授强森先生，他的开场白如下：

约翰·沙维祺：“哲学家培根曾经对做学问的人有一句妙语，他把做学问的人在运用资料上比喻成三种动物。第一种人好比蜘蛛，他的研究资料不是从外面找来的，而是由肚里吐出来的，这种人叫蜘蛛式的学问家；第二种人好比蚂蚁，堆积资料，但不会使用，这种人叫蚂蚁式的学问家；第三种人好比蜜蜂，采百花之精华，精心酿造，这种人叫蜜蜂式的学问家。教授先生，按培根的这种比喻，您觉得您属于哪种学问家呢？”

这一番问话，使对方谈兴浓厚，他们最终成了非常要好的朋友。

5. 巧借“东风”法。冰冰是国内一家大型旅游公司 G 的电话销售人员，她的工作是向客户推荐一张旅行服务卡，如果客户使用该卡去住酒店、坐飞机，可获得折扣优惠。这张卡是免费的，她的任务是让客户充分认识到这张卡能给对方带来哪些好处，然后去使用它，这样就可以产生业绩。刚好她手里有一份从成都机场拿来的客户资料，看她是怎样切入话题的。

电话销售人员：您好，请问是李经理吗？

客户：是的，什么事？

电话销售人员：您好，李经理，这里是四川航空公司客户服务部，我叫冰冰，今天给您打电话最主要是感谢您对我们川航一直以来的支持，谢谢您！

客户：这没什么！

电话销售人员：为答谢老顾客对我们公司一直以来的支持，公司特赠送一份礼品表示感谢，礼品是一张优惠卡，它可以使您在以后的旅行中不管是住酒店还是坐飞机都有机会享受优惠折扣，这张卡是川航和G公司共同推出的，由G公司统一发行，在此，请问李经理您的详细地址是……？我们会尽快给您邮寄过来的。

客户：四川省，成都市……

6.老客户回访。老客户就像老朋友，一说出口就会产生一种很亲切的感觉，对方基本上不会拒绝。

关键小结

对于电话推销员，在电话被接通后约30秒内的开场白是否成功将直接关系到谈话能否继续。不妨向客户提出问题或是提出某个想法，吸引客户的注意力。

4. 有效沟通的三招半

我们都知道，电话业务最大的特点是人在电话线的两端，看不到彼此的面貌举止，所以你的声音和语气将决定接线人对你的印象。如果想让别人听下去，就要给接线人一个良好的印象，进而为自己塑造一个良好的电话性格。这样，第一句话是关键。可以说，这一句说好了就成功了一半。

一个新业务员在收集了一家公司的资料后，准备与该公司的主管进行一次电话交谈。

电话拨通，有人接电话：

“喂？”

“喂，我是天乐电脑商贸有限公司的，我公司有一种微电脑数位控制的全稳压不停顿 -220 伏交流电源系统，是专为网站系统和精密电子仪器用户设计的。请问你们是‘凯迪物业’吗？我找一下你们总经理。”

“打错了。”对方已挂断电话。

原因何在呢？

在绕障碍阶段，业务员要给接线人充分的尊重。而尊重的语气，首先表现在礼貌的寒暄、言语的适当停顿和聆听接线人的反应上。在上面这个例子中，业务人员话一出口就是冗长不停的句式，没有招呼，语意唐突，术语多多，不顾接线人反应，令对方不得要领。这样不仅导致接线人对你的第一印象欠佳，还会给人一种骚扰电话的感觉。

可以这样说：

“您好，我是天乐电脑，有个样品介绍单，我们给总经理发个 E—mail，您知道总经理的电话吧，我记一下？”这个介绍单的真假无关紧要，关键是，这是一个很好的试探，给双方都留有谈话的余地，礼貌地回避了那些引人反感的罗嗦话。因为清楚明了，合情合理，你就很容易得到接线人的认可。

打电话做销售拜访的目标是获得一个机会。电话做销售应该持续大约 3 分钟，而且应该专注于介绍你自己、你的产品，大概了解一下对方的需求，以便你给出一个很好的理由让对方愿意花费宝贵的时间和你交谈。最重要的别忘了与对方约定见面。

拒绝一件事情可以找到一万个理由，而接受一件事情可能只需要一个理由。所以电话营销的成功率一般不超过 3%，这是很正常的事情。

下面谈谈有效沟通的三招半。

第一招，问问题。我们做电话营销一定要让顾客开始说话，一旦顾客愿意和你说话了，那你就成功了一半。让别人说话最好的办法莫过于问他问题了，这样才能达到共同的目的。当然不能一直是你问他答，你要想办法让顾客问你问题。如果他就是不问，你就可以让他问“您看我这么介绍你是否清楚了，您还有什么问题吗？”问问题时最好是选择题，这样可以增加互动性，同时也可以帮助顾客作决定，“您是不是现在说话不方便？那您看我是明天上午还是下午再给您打过去？”当然问问题的方式和办法还可以继续研究和探索。

第二招，放松心态，把顾客当成熟人。每个人都愿意和自己熟悉的人交谈，这里的熟人有的是经验上的熟人，有的指心理上的熟人。有些客服代表亲和力很强，说话很有技巧，她每次给别人打电话，对方都喜欢和她沟通，因为她说起话来就像在和朋友说话，有时还会开玩笑甚至笑出声来，别人感觉和她说话很轻松。心理上的距离近了，推销起产品来自然就容易了。

第三招，帮助顾客作决定。“您订一个吧，我这就给您开订单了”，“您买一个吧”。你可别小看这句话的作用，因为这就是我们做电话营销的目的。很多人在购买产品时都会征求别人的意见，而在做电话营销时除了面对你，他不可能面对别人，所以这时你就要帮他作决定了。

最后半招，你要笑出声来。推销员的幽默风趣也是非常重要的。幽默风趣是一种非常珍贵的品质，之所以珍贵，是因为稀缺。幽默风趣的人无论走到哪里，都会受到欢迎。尤其对从事电话营销工作的人员来说，能够培养出幽默风趣的沟通风格，无异于给自己的职业生涯添上了一对会飞翔的翅膀。

关键小结

打电话做销售拜访的目标是获得一个机会。这个通话必须是有效沟通，包括介绍你自己、你的产品，大概了解一下对方的需求。所以，找好切入点，让对方愿意听下去很重要。

5. 三个步骤搞定你的客户

接受心理学表明，打电话交谈越简单越好。一般电话销售的开头模式如下。

销售人员：“您好，陈先生，我姓李，叫李力，是 ×× 公司打电话来的！现在方便同您谈一分钟吗？”

当然，销售人员得记住以下要点：

1. 对人要称呼，如先生、经理、董事等等头衔一定要明确叫出来。

2. 说明自己的姓，再说名字，以便加深印象。如姓李，叫李力。这是尊敬自己肯定自己的方法。

3. 强调自己的公司。客户心理很怪，比较认同一个公司，会多一些信心，或者是专业和认真吧！

4. 礼貌地向对方要求批准会谈的时间，强调只是一分钟，并不会占他太多的时间。有时候，对方知道你们的谈话已经过了一分钟，但还是会让您讲下去的。

如果对方的答案是“不”的时候，只好收线，拨下一个电话。如果对方太忙的话，您可以这样说：“那么，好吧！我迟些时候再给您致电，下午三点，还是五点呢？”

成功的电话销售，有下面三个阶段：

第一个阶段就是引发兴趣。引发电话线另一端潜在客户的足够兴趣，在没有兴趣的情况下是没有任何机会的，也是没有任何意义介绍要销售的产品的。这个阶段需要的技能是对话题的掌握和运用。

第二个阶段就是获得信任。在最短时间内获得一个陌生人的信任需要高超的技能，以及比较成熟的个性，只有在信任的基础上开始销售，才有可能达到销售的最后目的——签约。这个阶段需要的技能就是获得信任的具体方法和有效起到顾问作用，争取以置业权威的位置来有效地赢得潜在客户的信任。

第三个阶段就是有利润的合约。只有在有效地获得潜在客户对自己问题的清醒认识下，销售才是有利润的销售，也才是企业真正要追求的目标。这个阶段需要的技能则是异议防范和预测、有效谈判技巧、预见潜在问题的能力等。

当然，电话销售有一个准备阶段，准备工作做得好，接下来就能很好地应付了。下面我们一起来看看应该做哪些准备工作。

一、在打电话前准备一个名单。事先选定目标客户的行业，通过黄页、网络筛选客户，准备一份可以供一个月使用的人员名单，这样可以大大提高工作效率，否则你的大部分销售时间将不得不用来寻找所需要的名字，在有效时间内打不上几个电话。

二、给自己规定工作量。首先规定打电话的时间，比如上午和下午各2个小时，在规定时间内要打100个电话，无论如何要完成这个任务，而且还要尽可能多地打电话。

三、寻找最有效的电话营销时间。通常来说，人们拨打销售电话的时间是在早上9点到下午5点之间。所以，你每天也可以在这个时段腾出时间来做电话推销。

销售人员应该培养出一个工作时间表：时间表一方面可以推动自己，另一方面又可以在适当的时间内找适当的人。一般来说，打电话找人的时间，最好是早上9点至10点，或者下午2点至4点。再有针对不同的客户有不同的时间，比方说：

1. 会计师最忙是月头和月尾，不宜接触；

2. 医生最忙是上午，下雨天则比较空闲；

3. 销售人员最闲的日子是热天、雨天或冷天，或者上午9点前下午4点后；

4. 行政人员：10点半后到下午3点最忙；

5. 股票行业：最忙是开市的时间；

6. 银行：10点前4点后忙；

7. 公务员：最适合的时间是上班时间，但不要在午饭前后和下班前；

8. 教师：最好是放学的时候；

9. 主妇：最好是早上10点至11点；

10. 忙碌的高层人士：最好是8点前，即秘书上班之前。成功人士多数是提早上班，晚上也比较晚下班。

我们都有一种习惯性行为，你的客户也一样。很可能在每周一的10点钟都要参加会议，如果你不能够在这个时间接通他们，从中就要汲取教训，在该日其它的时间或改在别的日子给他电话。你会得到出乎意料的结果。

四、开始之前先要预见结果。打电话前要事先准备与客户沟通的内容，并猜想客户的种种回应，以提高你的应变力，做到有问必答，达成良好的电话沟通效果。

五、定期跟进客户。整理有效的客户资源，定期跟进，跟客户保持联系，等待业务机会。一旦时机来了，客户第一个想到的就是你。

关键小结

成功的电话销售应该做到以下三点，引发电话线另一端潜在客户的足够兴趣；在最短时间内获得一个陌生人的信任；获得有利润的合约。

6. 跨过秘书，直接找到大老板

电话销售接电话的一般都是前台秘书，所以我们在跟秘书接通电话之后说的几句话非常关键。这几句处理好了，才能接通到能签单的客户。打电话找客户的技巧，要做到好像是熟人找朋友一样。秘书小姐是很精明的，当她知道您是销售人员的话，她会委婉地说："他正在开会……"

如何闯过秘书这一关呢？说话方面，要露出一点老友的亲密态度。如果您说："麻烦请找李志文先生！"秘书肯定知道您是外人，如果您说："接李志文！"或"老李在吗？"秘书或者反应慢，便将电话接过去了。

其实，什么"开会"、"正在见客"、"赴约"之类，多数是挡箭牌罢了。秘书小姐的洞悉能力，往往只是根据最初的两三句话，如果您能够将说话变成好像太太找丈夫一般亲密自然的话，秘书小姐肯定会毫不犹豫地将电话转接过去。如果您直接和客户联络，他的回答是"是"、"不"，但秘书小姐是受命说“不”的人。

不过，我们切勿欺骗对方。如果秘书小姐问你是否是老板的朋友，你一冲动竟然回答“是”；当对方接上电话时问你的背景，发觉你只是销售人员冒充的时候，便会破口大骂。

下面介绍突破秘书的一些具体方法。

1. 直呼其名法

在找资料的时候，顺便找到老板的名字，在打电话的时候，直接说老总的姓名，若对方问到你是谁，你应该说是其客户或者朋友，这样找到的机会大一些。

2. 多角度下手法

多准备几个该公司的电话，用不同的号码去打，不同的人接，会有不同的反应，这样成功的几率也比较大。

3. 事态严重化，使秘书无权处理

例如:（对于房产公司）你好，我有一栋楼要出租，希望找你们公司老总谈，不知道你们老板贵姓？再如:（对于广告公司）你好，我是《北京晚报》的，您们公司老总是哪一位？我们跟他谈谈代理的事情！

4. 夸大身份

例如：你好，转你们李总，我是 ×× 公司的王总啊！

5. 威胁法

小姐，这事情很重要，你能否做主？我很急，马上帮我转给你们公司老总。

6. 亲密法

A：喂，李总在吗？

B：不在，你哪里？

A：我泉州的，我姓章，他电话（手机）是多少？

声音放低点，一般情况下前台都会告诉你老板的手机。

7. 逼迫法

A：你哪里？

B：厦门的，刚来福州，有重要事情找你们老总（知道姓名，那就直说姓名）

A：我问你哪里，哪个公司的？

B：小姐，你姓什么？我很不习惯你这样问话，知道吗？（语气要强，拍着桌子说话）在不在，在就给我转进去，不在就把手机拿过来！

8. 迂回法

小姐，张总可能有急事找我，他打了我的手机，现在还在公司吗？给我回电！谢谢！

9. 真诚式

针对平常方法绕不过的前台时，索性坦白相告，尊重她：王小姐，你早！我是中国企业网的周统彬，我昨天已与李总联系过了，不知你是否可以替我安排今天上午或者下午，与李总通个电话，只需2分钟，谢谢！

10. 理解式

告诉前台的小姐说："我知道你很为难，每天接到各种各样的电话都很多，很难确定哪个电话该去找老板，我也有过这样的经历，我很理解您。同时我也告诉您，我给你们老板打电话是有一个对贵公司很重要的事情。必须马上和你们老总取得联系，麻烦你现在帮我找一下。"

关键小结

电话销售接电话的一般都是前台秘书，所以我们在跟秘书接通电话之后说的几句话会非常关键。这几句处理好了，才能找到能签单的客户。

7. 掌握电话邀约的技巧和原则

电话销售最后要经历的阶段是与潜在客户会面。怎样才能达到这一目的，其中很有技巧讲究。

例如，“林先生吗？您好，我是 ××，我们那天在工地上谈了很久，不知您意下如何？什么，太贵了，那先生认为多少合适呢？我看这样好了，电话中也不好谈，我们当面再仔细研究一下好吗？林先生是早上比较方便呢？还是下午方便？三点钟怎么样？好，就今天下午三点整，我准时到府上，谢谢！”

当然，这是一个较为特别的例子。销售员在使用发掘潜在客户的电话邀约方法时要注意：

拿起电话听筒前，要精心做好准备，了解他上、下班的时间以及他的近况。要以兴奋愉悦的心情打电话。跟对方约好时间和地点后，就应赶快结束谈话。不要说出生意内容，以免产生误会或反效果。

怎样做才能倍增电话邀约的成功率呢？以通话 3 分钟为最佳标准，3 分钟内必须要做开场、邀约、结束语及挂掉电话四个步骤。在电话邀约之前必须要做好以下几个方面的准备。

1. 准备

（1）心理准备：对你所拨打的每一通电话有一个认真、负责和坚持的态度，有一种必定成功的积极动力。

（2）内容准备：打电话前先把你所要表达的内容准备好，可以先列出几条在你手边的纸张上。要注意语速与语调，保证能让电话另一端的准客户明白你所说的每一句话的含义。

此外，首先要注意语气变化，态度真诚；其次要言语富有条理性，不可语无伦次、前后反复，让对方产生反感或啰嗦的感觉。

2. 时机

打电话时一定要掌握一定的时机，要避免在吃饭或客户休息的时间里与顾客联系，如果把电话打过去了，也要礼貌地征询顾客是否有时间或方便接听。

3. 接通电话

邀约电话接通后，要先问好，并自报家门，确认对方的身份后，再谈正事。

4. 讲话时要简洁明了

由于电话具有收费、容易占线等特性，因此，无论是打出电话或是接听电话，交谈都要长话短说。

5. 挂断前的礼貌

打完电话之后，直销商一定要记住向顾客再次确认："那么，我们明天下午三点 ×× 地方见。谢谢！再见！"另外，一定要顾客先挂断电话，直销商才能轻轻地挂下电话，以示对顾客的尊重。

电话邀约还要注意。不要说"拜托"之类的话。我们要提供给对方的是一个成功的机会，也许是对方期待已久的产品，更可能是他人生的一大转折点，那么，我们为什么要低姿态呢？相反的，我们要理直气壮。

打电话应注意一些基本的礼仪规范。要用礼貌用语，如：您好、早安、谢谢等，语调要柔和，显示出良好的修养，还应尽量避免打断对方的讲话。在介绍自己的公司时，要显示出足够的信心，只有这样才能感染客户。

当然，电话邀约还有常见的十四大技巧，大家可以参考。

技巧一，让自己处于微笑状态，微笑地说话，声音也会传递出很愉悦的感觉，帮助你进入对方的时空。

技巧二，为了了解对方的电话磁场，建议在谈话之初，采取适中的音量与速度，等辨认出对方的特质后，再调整自己的音量与速度，让对方觉得你和他是同一级别的。

技巧三，判别通话者的形象，增进彼此互动，从对方的语调中，可以简单判别通话者的形象。判别形成之后，再给对方适当的建议。

技巧四，表明不会占用太多时间，简单说明：“耽误您两分钟好吗？”

技巧五，语气、语调要一致。在电话中，开场白通常是国语发音，如果对方的反应是以方言回答，则应马上转成方言和对方说话，有时普通话、方言交替也是一种拉近双方距离的方法。

技巧六，善用电话开场白。好的开场白可以让对方愿意和业务人员多聊一聊，如何多了解对方的想法，不妨问：“最近推出的投资型商铺，请问您对此有什么看法？”诸如此类的开放式问句。

技巧七，善用暂停与保留的技巧。当业务人员需要对方给一个时间、地点的时候，就可以使用暂停的技巧。比如，当你问对方：“您喜欢上午，还是下午？”说完就稍微暂停一下，让对方回答，这样可以让对方有受到尊重的感觉。

技巧八，身体挺直、站着或闭上眼睛说话。

试着将身体挺直或站着说话，你可以发现，声音会因此变得有活力，效果也会变得更好；有时闭上眼睛可以让自己不被外在的环境影响答话内容。

技巧九，使用开放式问句，不断地问问题。

问信息员或者客户问题，了解对方真正的想法，帮助业务员做判断。

不妨用：“请教您一个简单的问题”、“能不能请您多谈一谈，为何会有如此的想法？”等问题，鼓励对方继续说下去。

技巧十，即时逆转。即时逆转就是立刻顺着客户的话走，例如当对方说：“我已经和其他装修公司合作了”时，不妨就顺着他的话说：“我就是知道您合作了很多装修公司，才打这通电话。”

技巧十一,一再强调您自己判断、您自己做决定。在电话中强调“由您自己做决定”、“全由您自己判断”等句子，可以让客户感觉到业务人员是有素质的、是不会死缠的，进而提高约访的机率。

技巧十二，强调合作的方式或独特性。“这个合作模式很特别，必须当面谈，才能让您充分了解……”在谈话中，多强调合作方式很特别，再加上“由您自己做决定”，让信息员愿意将他宝贵的时间给你，切记千万不要说得太繁杂，或使用太多专业术语，让信息员失去与你见面的兴趣。

技巧十三，给予二选一的问题及机会。二选一方式能够帮助对方做选择，同时也加快对方与业务人员见面的速度，比如“早上或下午拜访？”、“星期三或星期四见面？”等问句，都是二选一的方式。

技巧十四，为下一次开场做准备。我们在结束时，别忘了和对方说：“感谢您抽出时间”，或者告诉对方：“非常荣幸认识您”。好的结束，有助于为下一次开场做准备。

关键小结

电话邀约的目的是与潜在客户见面，这需要推销员掌握一定的技巧。这里，我们为你介绍了如何利用最佳3分钟完成开场、邀约、结束语及挂掉电话四个步骤。

第五章

心理吸引术

——给客户留下良好的第一印象

在拜访中能否给客户留下良好的第一印象，对于推销员接下来的相互沟通很重要。很多时候，在你还没开口介绍产品之前，客户就已经决定不与你进一步沟通了。本章讨论推销的拜访，详细论述了推销员的形象、姿态、交换名片等方面，希望能够对推销员有所启示。

1.
拜访之前，检查一下自己的仪表

有位衣着不整的推销员到一家商场推销绿豆糕，经理与他谈了一会儿，就将他支走了。推销员走后，经理对同事说："我看了他的样子就反感。"此后，这位推销员虽多次登门，但经理再也没见他。

在推销中，懂得形象包装，给人留下良好的第一印象，将是永远的赢家。一个推销人员与顾客首次接触时交流时间不会很长，要在有限的时间内，使顾客对自己和自己所推销的产品有所了解并非易事。研究表明，首次印象一经形成，不但会持续较长的一段时间，而且不易改变。所以，推销员应十分重视自己给予他人的第一印象。调查表明，顾客之所以购买某个品牌的产品，并非一定取决于产品质量，其中对推销员的好感往往起到了决定性作用。据美国纽约销售联谊会统计，71%的人是因喜欢、信任、尊重一位推销员而做出购买决定的。推销的内涵是推销自己，而推销自己的关键就是推销自己的形象。

首次与顾客打交道时，怎样做才会给顾客留下美好的印象呢？一般来说，衣着打扮能直接反映出一个人的修养、气质和情操。穿戴整齐、干净利落的推销员容易赢得顾客的信任和好感；而衣冠不整的推销员会给顾客留下办事马虎、懒惰、糊涂的印象。美国一家营销机构的一项调查表明，80%的顾客对推销员的不良外表持反感态度。服饰对推销员而言，也可以说是销售商品的外包装。包装纸如果粗糙，里面的商品再好，也会被人误解为是廉价的商品。日本推销界流行的一句话就是：若要成为第一流的推销人员，就应先从仪表修饰做起。

在英格丽·张的《你的形象价值百万》一书中，她提到了一个真实的故事：在加拿大工作的查理被委派寻找合作伙伴，经人介绍，与某位总裁初次相会。查理一进门，就看到有位男士穿着灰棕色、人造纤维的格子西服，发着亮光的领带露在V字口毛衣的外面。他一张嘴，满口黄牙暴露无遗……“他给我留下了永不磨灭的可怕的恶劣印象。那张冷酷不带笑的脸和那双死鱼般的双眼，无不在告诉我这是个冷酷的、没有修养的人。”查理说。他最终决定不和这位总裁合作。

非口头信息往往成为是否继续交往的主要依据，也反映了第一印象具有巨大的决定力。心理学家鲁钦斯研究发现，先出现的信息对总印象的形成具有较大的决定力。这是因为，在人际交往中普遍存在“首因效应”，即人们更愿意凭借自己所看到的来做判断。同时，在快节奏的现代社会，没有人愿意将大把的时间花在研究一个人身上。那么我们应该如何给别人留下良好的第一印象呢？

注意自身形象和个人卫生，以及自己的表情是否僵硬、笑容是否令人感到不快。

交谈时适当保持沉默或者改变说话的语调，不要高谈阔论、过多谈论私人生活；不要过于活泼和开玩笑，要给对方说话的机会。

举止要温和有礼，切忌冷淡和鲁莽，不要让别人觉得你永远有理或目空一切。

要尽量寻找自己与对方的共同话题，适当活跃气氛。

推销员的服饰要因人、因职业、因环境而定，没有一个固定模式。尽管不同行业的推销员，可能需要不同的衣着，以符合其企业形象或商品形象，但大体上说，推销员衣着仍以稳重大方、整齐、清爽、干净利落为基本原则。

美国著名的时装设计师约翰·T. 莫洛伊为推销员提出了一些衣着标准，现摘录如下，仅供参考：

应该穿西装或轻便西装；衣着式样和颜色，应尽量保持大方稳重；不要佩戴一些代表个人身份或宗教信仰的标记；流行服装、时装最好不要穿；不要戴太阳镜或变色镜，只有让顾客看得见推销员的眼睛，才能使顾客相信推销员的言行；不要佩戴太多的饰品；可以戴某种能代表公司的标记，或者穿上某一种与产品印象相符合的衣服，使顾客加深对公司和产品的联想；推销员可以携带一个公事包；要带一支比较高级的圆珠笔、钢笔或铅笔和一本精致的笔记本；尽可能不要脱去上装，以免削弱推销员的权威和威严。

除了服饰方面的要求外，推销员还要外表整洁。应定期理发，头发不宜太长；牙齿要洁白，口气要清新，勤剪指甲，不留污垢等。

当然与外表装饰相比较，更为重要的是，推销员应注意内在气质的修养，要注意文化学习，培养自己具有优雅、热情、诚恳等气质。这样的推销员才能被顾客接受和信任。

关键小结

心理学上的“首因效应”证明了第一印象的重要性。所以推销员应该记住，第一次拜访就要给顾客留下美好的形象。

2. 恰到好处的言谈举止

我国很重视人在交往中的姿态，认为这是一个人是否有教养的表现，因此素有大丈夫要“站如松，坐如钟，行如风”之说。在日本，百货商场对职员的鞠躬弯腰还有具体的标准：欢迎顾客时鞠躬 30 度，陪顾客选购商品时鞠躬 45 度，对离去的顾客鞠躬 45 度。

如果你在销售过程中想给对方一个良好的第一印象，那么你首先应该重视与对方见面的姿态表现，如果你和人见面时耷拉着脑袋、无精打采，对方就会猜想也许自己不受欢迎；如果你不正视对方、左顾右盼，对方就可能怀疑你是否有销售诚意。

初见面时，如果能保持恰到好处的举止，给对方留下好的印象，将有助于你推销业务的成功。

下面具体介绍初次见面时身体各部位的姿态姿势，供推销员们参考。

一、手的动作。身体语言中手的动作非常重要，善于利用手势能提高推销效果。

1. 有客人到公司为客人带路时，要说“请这边走”，介绍公司各个部门时要把手微微斜举，手掌朝外。

2. 手指目录或说明书时，手掌朝上方为正确，而如果指小的东西或细微之处，就用食指指出，且也手掌朝上较好。

3. 在拜访客户时，如果客户端茶水让你喝，应轻屈中指和食指在杯子旁边微敲两下，以示感谢，同时也应把谢字说出口。

二、眼睛动作。眼睛向下，或东张西望都是不利于推销的视线，正确的方法是：

1. 与男性商谈时，视线的焦点要放在对方的鼻子附近；如果对方是已婚女性，可注视对方的嘴巴，假如是未婚小姐，则看着对方的下巴。

2. 视线的范围可扩大至对方的耳朵及领结附近。

3. 聆听或说话时，可偶尔注视对方的眼睛。

4. 若把自己双眼视线凝聚于对方的一只眼睛，就会使对方产生柔和的感觉。

要正确使用目光，首先得了解它的礼节。目光礼节同有声语言以及其他礼节一样，因民族和文化而异。

比如，美国人在跟别人交谈时，习惯于用眼光打量对方，认为这是自信、有礼貌的表现。另外，美国人在同别人正式谈话时，还习惯于看着对方的眼睛，如果看着别处，会被认为失礼。而日本人在面对面的交谈中，目光一般常落在对方的颈部，眼对眼则被看作一种失礼行为。南美印美安人维图托部族和博罗罗部族的人，不论跟谁讲话，眼睛都是看着不同的方向。居住在安歌拉维拉省的基姆崩壮族人，每当宾客来临，便不断地眨巴左眼，表示欢迎。这时客人则猛眨右眼，以示谢意。

在我国，对目光有礼节要求，一般忌讳用眼睛死死地盯着别人，认为大眼瞪小眼地看人是没有礼貌的表现，怎样做才不失礼呢？礼貌的做法是：用自然、柔和的眼光看着对方双眼和嘴部这之间的区域。目光停留时间占全部谈话时间的 30%—60%，也就是说，既不盯着对方看，也不眼珠滴溜溜地来回转动，让人看得心慌意乱。

三、坐相。当客户请你坐时，记得说一句“谢谢”再坐下。

1. 坐满整个椅面，背部不可靠着椅背，采取稍微前倾的姿势，这可以表示出对谈话内容的肯定。

2. 膝盖张开约一个拳头的距离。（女性则双腿并拢。）

3. 勿用手撑住头，头要微微扬起，让对方感到你的自信，且被你感染。

四、站相。站立的时候要像青松一般气宇轩昂，不要东倒西歪。

良好站姿的要领是挺胸、收腹，身体保持平衡，双臂自然下垂。忌歪脖、斜腰、挺腹、含胸、抖脚、重心不稳、两手插兜。

优美的站姿男女有别：女子站立时，两脚张开呈小外八字或 V 字形；男子站立时与肩同宽，身体平稳，双肩展开。简言之，站立时应舒适自然，有美感而不造作。

五、握手的学问。在日常交往过程中，我们见面时习惯以握手相互致意，分别时以握手告别。别人帮助自己之后，往往要握手表示谢意；别人取得成就时，要与对方握手表示祝贺。可以说，握手贯穿于人们应酬、交往的各个环节，其间的讲究是不能忽视的。作为销售人员，在与客户见面时，握手更是必不可少的礼仪，所以，销售人员更应该注意握手时的细节。

1. 握手的先后。一般是主人先伸出手、女士先伸出手、长辈先伸出手、上级先伸出手。当面对客户时，销售人员应主动伸手，使客户感到亲切。

2. 握手的方式。一般是用右手，同时注视对方，握力适当，时间不宜太长。男性和女性握手，一般只轻握对方的手指部分，不宜握得太紧太久。如果关系亲密，场合隆重，双方的手握住后应上下微摇几下。双手相握可表示更亲密，更加尊重对方。

3. 握手时的禁忌。比如贸然伸手；目光游移，心不在焉；带着手套握手；长时间不放手，交叉握手；当别人正握手时，跑上去与正在握手的人相握或打招呼；握手时该出手时慢慢腾腾或该先伸手时不伸手以及握手后用手帕揩手。

此外，握手的规矩还包括以下几种：

1. 不要掌心向下压。一般情况下，与人握手时，把手自然大方地伸给对方就可以了。如要表示对他人的尊重，伸手与之相握时，掌心应向上。但切忌掌心向下压，用击剑式握手法去握他人的手，那样会给人一种傲慢、盛气凌人、粗鲁的感觉。

2. 不要随时滥用双手握手。双手握手，就是我们前面所说的手扣手式握手。有人为了表示自己的热情、友好，常常像做“三明治”一样，双手紧夹着他人的手不放。这种做法也是不妥当的。当然，并不是说这种方式一概不能用，故友重逢，或对他人进行慰问时，可以用双手握，但不能夹得太紧，像捉鱼一样就不合适了。

3. 不要不讲“度”。做任何事都有个度的问题，握手也不例外。有人为了表示自己的热情、真挚，与人握手时，使劲用力。这种做法不仅会弄疼对方，还会显得粗鲁。与此相反，有人，尤其是个别青年女性，为了显示自己的清高，只伸出手指尖与人握手，而且一点力也不用。这种做法也有失妥当，让人觉得你冷漠、敷衍。显然，过重过轻都不合适。正确的做法是用手掌和手指的全部不轻不重地握住对方的手，然后再稍稍上下晃一下。

4. 不要过分客套。有的人不论跟谁握手，都一个劲儿地点头哈腰，这样做，明显地让人觉得客套过分。与人握手，应该同时致以问候，但如果条件所限，不允许出声，点下头也算打个招呼，致了问候。对上级、长辈或贵宾，为了表示恭敬，握手时，欠一下身，也未尝不可，但点头、欠身和没完没了地点头哈腰是两码事。

关键小结

如果你在销售过程中想给对方一个良好的第一印象，那么你首先应该重视与对方见面的姿态与表现。初见面时，如果能做到恰到好处的举止，给对方留下好的印象，将有助于你推销业务的成功。

3. 透过走姿体现你的自信

看一个人自我感觉怎么样的最简单的方法，就是看他走路。慢？疲倦？痛苦？或者精力充沛并且有目的？有自信的人走路都很快。他们知道自己要去什么地方，知道要去见什么人，并且有重要的事情做。即使你不着急，你也可以通过脚步的活力来增强自信。走快 25% 可以让你看起来更加自信，也让你自我感觉更加自信。

潇洒优美的走路姿势最能显示出人体的动态美。人们常说“行如风”，这里并不是指走路飞快，如一阵风刮过，而是指走路时犹如风行水面，轻快而飘逸。良好的走姿能让你显得体态轻盈、朝气蓬勃。

走路时要抬头挺胸，步履轻盈，目光前视，步幅适中。

双手和身体随节律自然摆动，切忌驼背、低头、扭腰、扭肩。

多人一起行走时，应避免排成横队、勾肩搭背、边走边大声说笑。

男性不应在行走时抽烟，女性不应在行走时吃零食，养成走路时注意自己风度、形象的习惯。

好的走路姿态可以带来高的回头率，这有助于推销员自信的培养和建立，也能锻炼一个人的综合素质，有助于自我监督和提升。因为当我们一旦处于高位，谁也不想再下来。不好的走路会使你丧失信心，久而久之会自我厌恶，最终走上恶性循环的道路，严重的还会自甘堕落、平庸，忘记责任和义务，目标会设定为消失在人群中。

正确的走路姿势是，上体伸直，身体的任何部位都不过于用力，心情舒畅，步伐轻松，飒爽英姿。最基本的是腰要伸展，腰若弯，就不能恰当地支撑体重，上体也不能直立。以下要点是由此派生出来的，请推销员注意。

1. 上体伸展。上体笔直，下巴前伸，头抬高，两肩向后舒展。这样，脊柱伸直，轻微呼吸时，腹部稍有起伏。用这种姿势走，你会觉得是用胸走、用腰走。因为走的时候，胸和腰稍向前突出。这种姿势与那种直通通像个棍似的直立姿势不同，它要求上体稍向前倾，走起来飒飒有声。

2. 伸直膝盖。展开膝盖，并非僵硬、不灵活，而是使伸直的膝盖在不受力的情况下行走。膝关节伸直了，步伐变大。大步走必须伸直膝盖。至于步幅到底多大，应使你觉得舒服为好。

3. 脚跟先着地，再将身体重心移到脚尖。前脚着地时，脚跟先着地，身体重心落在脚跟上。然后，身体重心由脚跟通过脚掌向脚尖方向“滚转”，最后到达脚尖。实际上，有人走路时，身体重心是由脚跟马上移到脚尖。

4. 摆胳膊。摆胳膊对行走也很重要，时常会看到一些人，走路时，两手插在衣袋里。这种走法不对。这样走两肩收拢，走起来松松垮垮。胳膊摆得好坏，还要看手与脚的动作是否同步。因为在走这个动作中，手与脚，或者说胳膊与腿有密切关系。胳膊与腿的动作也是相互关联的，右脚向前迈出，左手向前摆。其中，特别是当膝盖伸直，脚向正前方迈时，与脚的动作相对应，胳膊自然摆出。如果摆的比肩还宽，膝盖易弯曲。

5. 在顾客面前，走路一定不要弯腰曲背、无精打采，优美的走路姿势并非只限于模特或演艺人士，你和客户的接触同样需要给人留下良好的印象，请注意正确的走路姿势。

关键小结

肢体语言通常是下意识的、不易自察的，但能够更加真实地反映人的内心世界。在顾客面前保持正确的走姿，对方才能看到你的自信，才能更加信任你。

4. 让交换名片变得更简单

名片是现代人的自我介绍信与社交联谊卡。它最基本的功能就是自我介绍，可以起到维持自己与他人联系的作用。在现代生活中，我们不仅要备有名片，而且要会使用名片。可以注意到，有相当多的人只是拥有名片，但不会使用名片。

在比较重要的人际交往尤其是对外交往中，名片的使用必须遵守以下“三个不准”。

第一，名片不能随便进行涂改。有些人经常在名片上信手涂鸦。但是，如果是跟外商打交道，建议你宁肯不给他名片，也不要给他这种涂改过的名片，这不是节约不节约的问题，而是你的形象意识问题。在国际交往和商务交往中，都不能使用涂改过的名片。

第二，名片上不宜提供私宅电话号码。正式的人际交往，尤其是商务交往，往往讲究公私有别。名片上有办公室电话号码、总机号码，但不提供私宅电话号码，而且通常也不提供手机号码，这是一种自我保护的需要，也是借以表示公私有别的需要。

第三，名片上不印两个以上的头衔。一般而言，一种名片上的本人头衔最好只是一个，至多不要超过两个。

有的人通常备有几种名片，与不同的对象交往时使用不同的名片。

为了达到引起注意的目的，从名片着手也是有效的策略。下面我们具体介绍两个巧妙使用名片的案例。

一种别出心裁的方法是在名片上印刷上硬币的模样。当推销员拿出这么一张名片时，客户一定百思不得其解，问道："这是什么意思呢？"这时你可以笑着回答："这代表你我之间的缘份。能见面就是缘，当然，我也希望这次商谈，能让咱们之间的缘更加巩固和牢靠。"相信这样做肯定会给对方留下极其深刻的印象。

另一个故事是某推销员在自己的名片上印有"81030"这一组数字。客户大都不了解其中的含义，纷纷向他请教，而他解释道，人类的平均寿命为74岁，而这个数字表明人生活的74个年头中，若按一天三餐计算，总共有81030次用餐记录。而他本人原来是个人寿保险的推销员！他就是以这个方式引起客户的注意，然后以此作为话题，展开推销活动的。事实证明，这个奇特的方式使他成了保险业中的推销冠军。

有些推销员拜访，却怎么也弄不到客户的名片，或者干巴巴地找客户要一张名片。罗宾逊在培训推销员时有一项内容：每天在大街上换100张名片回公司，完不成就不要回公司了。我们说名片是交换来的，在与客户见面的时候要注意“交换名片”，换名片而不是单方面的给名片、塞名片。

见面时不要过早地拿出自己的名片，在说明来意，自我介绍完成后，观察客户的反应，再作出交换名片的决策。如：客户一下子忘记了你的姓名，你可以说：“××经理，我们第一次见面，与您交换一张名片。”客户会不好意思拒绝与你交换名片。

在拜访完成时，提出“××经理，与您交换一张名片，以后多联系。”

避免向客户说：“可以给我一张您的名片吗？”这样会把自己弄得非常尴尬。

初次见面，互通姓名后接着是交换名片，下面几点即为交换名片应注意的事项：

1. 尽可能使用名片夹，放置于上衣口袋，或公文包内，切勿放在裤子的口袋里。

2. 自我介绍时，递名片要用双手，微欠身子，恭敬地递上名片。

3. 双手接过对方名片，认真地看过一遍后慎重地收藏起来。

4. 不易念的姓名要向对方请教，注意技巧。

5. 对方有二人以上时，按职位将名片排列好收起，并按顺序进行商谈。

6. 若名片放于桌上未及时收起，应在结束谈话后将名片慎重收起，向对方点头致意。

有很多朋友也许会碰到这样的情况，我们把名片递给对方了，对方却没有交换卡片的意思，那么我们怎么来向对方索取名片，既保证能要得到名片，又不失礼节呢？从专业的角度来说，有四种方法：

交易法：当你把名片递给对方的时候，对方同时把他的卡片也递给你，我们说“来而不往非礼也，欲将取之，必先予之”。

激将法：在商务场合中常有这种情况，就是当你把名片给了对方后，他不了解你，不摸你的底，对方就说一句谢谢，然后没有了下文。一般你可以采取“激将法”，当你把名片递送给对方的时候，寒暄一下，说：“×××，不知是否有幸和你交换一张名片？”你将他一军，一般对方不会说“不换，就是不换”，那不像话。

谦恭法：这主要是面对尊长、名人，营销学上叫大客户、VIP重要客户时，经常会使用谦恭法，“×××，刚才听您提起你的创业史，我非常钦佩（赞美对方），不知道以后还有没有机会向您继续请教？”

平等法：一般在长辈对晚辈，上级对下级，平辈对平级之间，我们通常使用“平等法”，比如说：“×××，认识你很荣幸，你是从事企业管理的，我自己也经营（或带领）着一个团队，以后就这方面可以和你相互探讨，不知道以后如何联系你？”这就是平等法，而与谦恭法最大的区别是说法上的不同，谦恭法是：“以后如何向您请教”，而平等法是“以后如何和你联系”。其深刻含义就是我以后怎么才能找到你，你要看得起我你就给我，你要看不起我就甭给我，我有退路。

当然，交换名片有一些注意事项，列于此请推销员注意。

销售人员在与顾客交换名片时，标准动作如下：

1. 服装。销售人员要注意自己的外表修饰。整洁的仪表，考究的服装在无形之中表达着对顾客善意的尊敬。

2. 姿势。销售人员要注意走向顾客时的身体姿势和面部表情。抬头挺胸、面带微笑地走向顾客是销售人员的标准动作。抬头挺胸表明销售人员的自信，面带微笑不仅反映出销售人员良好的心态，还传递给顾客愉快的心情。

3. 换名片的动作。顺畅地从名片夹中取出名片递给顾客会给顾客留下很专业的良好印象。

完整、精简地取出名片，快速地给顾客递出名片，同时讲：“您好，我来自某某公司，这是我的名片，请多多指教。”流畅的动作是推销自己的最简单的方法。

4. 眼神。在递出名片的过程中，销售人员要注意一直以关爱的眼神注视顾客。以关爱的眼神注视顾客，会给顾客留下很自信的深刻印象。

5. 递出名片。销售人员不仅在取名片时动作标准而又迅速，在接过顾客的名片时也要非常顺畅。专业地双手递出自己的名片，送到顾客的面前，方便顾客取拿，才能给顾客留下很专业的印象。而且，要落落大方地将自己及公司的名字大声地报告给顾客。

销售人员在递出名片之后，稍微停顿，就要很礼貌地向对方索取名片。自始至终，销售人员都必须处于主动位置，控制整个过程，让其顺畅。在这样的引导之下，顾客会对业务人员留下良好的第一印象。如果顾客身上没带名片，销售人员要学会运用沉默微笑的压力，促使顾客从公事包中取出名片。

关键小结

在与客户见面的时候要注意“交换名片”，换名片而不是单方面的给名片、塞名片，其有一定的策略可讲。掌握交换名片的技巧，才能让它变得更加简单。

5. 任何理由也不要迟到

谁敢说自己工作中从没迟到过？恐怕每个人都有迟到的经历……

俄罗斯《真理报》进行了一项调查，结果发现，24% 的人上班经常迟到，13% 的人偶尔迟到。如果偶尔因急事耽搁了，迟到一次也无可厚非；但倘若迟到成了家常便饭，就可能是强迫症了。

我的一个朋友被同事们叫作“迟到大王”。后来，他把闹钟从 7 点调到了

6点半，可仍然于事无补。他出门之前总要反复照镜子看衬衫是否平整，反复检查插座、煤气和窗户……即使提前起床，也只不过增加了检查的次数罢了。

这类人总给自己设定强制性的程序，只有将这个程序完成了，才能踏踏实实地干另一件事。通常，我们将其归入强迫症之列。

此外，还有些爱迟到者是另一种强迫症。这些人给自己设定了一个“底线”，他们会看着表出门，如心中预设是7点半出门，即便在7点24分时，你都休想让他们踏出家门，可一旦路上遇到意外状况，迟到就在所难免了。

在一般人看来，不准时赴约表明你不把别人当回事。如果某人守时，别人就会认为他很在意，把别人放在心上，但如果总是迟到，就会给人这样的印象，即沟通的内容是不重要的。

对工作的倦怠也是迟到的一大原因，尤其是那些为迟到找理由的人。1/5的迟到者会编故事来解释迟到的原因。

推销员迟到不仅会影响自身的形象，而且很可能会因迟到了几分钟而永远错过了谈判的好机会。好的状态来源于好的心态，想在与客户接触中有好的表现，就要提前做好准备。比如提前10—15分钟到约定地点，可以先熟悉一下环境，让稍后的接触过程更加镇定自若，否则一旦迟到，就很容易心怀愧疚，进而影响面谈时的逻辑思维和语言表达。而且提前出门，即便遇到堵车也会有一定的余地避免迟到。如果路程较远，宁可早到半个小时甚至一个小时。但早到后最好不要提前出现在约定地点，否则客户很可能手上还有没忙完的事，会觉得很不方便。

因为不可抗拒的因素如车祸、天气等原因，造成的迟到是可以被谅解的。

下面有一些帮助做到不迟到的方法，推销员可以结合自己的实际情况进行试验。

学习安排时间。制定严格的时间表，张贴在随处可见的位置，把工作安排或朋友约会都标注清楚，并留出足够的准备时间。

换位思考。把自己放在“牺牲者”的位置上，当你被迫等待时，会有怎样的感受？也许你会因此懂得尊重他人的重要。

多做心理调节。让任何事情都顺其自然吧：家里好像没收拾干净，那就让它乱着吧；头发有点脏了，那就再忍一忍。长此以往，克服了焦虑情绪，迟到便会减少了。

通过日程安排提醒自己：比方说要去一个地方，你应该先找出最简单的路程，计算一下需要的时间，然后提前十分钟左右，最后尽量刚好准时到达。

告诉别人你还有要紧的事情要做，不要害怕，说出来：“很抱歉，我不得不打断你，我等下有一个约会。”

做一个时间上的悲观主义者：总是假定每一件事情都会比你最初预期的完成时间多出那么一点点，这样就可以总是提前一些。

按优先级排序：如果迟到是因为没有足够的时间来做每件事，那么改变这一现状的途径就是停止做这么多事情。

尊重自己：迟到也是一种对自己的不尊重，让自己在别人眼里显得无组织性，所以要记得遵守时间。

关键小结

任何理由都不能迟到。迟到不仅会影响自身的形象，而且很可能会因迟到了几分钟，就永远错过了谈判的好机会。

6.

7 秒钟就建立好形象

年轻人经常说的，某某和某某是一见钟情之类的话，所谓的一见钟情，就是两人初次见面，在大概 7 秒钟内就能对彼此做出评价。这种印象主要来自于人的眼睛，而无需通过语言。在此意义上说，你有 7 秒钟的时间来给顾客创造良好的第一印象。所以，你要格外珍惜这最初的 7 秒钟。在这 7 秒钟里，请你学会用眼睛说话。

“要想成功地推销产品，首先要成功地推销自己。”通常情况下，客户都不愿意把时间浪费在一个自己不喜欢的人身上，那么他又怎么会愿意买你推销的产品呢？

有关心理学方面的研究表明，人们对他人或事物在7秒钟之内的第一印象可以保持7年。给他人留下的第一印象一旦形成，就很难改变，所以说，是否给客户留下良好的第一印象对于接下来的相互沟通很重要。据相关资料统计，销售人员的失败，80%的原因是因为留给客户的第一印象不好。也就是说，很多时候，在你还没开口介绍产品之前，客户就已经决定不与你进行下一步的沟通了。

“好的开始等于成功了一半！”初见面的几秒钟就决定了你的生死，所以我们要学习一些见面技巧。下面有一些技巧可供推销员参考。

1. 见面前，知己知彼。首先要对即将见面的客户进行一定的了解，通过同事、其他客户、其他厂家推销员、上司、该客户的下游或上游客户等途径来初步了解该客户。

2. 将见面的目的写出来，将即将谈到的内容写出来，并进行思考与语言组织。

3. 着装整洁、卫生、得体、有精神。

4. 自我介绍的第一句话不能太长。如有的推销员上门就介绍："我是××有限公司的××分公司的推销员（业务员）××。"这句话太长，客户一听就感觉不爽，听了一大串，还是不知道你的情况。通常的介绍是："您好！我是××厂的。"客户看你了，再说："我是××，是××分公司推销员（业务员）。"

5. 说明来意时，要学会假借一些指令或赞美来引起客户的注意。如，你可以说："是××经理派我过来的。"你也可以说："经过××客户介绍的，我专程过来拜访拜访您。"你还可以说："是××厂家业务员说你生意做的好，我今天到此专门拜访您，取取经！"这样会让客户不容易回绝，同时又明白你对他或者对市场已有所了解，不是新来的，什么都不知道，他会积极配合你的，马上会吩咐人给你沏茶。

一般来说，建立良好第一印象的途径有如下六个。

1. 反省自己。销售人员想象自己会给顾客建立的印象，即首先反省自己想给顾客一种什么样的印象。如果销售人员定位自己为普通的业务员，那么，就不会注重穿着、言谈举止；反之，要成为最顶尖最好的业务高手，销售人员的穿着和言谈举止就会有截然不同的优异表现。

2. 礼貌而且专业。销售人员的礼貌、专业会给客户信赖的情绪；若销售人员很随便，对顾客置之不理，顾客就会产生一种消极的负面情绪。

3. 自我定位。销售人员希望顾客将自己看作何种类型的人，希望在顾客心目中留下怎样的印象。做好自我定位之后，销售人员也就相应地明白如何实现自我定位了。

4. 姿态。销售者的站姿和坐姿体现着销售人员的精神状态，从而在很大程度上影响着客户对你的判断。此外，销售者的名片、名片夹、手提箱和所有身上所带的资料，给顾客的影响也相当大。

5. 正确的座位。若销售人员坐错了位置，不仅给客户不专业的印象，还会引起客户的反感。即便再好的产品说明，再优惠的价格，也难以刺激顾客的购买欲了。

销售人员选择座位的原则是：让顾客看商品说明时采用最方便的方式。

最好不面对面坐，避免针锋相对，征求顾客的同意，坐在顾客旁边。

6. 传达的信息。销售人员讲话的内容也影响顾客的第一印象。如果销售人员的表达品味与顾客的表达品位不一致，也会让顾客产生不舒服的感觉。努力了解顾客，寻找与顾客相同的话题，得体的表达方式，才能够立刻拉近与顾客之间的距离。

关键小结

销售人员的失败，80% 的原因是因为留给客户的第一印象不好。而成功的推销员在短短 7 秒钟内就可以把自己推销出去，之后的产品推销就简单多了。

7.
细心观察找出“关键人物”

寻找“关键人物”是每个推销员毕生要钻研的课题，是“优秀推销员”的判断标准之一。

浙江一名推销员与四川某电机公司的购货代理商接洽了半年多的时间，但一直未能达成交易，这位销售员感到很纳闷，不知问题出在哪里。反复思忖之后，他怀疑自己是否与一个没有决定权的人打交道。为了证实自己的猜疑，他给这家机电公司的总机打了一个电话，询问公司哪一位先生负责购买机电订货事宜，最后了解到进货决定权在公司总工程师，而不是那个同自己多次交往的购货代理商。

上述事例说明，弄清谁是真正的买主，关系到销售工作的效率和成败。笔者认为“关键人物”就是对贸易洽谈起决定作用的最重要的人物。

有时，在洽谈的前一阶段结果就已经决定，留给决策者的工作只不过是一些书面性质的事务。这种情况下，“关键人物”就是那位起草书面文件的具体负责人。有些公司中，经理是唯一的“关键人物”，因为他事必躬亲，如果不能与他直接见面就无法推广任何产品。

王丽负责与一家纤维批发公司签订合同，这家公司的办事作风是连买铅笔这种芝麻小事也要向公司经理请示。为了与该公司的经理见上一面，她写了几次申请信，并数次登门拜访，终于在三个星期后，得到了与该经理见面的机会。为了不使之前所做的努力白费，见面之前王丽又做了充分的准备。

令人备感意外的是，那位经理直接对她说：“你真的很敬业，我决定与你合作。”而王丽几乎还没有做出任何反应，他就对身旁的负责人说：“我们走！”然后在第二天他派人将合同书送到了王丽的面前。为了见上他一面，她花费了三个星期的时间，而见面才不到 3 分钟就签署了合约。

由上例我们可以看出，寻找“关键人物”是多么重要的一个步骤。但是，“关键人物”是随着公司、洽谈业务的内容等具体情况的改变而不断变化的。

那么如何在初次见面时就能确定总决策人呢？

总决策人一半情况下是该部门的老总，另外一半情况下是整个集团／单位的负责人。技术负责人往往会是使用部门的技术骨干，或者干脆就是总工程师或者整个单位的技术负责人。不过这里讲的都是大部分情况，而且覆盖率很难达到 80%以上，另外 20%的情况就需要销售员实地去询问，去观察。

技术负责人的确定往往靠观察，而总负责人的确定往往靠问。在项目最初阶段和你交流的往往很难是技术负责人，他们一般情况下被我们定义为普通技术人员。在基于电话的技术交流进展到一定程度时，或者出差见面后，普通技术人员通常会把你引见给一位位置在他之上的人员，这时就要看看这位人士主要是在和你交流技术问题还是一些很虚的。诸如发展前景一类的内容（此时大部分应是技术交流，因为普通技术人员很难把技术负责人跳过，而直接把你介绍给总负责人；如果你慢慢发现他介绍给你的正是该项目的总负责人，那你就要回过头来重新思考一下那位“普通技术人员”在项目中的真正角色了，从而你就可以初步判断出两个关键人物的“具体肉身”）。如果慢慢谈到的全部都是技术问题，那基本上我们可以确定出技术负责人是谁，再从他身上或者关系处理的较为融洽的普通技术人员身上探问出项目总负责人的具体人选。

对于两个关键人物的确定我们需要经过不止一次的重新检验，直到可以完全确认：

A. 听取对方的自我介绍。

B. 轻描淡写地询问其他人员。

C. 仔细而认真地询问本项目要走的流程，仔细地琢磨对方的回答，然后把所涉及的部门名称和他们具体人员的名片加以对照，得出一个比较清楚的结论。

齐格·齐格勒谈到自己某次去一位客户家进行推销，谈到最后阶段时，他的儿子回来了，当看到他的父亲选定的商品时，一口否定：“这太难看了，而且用着也不方便，别要了。”

客户的儿子大概有十七八岁，我知道这样的孩子正处在自以为是的年龄。于是我发觉这次推销的成功与否，关键在这个孩子身上。我随即见风驶舵与这个孩子聊了起来，我把产品的大样图纸拿出来让他选看，他一下就看中了一个精致小巧的商品。“这个还可以。”他指着那款设计精美，但容积很小的商品说。“哦，这个的确很美观，但不太适合人多的家庭使用。”我看到他认同地点点头。

我指着另外一个相同样式但容积较大的商品说："你看，这个就比较适合你们家使用。"又说"看，你已经是一个大小伙子了，那口小锅做的饭还不够你一个人吃的呢。"他听后不好意思地笑了起来。最后他做了决定，买下了我推荐的商品，他的父亲很高兴地付了账。

假如你在某一个机构推销，要想迅速在一大群人中找出他们的领导者，那么你就要观察一些人在说话前的眼神，通常，有许多人在说话前会看着某一个人，此人便是他们的领导者。如果这种方法仍然不能使你看明白时，你可以向这一群人当中的某一人询问一些重要的问题，如果此人是领导者，他会准确地回答你的问题；假若不是，他就会转向领导者请求援助。这种简单的观察法，可以避免浪费时间及交易失败，确认出谁是领导者后，你就可以进行最有效的商品推销说明了。

关键小结

成功的推销员拥有高超的识人术，可以迅速找出众多客户中的关键人物。而迅速找到"关键人物"不仅可以避免浪费时间，更对日后的谈判起到至关重要的作用。

8.
运用好"寒暄"这个武器

俗话说："商场如战场。"每个生意人拓展自己事业的同时最避免不了的就是应酬，尤其是初次见面，由于彼此不熟悉，便会觉得无话可说，结果变成冷场，彼此都很尴尬。以下总结了几个从第一印象寻找话题的方法和技巧。

1. 从对方口音找话题。一个人的口音就是一张有声的名片，从而得知他的祖籍，起码说明他在哪里居住过。这时我们可以从这种口音本身及其提供的地域引起很多话题。例如，从乡音说到地域，从地域说到他家乡的风土人情、特产、名胜古迹等等。

2. 从有关的物件中找话题。例如，在客户办公室看到他放着的杂志，也可以从书本找到话题。还有一些物品是可以作为借口，用试探的口气来问的。比如，从询问对方手提的一个新产品的产地、价格等，以此为借口和对方搭讪，找到说话的机会。

3. 从对方的衣着穿戴上找话题。一个人的衣着、举止在一定程度上可以反映出人的身份、地位和气质，同样可以作为你判断并选择话题的依据。比如，你的陌生客户如果是开着豪华奔驰，穿着高档西装，戴着劳力士，还带有密码箱，你就可以主动地问："如果我没有猜错的话您应该是位企业家，是位商业成功人士，佼佼者！"这话恰巧被你言中，对方会有几分吃惊地说："你真是好眼力！"紧接着，很多与企业生产、经营有关的话题就可以谈了。即使你猜错了也不要紧，因为你把他看成企业家本身就是高看他，对方心里也会高兴，并会礼貌地说出自己的真正身份。只要对方友好地应付，双方就等于接上了头，就有了话题。

刚与客户见面开始交谈时从寒暄人手，即是寻找一个客户感兴趣的话题共同探讨，从而自然地拉近彼此的距离，等到熟悉一些后再适时地把话题切入到正题上，所以，寒暄的一个重要步骤就是话题的选择。下面几个方法推销员们可以参考。

1. 公共话题。公共话题是人人都知道，而且易于谈论的。所谓"公共话题"，包括气候、新闻、时事、运动等。

气候。"气候"是最易于交谈的话题，因为人人都可以感受得到。开头语通常是："今天天气真不错啊"、"这几天又降温了，真冷啊"、"这段时间怎么老下雨啊"之类的。

新闻。可以谈谈客户比较关注的新闻，比如客户喜好看NBA比赛，就可以谈谈昨天的球赛，尤其是客户喜欢的球队、球星；如果不知道客户的喜好，你就要小心一点，最好先试探性地提及，如果客户不感兴趣，就赶紧停止该话题。

以新闻为话题时，开头语可用“昨天新闻联播”、“我刚才听说”、“哎，姚明到哪个队都是主力”等等。

2. 特长爱好。客户的专长爱好。如果客户喜欢听歌，你就可以多聊聊最新的娱乐热点，比如某个明星、某个演唱会之类的话题；而如果你的客户是个“车迷”，那你就要花一些时间去了解“奔驰”、“宝马”之类的名车。

客户的专长优点。每个人都有自己的专长优点，如果你发现了客户的专长优点，并把那个优点提出来，赞美你的客户，那么你已经成功地取得了客户的见面权了。

此外，国内外大事、风土人情、文体消息，也可以拿室内的陈设为话题，表现对某些摆设的欣赏，并加以称赞等等。

3. 就地取材。如果场合适宜，说几句“今天天气真好”之类的话当然不错，但若不论时间、地点，一味大讲“天气如何”则未免有些滑稽。最好还是结合所处的环境顺手推舟，就地取材来引出话题。如果是在朋友家，不妨赞美一下室内的陈设，比如问问电视机的性能如何，谈谈墙上的画如何出色等等。这样的开场白并非实质性的谈话，主要是使气氛融洽。因此，你评论某件东西不应用挑剔的口吻，多用“这房间布置得不错呀！”“这幅画映衬着花瓶，配起来很好看”之类。总之，采用赞美的语气，是最得体的办法。

关键小结

在首次见面时，“寒暄”是最好的武器。即寻找一个客户感兴趣的话题共同探讨，从而自然而然地拉近彼此之间的距离，等到熟悉一些后再适时地把话题切入到正题上就容易多了。

第六章

心理掌控术

——会赞美，把话说到客户的心坎里

心理学家指出：每个人都有渴求别人赞扬的心理期望，人一旦被认定其价值时，总是喜不自胜。由此可知，你要想取悦顾客，最有效的方法就是热情地赞扬他。因此，我们要明白，会赞美客户实际上使你的推销变得更加容易。但愿以下 11 种赞美技巧可以帮助你更好地销售。

1. 把话说到客户的心坎里

这个世界上有被人称赞而不感到高兴的人吗？大概没有。任何人都喜欢被人称赞，为什么呢？因为每个人都不希望输给别人，都期盼成为胜利者，而不愿做个失败者。当然，表面上看，赞美别人好像很简单，事实上要做得恰到好处并不容易。好话说多了，会认为那不过是场面话，甚至令人感到恶心、招致反感。那究竟要如何称赞才好呢？切记不要一味地称赞对方个人，而是要发现客户的评价需要，给予客户他所渴望的赞美。作为一名销售人员，最大的失败就是不知道客户需要什么，不知道客户在想什么，不知道客户在担心什么等等。要站在客户的立场去考虑问题，才能了解客户，赞美客户的话才能说到客户的心坎上。

俗话说：牵牛要牵牛鼻子。赞美同样要抓住关键的赞美，这就需要洞察对方心理，了解对方的心理需求了。交流沟通的大师卡耐基说过，人人都渴望得到赞美，在赞美对方时，应当把话说得明确而自然。我们想想自己，看看周围的人，就会赞同卡耐基的话。可以说，善于交流的人士都深谙这一技巧。比如说外交家都是交流的行家里手，他们在适当的场合，对于特定的对象，从来不会吝惜自己的赞美。他们赞美的目的很明确，是为了表达自己赞成什么，支持什么，并以此来激励对方，以达到外交的目的。

中国前驻法大使吴建民在他的著作《交流学》一书中，就谈到他使用“赞美”这一礼貌手段的实例。吴大使任中国驻法大使期间，曾在巴黎中国领事馆宴请法国总统希拉克，当时法国几位企业界的精英也在座。席间，吴大使当着法国总统的面，有针对性地对每位法国企业家说了称赞的话，特别对当时法国企业界的一位领袖人物加以赞美。针对他是第一位正式访问中国并与中国建立贸易关系的法国企业家，吴大使说这位企业家“非常有远见卓识”。吴大使在一个正式的外交场合，当着法国总统的面，盛赞这位勇于开创对华贸易的企业家，对于这位企业家是一种荣耀，同时也是对这位企业家和法国所有愿意与中国发展贸易的企业家直接的鼓励，给了他们明确的信号。

销售人员与客户打交道，要懂得给予客户所渴望的赞美。比如在做电话销售时，座席代表从通话一开始就要表示很乐于为客户服务，在整个推销过程中，要了解客户的需求，说话要有亲和力。要记住，客户只有在愉悦时，才会买你的东西。那么怎样才能做到这一点呢？给予客户所渴望的赞美，就是一种手段。注意，赞美不是曲意奉承，赞美必须由衷，必须恰到好处。现在截取一个销售照相机的客服代表与客户通话的片断来加以说明。

在这个例子中，当销售人员听出客户流露出对女儿学业有成的自豪感时，用短短的两句话“祝贺您有个好女儿，是您教育有方啊！”既赞美了客户的女儿，也赞美了客户。这就深入到了客户的内心，这种赞美是客户最渴望得到的，于是欣然地接受了这位销售人员推荐的产品。

要能够给予客户渴望的赞美，还要求销售人员能够准确地掌握赞美的时机。关键时刻的赞美，更起作用。当对方处于困境，情绪低落，几乎丧失了自信心时，赞美可以让对方得到心理平衡，重新振作。这也是赞美的魅力。在现实生活中，不乏例证。

我国著名的蒙古族运动员巴特尔前几年在国外打球时，由于不能适应新的环境而过于紧张，结果在球场上动作也变形了，球也打不好了，甚至有段时间到了没有球队雇用他的地步。那时巴特尔十分沮丧，多亏他有一位聪明且善于处理事情的妻子德明，她在巴特尔遇到挫折的时候，赞美他在国内打篮球时超人一等的表现，赞美他在球场上的明星风采。这使巴特尔受到莫大的鼓励，又站了起来。

赞美既然要找出可赞之处，就要用眼睛去发现、去挖掘，这也是推销工作中最该使用的一种赞美技巧。千万不要以为赞美是“不足挂齿”的。总统都注意微小之事，做销售员的你我就更应该学习了。

法国总统戴高乐1960年访问美国时，在一次尼克松为他举行的宴会上，尼克松夫人费了很大的心思，布置了一个美观的鲜花展台，在一张马蹄形的桌子中央，鲜艳夺目的热带鲜花衬托着一个精致的喷泉。精明的戴高乐将军一眼就看出这是主人为了欢迎他而精心设计制作的，不禁脱口称赞道：“夫人为举行这次正式宴会，一定花了很多时间来进行漂亮、雅致的计划与布置吧！”尼克松夫人听到后十分高兴。事后，她说：“大多数来访的大人物要么不加注意，要么不屑因此向女主人道谢，而戴高乐却总是能想到别人。”

也许在别的大人物看来，尼克松夫人所布置的鲜花展台，只不过是她作为一位总统夫人的分内之事，没什么值得称道的，而戴高乐将军却领悟到了其中的苦心，并因此向尼克松夫人表示了特别的肯定与感谢，使得她异常感动。

作为推销员，你也应该像戴高乐将军那样观察入微，找到客户值得赞美和欣赏的人或物。

有一对夫妇结婚10年一直没有孩子，为了弥补这一缺憾，夫人养了几只小狗，对它们百般疼爱。

有天，先生一下班，夫人便兴高采烈地对他说：“你不是说要买车吗？我已经帮你约好了，星期天汽车公司的人就来洽谈。”

不料先生却没有好脸色：“我是说过要换车，但没说现在就买呀，你为什么要逞能？”

原来，那个推销员一眼就看出了夫人十分疼爱小狗，于是他对大加赞赏这种狗毛色纯洁，有光泽，黑眼睛，黑鼻尖，是最名贵的一种，说得这位夫人飘飘然，以为自己拥有了世界上最名贵的狗，情不自禁对那个推销员产生好感，很快便答应他星期天来和自己的丈夫面谈。

其实这位先生是想买一辆车的，他的车已旧得不太像样了，但他是个优柔寡断的人，一直拿不定主意去看车。

星期天，这位推销员又上门来了，对这位先生又是一番赞叹，说得他不能自已，仿佛被一只无形的手牵引着，很痛快地买下了推销员所推销的那辆车。

无论是谁，对待赞美之词都会很开心。让别人开心，我们并不会因此而受损，何乐而不为呢？

如果你照这一准则办事，你几乎不会再遇到麻烦。如果你对此信守不渝，它会给你带来无数的朋友，会让你时时感到幸福快乐。正如我们已经看到的那样，人性中最强烈的欲望是成为举足轻重的人，人性中最根深蒂固的本性是想得到赞赏。

关键小结

每个人都渴望赞美，推销员应该懂得站在客户的立场去考虑问题，这样才能真正了解客户的心理需求，赞美客户的话才能说到客户的心坎上。

2. 挖掘出客户身上的潜在优点

赞美是一种艺术。真正懂得赞美艺术的人，不见得非得看到对方真的做得特别出色的时候才去赞美；而是看到对方有潜在能力时，看到对方身上好的苗头时，就来赞美，好像伯乐发现了千里马一样。

有一位智者说过："每一个人事实上都是两个人，一个是他真正的自己，另一个是理想中的自己。"那么赞美的魔力，就在于使一个人能不断地寻梦，以实现理想中的自己。人性如此，不管年长年幼。先说小孩，许多小孩喜欢“戴高帽”。所谓戴高帽，就是当我们夸奖一个孩子时，这个孩子并不一定具备我们所夸赞的优点，只是我们期望他能做到这样。可结果呢，这个孩子常常能努力表现，达到大人的期望。年长的人也一样，看看北京人艺的一批著名的老演员吧。

郑榕、朱旭是人艺的著名戏骨，已年近八旬了，本来他们可以安享晚年。但是由于观众的认可、赞赏和掌声，他们至今还活跃在舞台上，经常不顾劳累甚至带病为大家演出。他们一次次精彩的表演就是为了满足广大观众的期许。

人都是这样，希望自己的优点多多益善。有一些优点是大家公认的，销售人员能够发现这些优点并不算厉害。也有一些优点其实是潜在的，如果销售人员能够发现客户这些潜在的优点并且给予真诚的赞美，那么一定可以拉近彼此的距离，实现成功销售的目标。事实上，一个人无论他怎么差劲，也会有一些值得赞美的优点。许多人认为赞美别人主要是从他的突出方面来谈，其他的细枝末节，可赞亦可不赞。你认真想想：别人闪光的一面是最容易被发现的，也是别人称赞得最多的，可以说已经听得麻木了，你再跑上去凑热闹，也肯定毫无效果。反倒是那些平时人们不太注重的细节受到赞扬更令人高兴。

例如一个年轻的女孩子或许长相难看，但牙齿长得很漂亮，或者皮肤很白等等，要善于抓住这些地方对其加以赞美。也许有的人根本不在乎这些小优点，但无论如何，你的赞美一定会使她心情愉快。如果你面对的是一位美貌绝伦的女子，如果你老调重弹，夸其美得如何沉鱼落雁、闭月羞花，往往引不起她多大的兴趣，如果能找出她较不易为人所知的优点，则往往可以使对方感到意外的惊喜。

赞美别人需站在一定的高度上，充分发掘别人成绩的意义，并推测它将带来的影响，因为赞美一个人的行为和贡献比赞美他本人好，但一定要说中要害，这样你的赞美才会上品位、上档次。

在日常生活中，人们有非常显著成绩的时候并不多见，很多客户的优点其实都是潜在的优点。因此，交往中应从具体的事件入手，善于发现别人哪怕是最微小的长处，并不失时机地予以赞美。赞美用语愈详实具体，说明你对对方愈了解，对他的长处和成绩愈看重。让对方感到你的真挚、亲切和可信，你们之间的关系就会越来越好。如果你只是含糊其辞地赞美对方，说一些“你工作得非常出色”或者“你是一位卓越的领导”等空泛飘浮的话语，不但不能让对方高兴，反而产生不必要的误解和信任危机。这样不仅得不到促进销售的效果，甚至还可能失去潜在的客户。

美国华克公司在费莱台尔亚承包修建了一座办公大厦。自承包修建之时起，所有的项目都按预定计划顺利进行着。谁知工程接近尾声，进入装修阶段时，负责提供大厦外部装饰铜器的工厂却突然来电通知他们不能如期交货。大厦不能准时完工，华克公司必将蒙受巨大的经济损失。因此，华克公司的首脑们都非常焦急，但多次打长途电话以及派人反复交涉，都无济于事。最后，公司决定派高伍先生前去谈判。

高伍先生不愧为谈判的高手，他一见到铜器厂的总经理，就称赞道：“经理先生，你知道你的姓名在勃罗克是独一无二的吗？”总经理很惊异：“不知道。”高伍先生说：“噢，我今天早晨下火车，在查电话簿找你的时候，发现整个勃罗克林只有您一个人叫这个名字。”“这我还从来不知道。”总经理很惊喜地说，“要说我的姓名的确有点不平常，因为我的祖先是200多年前从荷兰迁到这里的。”随后，总经理便饶有兴致地谈起了他的家庭和祖先。待总经理说完，高伍先生又夸奖起他的工厂：“真想象不到你拥有这么大的铜器厂，而且我还真没见过这么干净的铜器厂。”

高伍的夸赞使总经理非常得意，他自豪地说：“它花费了我毕生的精力，我为它感到骄傲。”总经理高兴地说完，便热情地邀请高伍参观他的工厂。在参观的过程中，高伍又不失时机地夸奖了工厂里几种特别的机器，这使得总经理更为高兴。他告诉高伍，这几种机器都是他自己设计的。

最后，总经理对高伍说，没想到我们的交往会这样令人愉快，你可以带着我的承诺回去。即使别的订货拖延，你们的货一定按期交货。

当然，我们赞美客户不明显的优点也要有根据，而不能随便乱说。虽然人人都喜欢听赞美的话，但并非任何赞美都能使对方高兴。能引起对方好感的只能是那些基于事实、发自内心的赞美；相反，你若无根无据、虚情假意地赞美别人，他不仅会感到莫名其妙，更会觉得你油嘴滑舌、诡诈虚伪。

例如，当你见到一位其貌不扬的小姐，却偏要对她说："你真是美极了。"对方立刻就会认定你所说的是虚伪之至的违心之言。但如果你着眼于她的服饰、谈吐、举止，发现她这些方面的出众之处并真诚地赞美，说她气质好，很有品位等，她就一定会高兴地接受。

了解他人的心理不仅要抓住对方大致的心理波动，而且要于细微之处下功夫，利用细小的刺激来影响特定情形下的心理，使赞美既能达到"润物细无声"的效果，又有极强的针对性。

关键小结

销售人员不仅要看到客户的优点，更要仔细观地察那些不明显的优点。如果销售人员能够发现客户这些潜在的优点并且给予真诚的赞美，那么一定可以拉近与客户的距离，实现成功销售的目标。

3. 发现客户身上的闪光点

销售人员敏锐地捕捉到客户与外表不一致的优点，并给予赞美，客户必然会产生一种被重视的愉悦，会产生一种巨大的惊喜感。这样一来，客户非常容易地就和销售人员之间建立起一种友好的关系。时时准备为你的客户制造惊喜，而这也是为自己制造销售惊喜的好方法。

美国《幸福》杂志下属的名人研究会的研究结果表明：人际关系的顺畅是事业成功的最关键因素，而赞美别人是处世交际最关键的课程，如果你懂得如何去赞美别人，再加上你聪明的脑袋，还有脚踏实地的精神，就等于事业成功了一半。从很大意义上讲，学会赞美他人是事业成功的阶梯。

马克·吐温说过，一句美好的赞美，能使我们不吃不喝活上两个月。他的话深刻揭示了这样一个道理，每个人内心深处最持久、最深层的需求便是对赞美的渴望。学会赞美客户，尤其是给予客户一些意外的赞美是提高销售业绩的秘密武器。怎样的赞美才是让客户意外的赞美呢？很重要的一点就是发现客户的“表里不一”，对客户那些与外表相异的品质给予赞美。

我们都知道三国名将张飞，从外表看上去，他就是粗人一个。如果我们“以貌取人”，大概谁也不能把张飞和“细致”联系起来，但是下面这个实例却说明，张飞也是一个细致的人。

张飞在长坂坡，面对洪水般冲杀而至的曹操数十万大军，曾命令手下的骑兵，拖着树枝往来驰骋，扬起漫天尘土，令曹操以为真的有一支兵马埋伏在这里，因此不敢贸然进攻，使得刘备得以延缓战机。这可以说是张飞有勇有谋、粗中有细的最佳表现。

张飞有勇有谋、粗中有细的性格，表现得最为充分的，是当他奉军师诸葛亮之命，从荆州赴西川支援刘备的路上。当时，巴郡太守严颜听闻张飞带兵将到，便要迎敌。他手下人劝他深沟高垒，坚守不出，激怒张飞，让张飞军中生变，可乘机擒获张飞。可是结果呢，不但严颜没有擒获张飞，反而是张飞擒获了严颜。

开始的时候，张飞屡攻巴郡不下，确实暴怒。后来，他明白硬攻是难以奏效的，便让军士叫骂，想引得严颜出来交战，可是严颜却不肯上当。张飞又令军士上山打柴，顺便寻找路径。严颜感到奇怪，便让自己的军士扮作张飞军士的模样，也上山打柴，并乘机混入张飞营中，打探消息。张飞故意放出消息，说要在三更从小路上去。严颜听得士兵回报，三更便率军出城，要夺张飞粮草。可是张飞早已经算好了严颜的图谋，冷不防杀了出来，严颜措手不及，被张飞擒获。严颜坚贞不屈，张飞十分佩服，放了严颜。严颜感怀张飞的恩德，劝降了 45 个关口，使张飞胜利到达雒城，为征服西川立了头功。

这个例子说明，任何人都可能具备与外表不一致的品质。但是，在现实生活中，我们很多人都容易“以貌取人”，所以与外表不一致的优点往往是最容易被别人忽视的。如果销售人员能够敏锐地捕捉到客户与其外表不一致的优点并给予赞美，客户必然会产生一种被重视的愉悦，会产生一种巨大的惊喜感。客户非常容易地就和销售人员之间建立起一种友好的关系，这种关系对于销售人员成功销售产品是非常有利的。

当然，要发现与客户外表相异的品质，需要销售人员用心。往往这样的优点并不会很轻易地表现出来的，销售人员要通过与客户的交往，用心地观察和了解客户，从一些看似不起眼的小事中发现客户的闪光之处。只有真正了解了对方，赞美才能言之有物，情感才能发自内心，客户也更乐于接受。由衷的赞美是人生中最令对方温暖却不令自己破费的礼物，它的价值是难以估计的。当销售人员用心观察到客户与外表相异的品质，并且发自内心地表达赞美时，客户意外的惊喜会汹涌袭来，友善的关系便在一言一语中逐渐建立、累积。从现在起，销售人员应该培养发现别人与其外表相异的品质，并学习赞美的技巧，时时准备为你的客户制造惊喜，而这也是为自己制造销售惊喜的好方法。

关键小结

每个人身上有缺点也有优点，销售人员需要用心观察和了解客户，从一些看似不起眼的小事中发现客户的闪光点。只有真正了解对方，赞美才能发自内心，客户才能更乐于接受。

4. 有时“迷魂汤”很管用

是什么改变我们的人生？一是我们读过的书籍，一是我们认识的人。过去的漫长岁月、当下以及永恒的未来，有一件事永远不会改变，全世界任何地方都一样，人们会向你提供帮助，是因为他们喜欢你。被人喜欢与喜欢他人都是一件幸福的事。关键是我们更多的时候，无法突破心理的瓶颈，没有勇气告诉别人我喜欢你。试试看，30秒内，在电梯里，开口与你喜欢的陌生人讲话，其实朋友都是从不认识开始的。你喜欢人家，为什么不告诉他呢？如果你对自己有信心，并一直努力试着去看事物明亮和光明的一面，一般而言，都会有很好的收获。我们都喜欢让自己感到愉悦的人，当然如果自己是一个让别人感到愉悦的人，那同样也是一件十分高兴的事情。所以销售人员一定不要吝啬自己的语言，要告诉客户使你愉悦的感觉，让客户感受到你对他的欣赏和赞美。

现实生活中，赞美的例子无处不在。精明的个体小商贩们，当遇到带孩子的顾客时，他不会急于推荐他的商品，而是寻找孩子的优点，真诚的赞美，效果出奇的好，商家与顾客的感情自然拉近了，心里暖暖的，在这种气氛中，顾客不买东西，那才叫怪呢！这就是个体小商贩们真正精明之处，因为他懂得赞美的力量。先来看一下这方面的案例。

一些优秀的售楼员很善于根据不同的对象实施赞美，而得体有效的赞美是售楼成功的第一步：

1. 对年轻的先生

有头衔的：先生，您这么年轻就当上一家公司的经理，实在不简单，事业一定很顺利吧！哪天有机会一定向您请教事业成功的秘诀。

无头衔的：看先生相貌堂堂，仪表出众，一定是公司的老板吧！什么？是业务代表，你太客气了，即使如此，相信不久的将来一定能成为大企业家。

2. 对年轻的小姐

在家闲着，那你好福气。有多少女孩子羡慕你，不必为生活而奔波、发愁，那您先生的事业一定做得很成功吧，是做什么生意的？

3. 对中年的先生

先生：您事业做得这么大，见识又广，经验又丰富，什么时候教教我。

4. 对中年的女士

大姐：看你很和善，人缘一定很好，是不是做老师的，我最敬佩老师的。

5. 对老年人

老人：身体健康，红光满面，一定很有福气，有几个小孩子？

6. 对一家人（带小孩）

小女孩儿：你今年几岁了，好可爱，长得跟妈妈一样漂亮，尤其是这双眼睛又大又漂亮。

7. 夫妻同来参观或携子女同行时

在先生面前赞美太太，在太太面前赞美先生，在夫妻面前赞美小孩。先生实在很有福气，能娶到这么贤慧的太太。什么？快三十了！啊！已经是一个小孩的妈妈了，实在是看不出来，真是驻颜有术，保养有方。

关键小结

无论什么时候，“迷魂汤”都十分管用。所以销售人员一定不要吝啬自己的语言，要让客户使感到愉悦，让客户感受到你对他的欣赏和赞美。

5. 留意客户身上的变化

每个人都有虚荣心，满足人虚荣心的最好方法就是让对方产生优越感。但是并不是每个人都能功成名就，使自己的优越感得到满足，相反地，大部分人都过着平凡的日子。每个人平常都承受着不同的压力，往往有志不能申，处处听命于人。虽说常态如此，但是绝大多数的人都想尝试一下优越于别人的滋味，因此，这些人会比较喜欢那些能满足自己优越感的人。巧妙地奉承、阿谀固然能满足一些人的优越感，但也有弄巧成拙的时候。让人产生优越感最有效的方法是对于他自傲的事情加以赞美。而越来越好大概是每个人都会引以为傲的事情，因此，销售人员要善于发现客户最近好的变化，给予客户惊喜的赞美。若是客户穿了一件很漂亮的新衣服，你可以赞美他有品位并向他请教如何搭配衣服；若是客户新换了一个发型，你可以赞美他的发型让他看上去更具成功人士的魅力，等等。经常对客户好的变化给予赞美，客户会产生一种被关注的感觉，拉近彼此的距离，让双方的好感更近一步。

关注到对方细微的变化并指出来，传递出去的信息是：“你在我心目中很重要，我时刻关注你的变化。”觉察到客户最近好的变化，就要大胆地表达出来。对于好的变化，一定不要吝惜赞美之辞。

冯女士是一名会计，上过“人际关系”课之后，深感赞美之重要，他记得老师在课堂上说的话——“领导也需要赞美，不会赞美领导的人，人际关系就没有入门”。

一天上午，她的领导穿了一套新西装，得意洋洋地来到会计室，在女士们面前转了一圈儿。冯女士及时称赞道：“李经理，你这西装穿得真帅气。你个子高，显得更加英俊潇洒，真是玉树临风啊！”其他几位女士一起附和道：“是啊，帅呆了。”

领导很得意，问她们：“别净说好的，你们看看有什么不妥？”

她们看了看，说：“好像袖子上这个标签应该去掉。”

领导一看，立刻冲她们说：“是吗？刚买的还没来得及剪，拿剪刀来，剪！”

中午，领导又来到了会计室，见她们个个都在座位上，便问：“你们中午怎么也不出去转转？”

大家异口同声道：“时间那么紧，吃完饭，也快上班了。”

“是吗？这样，以后中午多给你们一些休息的时间，出去转转，会计更需要头脑清醒。”领导当场拍板。

就这样，她们每天多了半个小时的休息时间。

冯女士发现领导的新衣服，并且及时说了几句赞美的话，换来的回报是不小的——以后她和同事们就能够多拥有半个小时的休息时间。这个例子说明，赞美别人的确是相当有价值的投资。

人人期待被关注，对客户的变化视而不见，传递的信息是：“我根本没把你放在眼里，你不值得我关注。”这样客户必然会不高兴。一个人心中充满期待时，如果你视而不见，他会很失望的。

某单位的小王和小张因一件小事发生口角，小张每次遇到小王定会冷嘲热讽一番。有一次，小张的一篇文章发表了，单位的人却一无所知，小张觉得很憋闷，整日愁眉苦脸。小王看穿了小张的心思，便大张旗鼓地在办公室里公布了这个消息，并向小张表示祝贺，小张在欣喜和陶醉之余，向小王投去了感激和钦佩的目光。从此，小张不仅和小王重归于好，而且得到了同事的一致称赞。

其实，赞美别人，就是肯定自己。观察到客户最近好的变化并由衷地赞美，就是对自己有信心的表现，也是对自己观察的一种肯定。不要以为赞美别人是一种付出。从"生命能量"的观点来说，这其实是一种能量的转换，对别人赞美的时候，你已经获得了更多的力量。你从嘴里吐出赞美的话，一如粒粒珍珠，挂在胸前，它令你充满喜悦的心，更加光芒耀眼。

有调查显示，让客户产生好感的方法，是基于三个出发点——尊重、体谅、使别人快乐——引申出来的，而发现客户最近好的变化并给予惊喜的赞美则是让客户快乐的一个非常有效的好方法。这个方法一定会给你的销售带来意想不到的成果。

关键小结

销售人员要善于发现客户最近好的变化，给予客户惊喜的赞美。经常对客户好的变化给予赞美，客户会产生一种被关注的感觉，拉近彼此的距离，让双方的好感更近一步。

6.

用别人的话说出你的赞美

我们都知道著名销售人物原一平有一个很重要的成功之道是“以赞美对方开始访谈”。每一个人，包括我们的准客户，都渴望别人真诚的赞美。有人说：“赞美是畅销全球的通行证。”因此，懂得赞美的人，肯定是会推销自己的人。赞美不仅可以直接说自己的感受，也可以借助他人的评价或感受。

原一平有一次去拜访一家商店的老板。

“先生，你好！”

“你是谁呀！”

“我是明治保险公司的原一平，今天我刚到贵地，有几件事想请教你这位远近出名的老板。”

“什么？远近出名的老板？”

“是啊，根据我调查的结果，大家都说这个问题最好请教你。”

“哦！大家都在说我啊！真不敢当，到底什么问题呢！”

“实不相瞒，是……”

“站着谈不方便，请进来吧！”

就这样轻而易举地过了第一关，也取得准客户的信任和好感。

赞美几乎是百试不爽，没有人会因此而拒绝你的。这种以赞美对方开始访谈的方法尤其适用于商店铺面。在原一平的这个案例中，他其实是借助别人的赞美之语来赞美商店老板，坦诚告诉老板他在当地有很好的口碑。这样一来，对于别人的诚恳求教，商店老板大都会热心接待，会乐意告诉你他的生意经和成长史。而这些宝贵的经验，也正是推销员需要学习的。既可以拉近彼此的关系，又可以提升自己，何乐而不为呢？原一平告诉大家，请记住，下次见到准客户，以赞美对方开始访谈。

但是赞美客户也并不一定总能产生好的效果，比如很多销售人员就常常困惑：“为什么我很真诚地赞美顾客，但是顾客觉得很不舒适，还因此而走掉了！”这个问题很有代表性，好的赞美会大大拉近与顾客的距离，促进销售，但是不合适的赞美只会让顾客觉得虚伪、做作和不舒适。因此，赞美客户时也一定要注意技巧，借别人的口去赞美客户就是一个很好的途径，因为有一些话借助别人的口说出来比自己说出来具有更好的效果。

三国中，貂蝉就是利用它来达到自己的目的。三国时的美女貂蝉，之所以能接近吕布，制造矛盾，挑拨吕布与董卓的关系，使用的不仅仅是美人计，还有她不动声色的赞美之功。

貂蝉对吕布说：“妾虽在深闺，但久闻将军大名。本以为在这世上就将军一人有如此本领，但听到别人闲言，说将军受他人之制，如今想来，着实可惜。”边说边泪如雨下。

吕布听了很惭愧，满怀心事地回身抱住貂蝉，安慰她。貂蝉借助别人的传说的话把吕布称赞得世间无人能及，挑起吕布的虚荣心，再巧妙地挑拨他受董卓之制，身为一个热血男儿，又怎能受到如此羞辱呢。这些片言只语，正是以后董卓与吕布之间矛盾的导火线。因此，借助别人之口的手段，其威力可见一斑。大多数男性都希望既得到女性的尊重，又得到一世英名。所以当有女性这样赞美他，而且又说是听别人说的，就会令他有一种错觉，觉得自己很了不起。

用别人的话来带出你的赞美，话语间是别人的赞美，但实际上是你的赞美。这样的话不仅能准确地传达你的意思、想法，还能使对方愉快地接受。这种借助别人的话来表达你的赞美还有一种妙用，就是它能把你的立场模糊起来，变被动为主动。

销售人员借助他人的评价来带出自己的赞美之语更有说服力。比如在商场买衣服，销售小姐说："你穿这件衣服特别好看。"这样的话你未必会相信，但是如果销售小姐说："刚才那位顾客说你穿这件衣服特别好看。"听者一定会觉得非常愉快，而且购买欲望会更加强烈。

关键小结

用别人的话来带出你的赞美，话语间是别人的赞美，但实际上是你的赞美。这样的话不仅能准确地传达你的意思、想法，还能使对方愉快地接受。

7. 恭维的话也要说到点上

很多人都对恭维的话不屑一顾，但是我们生活在社会中就是需要人和人的交往，常在河边走，哪有不湿鞋。不管你有意还是无意，说了些恭维话，别有心理压力，背后被人嘲笑是难免的，因为恭维话常被人叫做拍马屁。

说的好听点，那也可以算善意的谎言，不就是想让听话的人受用和自我感觉良好嘛，有时候，这种愉悦感和自我感觉良好是必要的，拍得好，这种舍我其谁的气势说不定会很帮忙。当然，大多数时候，我们都是互相吹捧，碍于形势，或者另有所图。

我们先来分析以下四种说恭维话的时机：

第一，发自内心的恭维话。面对一个伟人的时候，我们这种平凡人物的恭维是发自内心的，当然有时候，我们发自内心的恭维还是会受到别人的嘲笑，因为你恭维的始终是人，而不是神，多少会有点缺陷。

第二，互相吹捧。相声里很多有意思的桥段就会用这种方法，当然现实当中，互相吹捧的人有可能是发自内心的英雄惜英雄，但更多的可能是由于面子需要而进行的虚情假意的吹捧。差别在于，脸皮比较厚的人可以在入睡前反复咀嚼这些话，然后安然入睡，做个好梦；脸皮正常厚度的，会在事后觉得索然无味，毫无用处；脸皮薄一点的，就在床上辗转反侧，为白天说的话而感到害羞。

第三，碍于形势。当会场上一百个人都在说好的时候，你心里却不以为然，但你也会一起鼓掌，叫好，这就叫碍于形势；当一群同事都为老板的意见叫好的时候，千万别做出头鸟，严禁用“很好……但是……”的句式。

第四，另有所图。人家说拍马屁也要讲究角度和力度，拍得正好，则人家受用，自己的目的得以实现。基本上一个人对别人说恭维话，不笑，脸不红，胃不痉挛，那就可以了。当然也有人微笑着说恭维话，那其实很不专业，一旦笑得太暧昧就被人看穿了，作出很诚恳的表情才是真正的恭维。

一句话，要想让对方喜欢，最有用的是通过自己的行为使对方高兴。这样做，就会使对方内心产生积极的感情，并逐渐迁移到你身上而喜欢你。这是一个非常简单的心理机制，但大家都知道做起来并不简单。让对方高兴是一件很难的事情，这一点超出人们的预料。给讨厌自己的人突然送件礼物，或者突然面带微笑地取悦对方，对方会感到奇怪，或者觉得你背后有什么目的，反而会心情不好。另外，每个人觉得高兴的事和喜欢的事都不一样，一个人觉得特别高兴的事可能另一个人会觉得很生气，所以首先要了解对方的为人和爱好，循序渐进地与他搞好关系

首先，要学会像模像样地打招呼。拿出勇气，该问的问题要大胆地问，该接受的指示就认真地接受。如果这样，工作就能顺利进行，而你的变化也会给对方留下好印象。如果在一定程度上关系得以修复，那么下面进一步使对方

高兴就更加可能。在宴会或聚餐的时候，应该尽可能地与对方接近，说一些快乐的事。听别人谈话本身也会使对方高兴。在听对方说话的时候应该适当地插话或点头，表示出你对对方的谈话饶有兴致，而且还要把握住机会评价对方，夸奖对方。在采取这种积极策略的时候，一定要首先详细了解对方的为人和兴趣爱好等，然后根据这些情况选择适当的场合和方法。重要的是，要在别人希望得到夸奖的时候夸奖，要夸奖别人希望得到夸奖的地方。平时就要尽可能和更多的人接触，注意保持广泛的人际关系，了解各种人在各种情况下是如何考虑问题的。如果这种感受性得到了培养，那么很自然地就会理解别人的心情。在需要的时候说需要的话，做需要的事，逐渐地就会被人喜欢。要想被人喜欢，不仅要有一种激情，而且要培养自己的感受性，培养巧妙地使人愉悦的能力。

关键小结

恭维的话很简单，但是要说到点子上却并不简单。把话说到点子上，往往能收到意想不到的效果，而夸到点子上，即恰到好处的夸奖和赞美会更令人喜出望外。

8. 赞美的话不在多，而在于真诚

清朝末年著名学者俞樾讲过这样一个故事：有个京城的官吏，要调到外地上任。临行前，他去跟恩师辞别。恩师对他说：“外地不比京城，在那儿做官很不容易，你应该谨慎行事。”官吏说：“没关系。现在的人都喜欢听好话，我呀，准备了一百顶高帽子，见人就送他一顶，不至于有什么麻烦。”恩师一听这话，很生气，以教训的口吻对他的学生说:“我反复告诉过你，做人要正直，对人也该如此，你怎么能这样?”官吏说:“恩师息怒，我这也是没有办法的办法。要知道，天底下像您这样不喜欢戴高帽的能有几位呢?”官吏的话刚说完，恩师就得意地点了点头:“你说的倒也是。”从恩师家出来，官吏对他的朋友说:“我准备的一百顶高帽，现在仅剩九十九顶了!”

这虽然是个笑话，但却说明了一个问题，就是谁都喜欢听赞美的话，就连那位教育学生“为人要正直”的老师也未能免俗。

人人都喜欢听好听的话，由衷的赞美是最令对方温暖却不用自己打开钱包的礼物。但是，送出这个不必动用钱包的礼物可不是一件容易的事情，它可不仅仅是讲出几句好听的话那么简单。因此，在赞美别人前最好学几个小技巧，工欲善其事，必先利其器。

赞美最重要的是情真意切。很多人都会误将赞美别人与“拍马屁”混为一谈。实际上真诚的赞美与虚伪的谄媚有着本质区别：前者看到和想到的是别人的美德，而后者则是想从别人那里得到某些好处。如果你不想也不必从别人那里得到什么，那就开诚布公地夸奖他们吧。“听说你上回解决了一件很麻烦的事情，换做我就很可能搞不定”，“这次老总表扬你了，加油啊，前途无量啊，以后多多切磋啊”。不要吝啬你的赞美之词，这可是拉近你们距离、加强你们关系的零成本方法。

让赞美尽量成为雪中送炭。对于自卑感较强或遇到某些困难的人来说，别人当众适时适度的一声赞美，也许会大大增强他的自信。同事遇到困难了，拍拍他的肩膀，真诚地告诉他:“你很优秀，我看好你，困难都能处理好，你所缺的只是时机而已。”这些美好的语言会让他感受到自身的价值，鼓起面对困难的勇气。

针对不同的人，赞美的内容要有所区别。同辈人之间，不妨把赞美的侧重点放在能力、学识、思想、工作和为人修养上；对长辈老人，应注重赞美其经验、成就和健康；对领导，则要着重赞美其管理能力和体贴下属等方面。

要知道赞美并不只是语言的。很多时候，一个点头、一缕微笑或是一个OK的手势，都能传递赞美和鼓励的信息，甚至有时远远超过了语言的魅力。

不要发愁该赞美别人什么，用心去发现每一个人、每一件事的不同之处，那就是值得你赞美的地方。不要以为赞美别人是一种付出，不会赞美别人的人，往往也失去了激励自我的机会。让我们从现在开始，不要再吝惜自己的赞美之语，把赞美别人当成一种积极的生活态度去享受吧！

那么，如何赞美别人，怎样赞美别人才算得体呢？下面几个方面推销员可以参考。

1. 恭维话要坦诚得体，必须说中对方的长处。人总是喜欢奉承的。即使明知对方讲的是奉承话，心中还是免不了会沾沾自喜，这是人性的弱点。换句话说，一个人受到别人的夸赞，绝不会觉得厌恶，除非对方说得太离谱了。奉承别人首要的条件，是要有一份诚挚的心意及认真的态度。言词会反映一个人的心理，轻率的说话态度很容易使对方产生不快的感觉。

2. 背后称颂效果更好。罗斯福的一个副官，名叫布德，他对颂扬和恭维，曾有过出色而有益的见解：背后颂扬别人的优点，比当面恭维更为有效。这是一种至高的技巧，在人背后颂扬人，在各种恭维的方法中，要算是最使人高兴的，也最有效果的了。如果有人告诉我们：某某人在我们背后说了许多关于我们的好话，我们会不高兴吗？这种赞语，如果当着我们的面说给我们听，或许会使我们感到虚假，或者疑心他不是诚心的，为什么间接听来的便觉得悦耳呢？因为那是赞语。德国的铁血宰相俾斯麦，为了拉拢一个敌视他的下属，便有计划地对别人赞扬这个部属，他知道那些人听了以后，一定会把他说的话传给那个部属。

3. 别像一个暴发户花钱那样，大手大脚地把高帽扔得到处都是。对于不了解的人，最好先不要深谈。要等你找出他喜欢的是哪一种赞扬，才可以进一步交谈。要恰如其分地赞美别人是件很不容易的事。如果称赞不得要领，反而会遭到排斥。为了让对方坦然地说出心里话，必须尽早发现对方引以为豪、喜欢被人称赞的地方，然后对此大加赞美，也就是要赞美对方引为为豪的地方。在尚未确定对方最引以为豪之处前，最好不要胡乱称赞，以免自讨没趣。

关键小结

赞美最重要的是情真意切，最好不要胡乱称赞，以免自讨没趣。不要吝啬自己的赞美，更不要胡乱“拍马屁”，这是说话的技巧，也是为人处世的基本原则。

9.
一下就抓住客户的软肋

许多人崇拜林肯总统，原因之一在于他擅长抓住问题核心，一针见血，可以说是一位“言简意赅的大师”。林肯的葛底斯堡演讲更是举世知名的，连他当时的对手埃佛瑞都不禁赞叹他：“如果我在两个小时的演讲里，能像林肯在两分钟演讲里一样精辟透彻，我就心满意足了！”让我们看下面这个例子。

巨岩岛铁路局决定架设一座横跨密西西比河的铁桥，以连接伊利诺州的巨岩岛和爱荷华州的戴文港。当时正是汽艇公司生意非常鼎盛的时期，该河上下游间所有的谷物、货品都需由汽艇公司承运，他们认为这种运输权力拜老天爷所赐，不愿被其他交通公司取代。

于是，为了阻挠铁路局兴建大桥的计划，维护自己的既有利益，汽艇公司决定联手抵制这项计划，因而引发了当时一件很大的诉讼案。该地区财大势大的汽艇公司，聘请该州最有名气的律师卫德来辩护这桩运输史上有名的案子。

审判的最后一天，法庭内外人潮汹涌而至，把大厅挤得水泄不通。卫德律师面对大群听众，滔滔不绝地发表了两个多小时的辩论，辩论一结束，立刻博得热烈的掌声。而当代表巨岩岛方面的律师起立辩论，所有的列席者都为他捏了一把冷汗，没有人认为他也能发表长达两小时的辩论。结果他讲了两小时吗？不，他只用一分钟就说完了以下的话："首先，我要向我的对手表示祝贺，他确实是个辩才，刚才是我听过的最精彩的一场辩论，但是，各位陪审员，卫德忽略了一个主要问题。毕竟，衔接密西西比河东西两岸的重要性，并不影响该河上下游航运的需要。各位应考虑的是，究竟是否该为了上下游间的航运，而牺牲了连接该河两岸的交通。"说毕，他坐了下来。陪审团很快就裁决了此案，结果对这位衣着朴素、身材瘦长的乡下律师有利。他就是亚伯拉罕·林肯。

推销员不一定什么都知道，但通常都能言善辩。根据通用电气公司副总经理所言："在最近的代理商会议中，大家投票选出导致推销员交易失败的原因，结果有超过四分之三的人认为，最大的原因在于推销员的喋喋不休，这是一项值得注意的结果。"

杜维诺面包公司生产的面包远近闻名，不仅质量好，而且信誉佳。经营着这家公司的杜维诺先生是一个非常精明能干的人，他一直希望把自己的产品推销给当地的一家大饭店。

连续四年，他天天给那家饭店的经理打电话；甚至在那家饭店专门包了一间房间，住在那里以便随时同饭店的经理洽谈业务，但是他始终一无所获。杜维诺先生是个意志坚定的人，他具有不达目的绝不罢休的精神。他当然不会眼看四年的努力付诸流水，于是他着手多方打听饭店经理所关心的事情是什么。不久，他了解到这家饭店的经理是一个美国饭店协会的会员，并且最近担任了该饭店协会的会长，他十分热衷于公益活动，不管协会的会议在什么地方召开，他都会驱车前往。在获得了这些信息之后，杜维诺先生的心中有了底。

第二天，杜维诺前去拜访该饭店的这位经理，在双方会面的时候，杜维诺一反常态，对面包的事只字不提，而是大谈特谈有关那个协会的事情。经理先生非常高兴，邀请杜维诺也加入这协会，杜维诺毫不犹豫地答应了。

几天之后，这家饭店的采购部门给杜维诺打来了电话，请他马上把面包的样品和价格表送去。杜维诺喜出望外地赶到了饭店，饭店采购部门的负责人笑咪咪地对杜维诺说："我简直难以想象！你使用了什么绝招，使得我们的老板对你如此赏识，要知道，我们经理可是一个非常固执的人啊！"

杜维诺哭笑不得，他感慨万千：我们公司的面包远近闻名，价廉物美，我努力了四年可是连一粒面包屑都没能推销给他，现在仅仅是因为我对经理感兴趣的事情表示了关注，形势居然完全变了。

所以，我们说，在谈判的攻心阶段，作为一个理智而冷静的人，应该针对谈判桌上出现的难题，采取对症下药的谈判谋略，才能够一矢中的、顺利达到自己的谈判目标。

另外，从第三者口中得到的情报有时在初次见到对方时能起到重要的作用。因此，利用得到的情报当面夸奖对方，当然也是为了自己主动。

有一次，齐威王和魏惠王一起到野外打猎。魏惠王问："齐国有宝贝吗？"齐威王答道："没有。"魏惠王听后得意地说："我的国家虽小，尚且有直径一寸大的珍珠，光辉可以照亮车前车后十二辆车，这样的珠子共有十颗，难道凭齐国如此大国，竟没有宝贝？"齐威王别有意味地回答道："我用以确定宝贝的标准与您不同。我有个大臣叫檀，派他守南城，楚国人就不敢来犯，泗水流域的十二个诸侯都来朝拜我国。我有个大臣叫盼子，派他守高唐，赵国人就不敢东来黄河捕鱼。我有个官吏叫黔夫，派他守徐州，燕国人对着徐州的北门祭祀求福，赵国人对着徐州的西门祭祀求福，迁移而来从属齐国的有七千多户。我有个大臣叫种首，派他警备盗贼，做到了路不拾遗。这四个大臣，他们的光辉能光照千里，岂止十二辆车呢？”这段话既是对魏惠王有力的回答，使他羞愧难言，同时更是对自己臣下的极好赞扬。正是通过诸如此类巧妙得当的赞扬，齐威王在笼络人心方面做得非常出色，使一大批诸如田忌、孙膑、淳于登等杰出人才心服口服，心甘情愿地为其效劳。于是，齐国大治，出现了“坐朝廷之上，四国朝之”的局面。

人的社会性决定了人需要得到他人和社会的承认与肯定，而你发自肺腑，恰如其分地给予赞扬，是对别人热情的关注、诚挚的友爱、慷慨的给予和由衷的承认，必然会起到鼓励的作用，引发感激的心理效应，甚至他会把你当成知己，于是，会产生类似“士为知己者死”的效应。

关键小结

想要掌控客户的心理，就要找到客户的需求点，找到客户的软肋进行重点突破。以客户为中心，找到客户的软肋，这才是攻心的关键所在。

10.
间接赞美，在背后说客户的好话

事实上，世界上没有人会对赞美无动于衷，只不过有人会赞美他人，有人不会赞美而已。大文豪肖伯纳曾说过：“每次有人吹捧我，我都头痛，因为他们捧得不够。”可见，高帽子是人人都爱戴的，关键是赞美的人能不能抓住对方的“闪光点”。喜欢听好话似乎是人的一种天性。当来自社会、他人的赞美使其自豪心、荣誉感得到满足时，人们便会情不自禁地感到愉悦和鼓舞，并对说话者产生亲切感，这时彼此之间的心理距离就会因赞美而缩短，自然就为交际的成功创造了必要的条件。

当面说好话和背后说好话的效果不同。在背后说一个人的好话比当面恭维说好话要好得多。你不用担心，你在背后说他的好话，很容易就会传到他的耳朵里的，而对一个人说别人的好话时，当面说和背后说是不同的，效果也不会一样。你当面说，人家会以为你不过是奉承他、讨好他；当你的好话在背后说时，人家认为你是出于真诚的，是真心说他的好话，人家才会领你的情，并感谢你。假如你当着上司和同事的面说上司的好话，你的同事们会说你是讨好上司，拍上司的马屁，容易招致周围同事的反感。另外，这种正面的歌功颂德，产生的效果反而很小，甚至有产生危险的效果。你上司的脸上可能也挂不住，会说你不真诚。与其如此，倒不如在公司其他部门，上司不在场时，大力地“吹捧一番”。这些好话终有一天会传到上司的耳中的。

有一个员工，在与同事们午休闲谈时，顺便说了上司的几句好话：“陈征这个头儿很不错啊，办事公正，对我的帮助尤其大，能在这样的人手下做事，真是一种幸运。”没想到这几句话很快就传到主管陈征的耳朵里去了，这免不了让陈征的心里有些欣慰和感激。而同时，这个员工的形象也上升了。陈征在那些“传播者”传达时，也顺带对这个员工夸赞了一番：这个人心胸开阔，人格高尚，真不错。

在背后说别人的好话，能极大地表现你的“胸怀”和“诚实”，有事半功倍的效用。比如，你夸上司，说他公平，对你的帮助很大，而且从来不抢功。以后，你的上司在“抢功”时，可能会有那么一点顾忌，也会手下留情。

如果别人了解了你对任何人都一样真诚时，对你的信赖就会日益增加。

在背后说别人的好话，会被人认为是发自内心，不带私人动机的。其好处除了能给更多的人以榜样的激励作用外，还能使被说者在听到别人“传播”过来的好话后，更感到这种赞扬的真实和诚意，从而在荣誉感得到满足的同时，也增强了对说好话者的信任感。

《红楼梦》中有这么一段：史湘云、薛宝钗劝贾宝玉作官为宦，贾宝玉大为反感，对着史湘云和袭人赞美林黛玉说：“林姑娘从来没有说过这些混账话！要是她说这些混账话，我早和她生分了。”凑巧这时黛玉正来到窗外，无意中听见贾宝玉说自己的好话，“不觉又惊又喜，又悲又是叹”。结果宝黛两人互诉肺腑，感情大增。因为在林黛玉看来，宝玉在湘云、宝钗、自己三人中只赞美自己，而且不知道自己会听到，这种好话就不但是难得的，还是无意的。倘若宝玉当着黛玉的面说这番话，好猜疑、小性子的林黛玉恐怕还会说宝玉打趣她，或想讨好她呢。

人总是喜欢听好听的话，即使明白对方讲的是奉承话，心里还是免不了会沾沾自喜，这是人性的弱点。换句话说，一个人受到别人的赞美，绝不会觉得厌恶，除非对方说得太离谱了。赞美是一种学问，其中的奥妙无穷，但最有效的赞美则是在第三者面前赞美对方。因为当你直接赞美对方时，对方极可能以为那是应酬话、恭维话，目的只在于安慰自己罢了。若是通过第三者来传达，效果便截然不同了。此时，当事者必然认为那是认真的赞美，毫不虚伪，于是真诚接受，对你感激不尽。如果这个人是你的下属，在深受感动之下，他会更加努力工作，以报答你的“知遇”之恩。

试想一下，如果有人告诉你，某某人在背后说了许多许多你的好话，你会不高兴吗？这种赞美，如果当着你的面说给你听，或许适得其反，让你感到虚假，或者疑心他不是出于真心。为什么间接听来的便觉得特别悦耳动听呢？那是因为你坚信对方在真心地赞美你。

德国的铁血宰相俾斯麦，为了拉拢一个敌视他的议员，便有计划地在别人面前赞美这位议员，他知道那些人听了之后，肯定会把他的话传给那个议员。后来，俩人成了无话不说的政治盟友。

在背后说人好话的策略中，还有一则经由第三者传送好话的方法。这种方法不仅能使对方愉悦，更具有表现出真实感的特点。假如有一位陌生人对你说：“某某朋友经常对我说，你是位很了不起的人！”相信你感动的心情会油然而生。因为这种赞美比起一个魁梧的男人当面对你说，“先生，我是你的崇拜者”，更让人舒坦，更容易让人相信它的真实性。

关键小结

对一个人说别人的好话时，当面说和背后说是不同的，效果也不会一样。因为赞美的魅力是无穷的，但是，最有效的赞美是间接的赞美他人。

第七章

心理迎合术

——重视客户的真正心理需求

本章向推销员介绍让客户喜欢你的12种心理技巧，讲得通俗一点，就是会讨巧。聪明的销售人员在说服客户的时候，懂得迎合客户的嗜好，这样能让对方感觉到受重视、受尊重。这种做法纯粹是出于诚意，而诚意永远是应酬成功的因素。只要你有足够的诚意，客户也能教会你现场的应用知识、教会你该如何在他们那里得到认可，甚至教会你如何才能够实现差异化，走在竞争对手的前面。

1.
第一句话就抓住客户的心

古人说得好:“话不投机半句多。”推销更是如此。开头语，尤其是第一句话说得是否得体，将直接影响着你与顾客的以后往来。

在行销中，特别是在登门推销时，推销员习惯于这样:“先生，你需要……吗?”这是最常见的用于第一句话的句式。但这是一种错误的问话方式。因为这不明确的问话显得唐突，十有八九会遭到拒绝。那么，你应该怎样说呢?下面举个例子，希望你能从中得到启发:

假如你要去推销一种高级水果压汁机。当主人打开门时，如果你说:“我来是想问您是否愿意购买一个高级水果压汁机。”你若是用这句话来开头，那你就错了。正确的问法是:“请问，您家里有高级水果压汁机吗?”听到这样的问题，有水果压汁机的主人可能会说:“我家有水果压汁机，不过不是高级的，能看看你的高级水果压汁机是什么样子吗?”当主人这样回答的时候，你就可以从提包里拿出样品，并借题发挥，促使他或她与你达成交易。没有水果压汁机的主人则可能会产生好奇心理，她会说:“高级水果压汁机是什么样的?它有什么用处?”这话显然是渴望对高级水果压汁机有所了解。这时，你就可以打开你的提包了。显然，这样的开头至少能够为你自己赢得一次商谈的机会，避免顾客用“不要”把你挡在门外。

下面再来看一个例子——拉弟埃的成功之道:

贝尔那·拉弟埃是“空中汽车”收音机制造公司的著名推销专家，当他被推荐到“空中汽车”公司时，他面临的第一项挑战就是向印度推销汽车。这是件棘手的任务，因为这笔交易已由印度政府初审，未被批准，能否重新寻找成功的机会，全看特派员的谈判本领了。

作为特派员，拉弟埃深知肩上的重任，他稍做准备就飞赴新德里。接待他的是印航主席拉尔少将。拉弟埃到印度后，与他的谈判对手讲的第一句话是："正因为你，我在生日这天有机会回到我出生的地方。"

这是一句非常得体的开头语，它简明扼要，但内涵却极为丰富。它表达了好几层意思：感谢主人慷慨赐与的机会，让他在自己生日这个值得纪念的日子来到贵国，而且富有意义的是：贵国是他的出生地。这个开场白拉近了拉弟埃与拉尔少将的距离。不用说，接弟埃的印度之行取得了成功。

拉弟埃靠着娴熟的营销技巧，为"空中汽车"公司创下了辉煌的业绩：仅在 1979 年一年，他就创记录地推销出 230 架飞机，价值 420 亿法郎。

寒暄在营销谈判中的作用是十分重要的。但并不是任意的寒暄都能起到这种作用。不恰当的寒暄很可能会弄巧成拙。而寒暄的恰当与不恰当的关键在于话题的选择。什么样的话题是恰当的寒暄话题呢？经验者认为，凡是能引起对方兴致的话题适于作寒暄的话题。下面再看看霍伊拉的例子。

对方的专长爱好是最能引起对方兴致的话题。因此，在谈判之前，推销员要设法了解顾客的专长，以求开局得胜。被美国人誉为"销售大王"的霍伊拉先生就很会这样做。

一次，他听说梅依百货公司有一宗很大的广告生意，便决定将这笔生意揽到自己手中。为此，他开始想方设法了解该公司总经理的专长爱好。经过了解，他得知，这位总经理会驾驶飞机，并以此为乐趣。于是，霍伊拉在同总经理见面、互做介绍后，便不失时机地问道："听说您会驾驶飞机，您是在哪儿学会的？"这一句话，引发了总经理的兴趣，他兴致勃勃地谈起了他的飞机、他的学习驾驶经历。结果霍伊拉不仅得到了广告代理权，还荣幸地乘坐了一回总经理亲自开的专机。

以对方的爱好专长，赞美对方的优点为话题，虽然效果显著，但要了解对方的爱好专长，找出对方独到的优点来赞美，却有些困难。而天气情况则是人人都能感受到，而且是易于谈论的话题。有经验的谈判者是不会放过这一话题的。

我们上面介绍了几种寒暄的话题，但并不是说只有这几种话题适用于寒暄。正像我们在前面所说的，“凡是能引起对方兴致的话题都适于作寒暄的话题”，如国内外大事、风土人情、文体消息等等。

寒暄是很有技巧可讲的。寒暄是正式营销谈判的前奏，它的“调子”定得如何，直接影响着整个营销谈判的过程。因此，对寒暄绝不能轻视。要注意以下两点：

1. 应有主动热情、诚实友善的态度。寒暄时选择合适的方式、合适的话句是非常必要的，但这合适的方式、语句的表示，还有赖于主动热情、诚实友善的态度。只有把这三者有机地结合起来，寒暄的目的才能达到。试想，当别人用冷冰冰的态度对你说“我很高兴见到你”时，你会有一种什么样的感觉。当别人用不屑一顾的态度夸奖你“我发现你很精明能干”时，你又会做何感想？推己及人，我们寒暄时不能不注意态度。

2. 应适可而止，因势利导。做任何事情都有个“度”，寒暄也不例外。恰当适度的寒暄有益于营销谈判，但切忌没完没了，时间不宜过长（当然，对方有聊的兴致时例外）。有经验的推销员，总是善于从寒暄中找到契机，因势利导，言归正传。

关键小结

对于推销员来说，第一句话很重要。如果说得不恰当，很可能被客户挡在门外；如果说得恰当，就成功了一半。

2. 引导客户跟着自己的思路走

李敖在一期电视节目里讲到，美国有本书，讲如何建立良好的人际关系，其中一条就是“不吝给出真的赞美”。就是说，当他人有优点的时候，应当毫不吝啬地给予真诚的赞美。这对于建立良好的人际关系，对于获得他人的好感，进而得到他人真诚的、热心的帮助是有很大好处的。

每一个人都希望被赞美，销售人员要善于发现他人的优点给予真诚的赞美。

请看一个范例：

销售人员王维正以稳健的步伐走向张总经理，当视线接触至张总时，他轻轻地行礼致意，视线放在张总的鼻端。当走近张总前停下，向张总深深地点头行礼。销售人员王维正此时面带微笑，向张总经理问好及自我介绍。

王维正：“张总经理，您好。我是大华公司的销售人员王维正，请多多指教。”

张总经理：“请坐。”

王维正：“谢谢，非常感谢张总经理在百忙中抽出时间与我会面，我一定要把握住这么好的机会。”

张总经理：“不用客气，我也很高兴见到您。”

王维正非常诚恳地感谢张总经理的会见，表示要把握住这个难得的机会，让张总经理感受到自己是个重要的人物。

王维正：“贵公司在张总经理的领导下，业务领先业界，真是令人钦佩。我拜读过贵公司内部的刊物，知道张总经理非常重视人性的管理，员工对您都非常爱戴。”

王维正将事前调查的资料中，将有关尊重人性的管理这点，在寒暄中特别提出来，以便之后对诉求团体保险时能有一个好的前提。

张总经理："我们公司是以直接拜访客户为导向，需要员工有冲劲和创意。冲劲及创意都必须靠员工主动去做的，用强迫、威胁的方式是不可能成为一流公司的。因此，我特别强调人性的管理，公司必须尊重员工、照顾员工，员工才会真正的发挥潜力。"

王维正："张总经理，您的理念确实反映出贵公司经营的特性，真是有远见。我相信贵公司在照顾员工福利方面不遗余力，已经做得非常多。我谨代表本公司向张总经理报告我们最近推出的一个团保方案，最适合外勤工作人员多的公司采用。"

张总经理："新的团体保险？"

王维正："是的。张总平常那么照顾员工，我们相信张总对于员工保险这项福利知道的一定很多，不知道目前贵公司有哪些保险的措施呢？"

王维正采用夸奖，并提出询问的手法，一步一步将话题引入自己的正题。

进行有效的夸奖有三种方式：

1. 夸奖对方所做的事及周围的事务。如：您办公室布置得非常高雅。

2. 夸奖后紧接着询问。如：您的皮肤这么白，您看试穿这件黑色的礼服怎么样？

3. 代第三者表达夸奖之意。如：我们总经理要我感谢您对本公司多年以来的照顾。

关键小结

在和客户交流时，不要强迫他接受你的观点，要巧用夸奖、提问等手法，一步步地将话题引入自己的范畴。这就是我们所说的引导式销售。这种方式可以让客户消除排斥心理，更容易接受你的产品。

3. 满足客户的真正心理需求

世界营销学之父菲利普·科特勒大师说，“企业营销大厦”的核心是“客户满意”。每一个企业的开始都是因为一个客户，是客户让企业开始成功。所以永远不要忘记客户。好的推销员每天都要提醒自己，记住客户并保护好你的客户，否则就会面临失败。大师的高明之处就在于他能看到问题的核心，即销售的核心就是满足客户的需求。

兵法曰：得民心者得天下。其实，满足客户需求者，亦可得“天下”。在越来越市场化的今天，这种理念已被奉为商场竞争的黄金定律、制胜法宝。很多销售人员都明白，只有抓住客户的心，才能在搏杀激烈、竞争残酷的市场中鹰击长空，一鸣惊人。先来看一个古人的例子。

鲁国有两户人家，每家都有两个才华横溢的公子，都是一个习礼，一个学法。一家的两个公子，一个以礼事齐，一个以法事楚，皆富贵。另一家的两个公子，一个以礼事秦，一个以法事韩，却遭杀身之祸。何也？齐以礼治邦，楚以法强国，以礼事齐，以法事楚，可谓适得其所，功成名就。韩弱，以礼保国家，秦强，以法夺天下，以礼事秦，以法事韩，可谓适得其反，最终身败名裂。

以现代的观点来看，在这个故事中，楚、齐、秦、韩皆为客户，只有看清他们的需求，了解他们的意向，按照他们的需求准确供给，才能取得营销的成功。这也让我们明白了一个最简单的道理：客户需求什么，我们就给什么。

消费者的一些需求可能并没有彻底的外化，致力于消费者研究，走进他们的心里，看看他们的欲望是什么？到底需要什么？然后依据他们的需求倾向和喜好对品牌进行再次定位，这样才能在新的市场满足者的队列里居于老大的地位。

所以说，对顾客的研究是要以其对某种生活、工作方式的欲望去着手的。

无疑，顾客的需求不是一成不变的，随着人们对一般产品的基本功能利益的满足，人们的需求更是向着产品的高级卖点和更多的附加价值迈进。

譬如当年人们需要电视机只是希望能够借此收看一些电视节目，以调节单调的生活，但是随着这个需求的满足，人们开始追求从电视机上派生出来的更多利益点，于是企业便不断研发新的技术以满足这些需求，影碟机接口、卡拉OK设置；到现在的信息电视上网冲浪。企业从而也为自己赚取了丰厚的利润。

百事可乐作为一家仅次于老对手可口可乐、排名世界软饮料企业第二把交椅的著名品牌，上世纪60年代改变了过去传统的顾客定位策略，跳出雷同的圈子，清晰的喊出了“新一代的可乐”这个划时代的口号，邀请多位世界级当红偶像明星作秀，一举锁定了二战“婴儿潮”时代出生的所谓“新一代”群体。以百事可乐是新生代“专有饮料”的诉求抢夺他的目标消费群体在需要解渴或者“扮酷”时需要购买的其他替代品的市场，有效地扩大了原有的市场份额。

日本的日清系列方便面在面临众多替代品争相抢夺快食和休闲食品市场份额的情况下，1993年向市场发起了一场重要的广告运动，广告词:“饿了吗?请用杯面——日清制造！”从而有效地阻击了替代品的一些攻势，不但保住了现有的市场份额，而且从替代品对手那里抢得了一些份额，使日清产品获得了不俗的销售业绩。

无论是百事可乐还是日清方便面，他们在品牌的营销策略中都牢牢地抓住了一点，就是满足顾客对某一产品的潜在欲望。譬如百事可乐大胆地喊出“百事的一代”的口号，使得大批思想叛逆，正在寻觅寄托物的新生代们趋之若鹜，从而获得了目标顾客的青睐。

对于一些对现有的产品和市场依然看好，并且自身具有深度开发产品、市场以及和目标消费者保持着良好关系的企业来讲，在需要新增利润点时，采用扩大现有市场是一个好方法。但是你需要做的一件大事就是不要再固守原先的单一诉求，必须采取可以覆盖更多消费者的诉求。比如“饿了吗？请用杯面——日清制造”就是一个著名的例子。

关键小结

成功的推销员每天都要提醒自己，记住客户并保护好你的客户，否则就会面临失败。大师的高明之处就在于他能看到问题的核心，即销售的核心就是满足客户的需求。

4. 适当给客户一些恩惠或礼物

利用人们无功不受禄、无劳不受惠的心理，给顾客施些小恩小惠，达到目的，也是推销员可以借鉴的方法。有些公司就是利用这一点，在生意还未开始做的时候，先请客人吃顿饭，或者先送一点小礼品给客户，以提高买卖成交率。销售人员要懂得利用礼物或给他人恩惠以赢得潜在客户的好感这一方法。

一些小儿科的名医，都有一个特性，他们除了医术好以外，还必须懂得与小朋友沟通的技巧，要能进行有效的沟通，他们第一步是要赢得小朋友的好感。如何迅速地获得小朋友的好感呢？几乎大多数的医生都准备着许多送给看病小朋友的新奇贴纸，如此一来，医生叔叔已不再是打针的叔叔而是送贴纸的叔叔了。

日本人最懂得赠送小礼物的奥妙，大多数公司都会费尽心机地制作一些小赠品，供销售人员初次拜访客户时赠送给客户。小赠品的价值不高，却能发挥很大的效力，不管拿到赠品的客户喜欢与否，相信每个人受到别人尊重时，内心的好感都会油然而生。

以上种种方式都能使销售员的潜在客户对销售员立即产生好感。若销售员能把这些方法当作自己立身处事的方式，让它成为一种自然的习惯，相信销售员在哪里都会成为一位受欢迎的人物。

有些人认为，付出更多不一定会收获更多。的确，付出与收获有些时候不一定是成正比的，但是有一点值得所有人注意，那就是：付出也许不会有收获。但是如果不付出，那就永远没有收获的可能。销售人员需要时刻谨记这一点。销售人员不能仅把为客户准备礼物当成例行公事那样敷衍，而是要真正关心客户的需要，尽量为客户准备他们的真正需要，准备对客户来说比较有价值的礼物。

汤姆·霍普金斯是全美最知名的销售大师之一，他曾经在很多领域从事过销售工作。一次，在他第二次约见客户之前，想到第一次见面时客户谈到他多年前看过的一本书，记得客户当时说："我对那本书的印象非常深刻，可是当时那本书是借别人的，之后我再想买它时却一直没有找到，真是遗憾。"汤姆记得妻子曾经买过这样一本书，于是他打电话向妻子说明事情经过，然后在妻子的书房里找到了那本书。当他把这本书递到客户手中时，客户有些意外地说："你还记着这件事情啊，我当时只是说说而已。没想到你能为我带来这本书，真是感谢。"

给他人恩惠或礼物是一种良好的客户服务。良好的客户服务虽然不一定会带来每次销售的成功，但是一定可以为后续的沟通创造机会。销售过程中的服务要着眼于良好的客户感知，所以销售人员为客户提供的服务最好从客户的心理需求出发。优质的服务本身就是对所销售产品的一种增值，现代消费者已经越来越关注产品之外的增值性服务了。你为客户提供的服务越到位、越体贴，客户对你的印象就越深刻。

下面来看一个略施小惠就影响到重大生意的例子。

一个五金交电公司曾以 10 块钱的小恩小惠赚回了大笔的金钱。凡来者，免费赠送10元钱的纪念品。在公司的负责人看来，每个人都喜欢贪小便宜，可是他们又绝不愿平白无故地接受别人的东西，因此他们就会以尽义务的态度来参加订货会，甚至会敞开胸怀来倾听对方的解说。唯有如此，他们才会觉得受之无愧。而一切结果也正如那位负责人所说："那些平白接受了小恩惠的人往往会假意告诉自己和那些推销员，他们是因为真正对商品感兴趣，才来参加这次订货会的。"只不过区区10块钱，使原来怀疑的大众变成了积极的听众。

当然，不一定要送礼，替客户解决问题也是对客户施以恩惠的好方法。

几年前，美国多数机关的文书作业是使用大八开的尺寸，大八开要比B4尺寸略大，一般复印机只能用A3复印后再裁减，非常不方便。这个问题各家复印机厂商的销售人员都很清楚，但复印机都是自国外进口的，国外没有大八开的需求，因此进口的机器根本没有大八开的纸盘提供复印。

施乐的一位销售人员，知道政府机关在复印上存在这个问题，因此，他在拜访某个政府机关的主管前，先去找施乐技术部的人员，询问是否能修改机器，使机器能复印大八开的尺寸，技术部人员知道了这个问题，略为研究后，发现某一个型号的复印机经稍加修改后即可印大八开，销售人员得到这个讯息后，见到该单位的主管，告诉他施乐愿意特别替政府机关解决大八开复印的问题，客户听到后，对施乐产生了无比的好感，在极短的时间内，施乐的这款机器成为政府机关的主力机种。

自然，对于卖主的小恩小惠，如果买主确实不需要这种商品，也不一定为此而蒙受损失，卖主绝不会责怪你的，请尽管放心。小恩小惠的推销术只用于增加感情上的交流，这种办法一时也许会获得良好的效果，但很快会被他人仿效。因此，必须经常改变方式，交替使用，方可制胜。

和潜在客户见面前，是否能事先知道客户面临着哪些问题，有哪些因素困扰着他？你若能以关切的态度站在客户的立场上表达对客户的关心，适当给予客户一些恩惠或者礼物，让客户能感受到你愿意与他共同解决问题，他必定会对你立刻产生好感。

关键小结

小赠品的价值不高，却能发挥很大的效力，不管拿到赠品的客户喜欢与否，相信每个人受到别人尊重时，内心的好感定会油然而生。所以，推销员应该适当地给客户一些恩惠和礼物。

5. 让客户心甘情愿掏出钱

卡耐基说："笑容能照亮所有看到它的人，像穿过乌云的太阳，带给人们温暖。"因为，一个微笑可以打破僵局，一个微笑可以温暖人心，一个微笑可以淡化缺点，一个微笑可以树立信心。对人微笑是一种文明的表现，它显示出一种力量、涵养和暗示。一个刚刚学会保持微笑的年轻人说："当我开始坚持对同事微笑时，起初大家非常迷惑、惊异，后来就是欣喜、赞许，两个月来，我得到的快乐比过去一年中得到的满足感与成就感还要多。现在，我已养成了微笑的习惯，而且我发现人人都对我微笑，过去冷若冰霜的人，现在也热情友好起来。"微笑是一座沟通的桥梁。

罗伯特·布诺温发现，人在群居生活时欢笑的次数是独处时的30倍。同时，他还发现，与各种笑话以及有趣的故事相比，和他人建立友好的关系这一目的与笑声的联系似乎更加紧密。在引发我们大笑的各种原因当中，只有15%来自于笑话。布诺温通过实验发现，实验参与者处于孤单的环境中时，更多的人会选择自言自语，而不是哈哈大笑。布诺温通过录像记录下了实验参与者在三种不同的环境中观看喜剧电影的情景：独自一人、与同性的陌生人一起以及与同性朋友一起。在让我们发笑的各种原因当中，只有15%的原因与笑话有关。想与他人沟通，建立联系，才是我们大多数笑容产生的真正原因和目的。

虽然试验参与者所观看的电影在滑稽程度上并没有太大的区别，但是三组试验者哈哈大笑的次数却有明显的差别。独自一人观看电影的试验者笑的比两人观看电影的试验者都要少，而且他们笑的频率和时间也明显要少很多。在人际交往当中，发生大笑的频率会更高。所有这些数据和结果都证明了一个事实：社交环境中人越多，人们大笑的次数和时间就越多、越长。

微笑如同一剂良药，能感染您身边的每一个人。没有一个人会对一位终日愁眉苦脸、眉头深锁的人产生好感，能以微笑迎人，让别人也产生愉快情绪的人，是最容易争取别人好感的人。销售过程中，对客户真诚地微笑同样具有不可低估的作用。试想，一个带着沮丧的脸与人谈生意和一个和颜悦色面带笑容和人做生意者，客户更乐意接受谁？

销售，说白了就是从客户的兜里掏出钱来买你的产品，要想取得客户的信赖，请在不乏庄重和稳重的前提下给对方送去让人惬意的、真诚的微笑。即使是难缠的客户，也能使其在你的微笑前放下架子，这就是微笑的亲和力产生心理信用的结果。

与客户通话，也要面带微笑，虽然对方看不到，但能从你的声音里感觉到。事实证明，在商场中适度的笑不但能吸引客户、留住客户，还能使客户对你难以忘怀，产生好的印象，就算当时没有成效，日后可能在无意间还会再次青睐于你。

在银川市凤凰街某体彩销售站有一个非常“奇怪”的现象，每天下午6点左右，很多人在这家销售站排队买彩票。有人连续观察数天后发现，之所以有很多人愿意到这家销售站买彩票，是因为这个销售站有个非常优秀的销售员。

据了解，这家销售站的销售人员小张是位下岗职工，几年前下岗后，一直在家待业，经朋友介绍，在某体彩销售站从事了销售工作。没想到，她在这家销售站一干就是 3 年。在家待业期间，小张通过读报学习，心智慢慢开悟，并逐渐明白了：“微笑生活，才能成就梦想。”当她获得销售体育彩票这份工作后，她总是以饱满的热情和不厌其烦的态度，还有一直挂在脸上的微笑，迎接每一位彩民，这就是很多人愿意到她的站点买彩票的原因。

真诚微笑能极大地提高自己的销售业绩。当然，销售人员走南闯北，有时刮风下雨、有时天寒地冻、有时烈日炎炎，还有一些人为的因素，不可避免地会带有一些情绪，与客户见面的时候，有时难免会忘了自己的微笑。从心理学的角度来讲，人与人之间的交往，前10秒钟最关键，10秒内决定对方以何种态度跟你接触。微笑是上天赐给我们重要的肢体语言，如果一开始你的肢体语言给对方的印象是“其实我不想见到你”，你认为对方同样会接受你吗？既然你给对方的感觉是这样的，那么，大家公对公，没什么感情可言，你认为接下来的交谈会愉快吗？所以，不管我们在与客户见面前发生什么事，那是你自己的事，见了客户，首先就要微笑，这比你的着装与你的礼仪更重要。如果你的表情实在是微笑不起来，建议你到了客户的门口，不要进去，到洗手间先洗个脸，梳一下你的头发，把脸部肌肉向上方两侧拉20次，这样你就会好多了，然后踏着轻快的步伐走进客户的办公室，目光注视客户的目光，面带真诚的微笑。

当你向他人露出笑容的同时，对方通常都会回以一个同样灿烂的笑脸。如此一来，出于因果效应的作用，双方心中便会自然生出一种对对方的好感。研究证实，会面时，双方如果都面露笑容，就能够使绝大多数的会谈进行得更加顺利，会谈的时间也会相对延长，而且会谈最后通常也能获得更加有利的结果，使双方关系更进一步。而要获得这一切，你需要做的就是慷慨地展露自己的笑脸，并且让微笑成为自己的一种生活习惯。

关键小结

销售，说白了就是让客户心甘情愿地掏钱来买你的产品。要想取得客户的信赖，不妨送上真诚的微笑。即使是难缠的客户，也能使其在你的微笑前放下架子。这就是轻松搞定客户的心理技巧。

6. 迎合客户感兴趣的话题

著名口才大师卡耐基说："即使你喜欢吃香蕉、三明治，但是你不能用这些东西去钓鱼，因为鱼并不喜欢它们。你想钓到鱼，必须下鱼饵才行。"聪明的销售人员在说服客户的时候，懂得迎合客户的嗜好，这样能让对方感觉到受重视、受尊重。当然，这个"迎"，一定要迎合得巧妙，不能让对方看出任何破绽。

愚蠢的人在说服别人的时候，只谈论自己，从来不考虑别人，这样的人永远不会得到别人的认同。说服别人的诀窍就在于，迎合他的兴趣，谈论他最为喜欢的事情。

每个人都有自己感兴趣的东西，比如有的人喜欢篮球，有的人喜欢军事，有的人喜欢音乐，有的人对演艺圈的八卦新闻感兴趣，有的人对书法绘画感兴趣，有的人对烹调食物感兴趣，有的人对神秘现象着迷等等。总之，每个人都有一项或是多项的兴趣，会说话的销售人员在说服别人的过程中，懂得迎合别人的兴趣，以他人的兴趣为话题。

宋小姐是一家房地产公司总裁的公关助理，奉命聘请一位著名的园林设计师为本公司的一个大型园林项目做设计顾问。但这位设计师已退休在家多年，且此人性情清高孤傲，一般人很难请得动他。

为了博得老设计师的欢心，宋小姐事先做了一番调查，她了解到老设计师平时喜欢作画，便花了几天时间读了几本中国美术方面的书籍。她来到老设计师家中，刚开始，老设计师对她的态度很冷淡，宋小姐就装作不经意地发现老设计师的画案上放着一幅刚画完的国画，便边欣赏边赞叹道："老先生的这幅丹青，景象新奇，意境宏深，真是好画啊！"一番话使老先生升腾起愉悦感和自豪感。

接着，宋小姐又说："老先生，您是学清代山水名家石涛的风格吧？"这样，就进一步激发了老设计师的谈话兴趣。果然，他的态度转变了，话也多了起来。接着，宋小姐对所谈话题着意挖掘，环环相扣，使两人的感情越来越近。终于，宋小姐说服了老设计师，出任其公司的设计顾问。

人类最深层的驱动力就是希望自己具有重要性。你要别人怎么待你，就得先怎样待别人。那么，你想让别人对你感兴趣的办法只有一个，那就是先对别人感兴趣。

在建立良好关系的过程中，实现双方兴趣上的一致是很重要的。只要双方喜欢同样的事情，彼此的感情就容易融洽，这是合乎逻辑的，推而广之，对其他许多事情，彼此也就愿意合作了。

一般人都希望与自己相处的人有许多不同的兴趣，有的他特别喜欢，有的会比较淡泊。如果可能的话，你应尽量找出他们最感兴趣的事，然后再从这方面去接近他。倘若没有机会，或者这种机会不容易得到，那么也该尽可能地去选择他最大的兴趣入手，主要的目的是要使他对你产生兴趣。

想要与别人的特殊兴趣建立一种特殊关系，必须把你的真实兴趣表现出来。单单说一句很感兴趣的话是不够的，在对方的询问下，你掩饰你真正的兴趣，免得弄巧成拙。

问题在于你怎么能使他人了解你对某件事情的确和他有同样的兴趣。因此，你必须对这类事情具有相当的知识，足以证明你是有过研究的。越是值得接近的人，你就越应该努力对他所感兴趣的事情作进一步的了解，使你能够应付他，使他乐意分享你所想知道的事情。就像幼儿园的教师有许多办法去哄小朋友，把一群哭哭闹闹的小孩哄得高高兴兴。这当然有她们成功的原因，其原因是她们能放弃自己的个性去迎合小朋友的兴趣和思想。这种做法纯粹是出于热诚，而热诚永远是成功的因素，当你的内心充满热诚时，你向别人提出的将不是一个令人难堪的问题，而是别人乐于回答的问题。

你知道某人去过美国，如果你向他问及美国的事情，他一定会非常高兴，滔滔不绝地讲到美国的许多事情，即使你只不过想问问有关美国入境的手续，而他会连带告诉你纽约帝国大厦的电梯快到什么程度。

这里提供专家给出实现和他人兴趣一致的三个步骤，销售员或许从中能受到一点启示：

（1）找出别人感兴趣的事物；

（2）对他感兴趣的题目应该先获得若干知识；

（3）对他表现出你对那些事物确实感兴趣。

关键小结

聪明的销售人员在说服客户的时候，懂得迎合客户的嗜好，这样能让对方感觉到受重视、受尊重。当然，这个“迎”，一定要迎合得巧妙，不能让对方看出任何破绽。

7.

帮助客户，让他成为你的朋友

有人说，“钱从客户口袋到销售人员口袋这一段距离是世界上最长的距离”，形容得很贴切。只要客户不掏钱出来，我们就永远得不到，所以如何缩短这一段距离是至关重要的。记住现在的人谁都不是傻瓜，所以你不能激进。

与客户的沟通以及相处中随时以“利他”的思考方式去进行，如何帮助客户，如何才能让客户处在最佳利益的状态，如何才能让客户觉得贴心，才会帮客户解决困扰，才会让客户喜欢买你推销的产品，才会让客户将你视为朋友，而不只是一个老想把产品卖给他的一个销售人员而已。利他的思考方式可以让我们跟客户站在同一阵线去解决问题，你是他的最佳战友，而不是站在你销我买的对立立场。最后让他觉得你可以帮他决定，这样你就成功了。

销售过程中，如果你能让客户记住你，这意味着你已经成功了一半；因为客户记住你的前提是：一是对你个人的印象较好，令其较满意；另一方面也是对企业的满意，此时的你即代表着企业！然而怎样才能让客户很好的记住你呢？《人性的弱点》里说过，人记忆最深刻的莫过于给自己最大帮助的人，因此帮助客户是让客户记住你、记住企业的最根本方法。给客户提供更多无偿的帮助，往往最能给客户留下深刻的印象。

客户在面对销售人员时可能充满了警惕和防范，因为他们害怕一不小心就进入销售人员精心设计的“圈套”。客户如此小心翼翼的根源，就在于某些销售人员根本就不真诚地对待客户，更不会积极地关注客户的具体需求。为了达到自己的销售目标，他们可谓动足了脑筋，可是结果却常常是“机关算尽太聪明，反误了卿卿性命”——他们可能会实现短期的销售目标，但是往往会在最后关头走投无路。扭转这种局面的唯一方法就是用自己的真诚去关心客户，诚心诚意地帮助客户解决问题。只有这样，客户对销售人员的误解和疑虑才能消除，接下来的沟通自然会顺畅得多。

在贵阳华侨友谊商场，海尔冰箱展台迎来了两位60岁左右的顾客，他们一边仔细看展台上的各种冰箱，一边互相研究和商量。当时在场的一名海尔员工王振伟看到了两位老人，他热情地迎上去，同时认真地向他们介绍海尔冰箱的功能、质量、服务、价格等。看到品牌如此丰富的冰箱展台，两位老人一时拿不定主意。他们告诉王振伟：“我们再到其他展台看一看，比较一下再做决定。”

半小时后，王振伟看到两位老人又回来了，通过询问得知，他们还是没有做出决定。不过他们表示，今天是肯定要把冰箱买回去的，只是要先回去取钱。当时外面正好下着雨，王振伟迅速把雨伞递到两位老人面前。两位老人起初不愿接受，他们认为：“还没决定购买哪种冰箱，恐怕到时候不好归还。”可是王振伟却说：“送你们伞属于我的个人行为，与你们是否购买我们的冰箱没有关系，再说我们海尔的员工有义务帮助像你们一样需要帮助的人。”在得知家中只有两位老人时，王振伟建议他们购买一款小型冰箱，这样既省电，使用起来又方便。最终，两位老人决定从海尔展台购买冰箱，因为他们觉得这里的销售人员是真心诚意为客户服务的。

当客户需要帮助时，就是销售人员对他们更加关注的绝妙时机，也是销售成功的大好机会。很多事实都证明，我们对于曾经帮助过我们的人无法拒绝，如果我们曾经无偿帮助过客户，那么销售就变得容易。

很多年以前，在一个暴风雨的晚上，有一对老夫妇走进一家旅馆的大厅要求订房。

“很抱歉，”柜台里一位年轻的服务生说，“我们这里已经被团体包下了。往常碰到这种情况时，我们都会把客人介绍到另一家旅馆，可是这次很不凑巧，据我所知，附近的旅馆都已经客满了。”

看到老夫妇一脸的遗憾，服务生赶紧说：“先生，太太，在这样的夜晚，我实在不敢想象你们离开这里却又投宿无门的处境。如果你们不嫌弃的话，可以在我的房间里住一晚，那里虽然不是豪华套房，却十分干净。我今天晚上要在这里加班工作。”

这对老夫妇感到很不好意思，但他们还是谦和有礼地接受了服务生的好意。

第二天一大早，当老先生下楼来付住宿费的时候，那位服务生依然在班，但他婉言拒绝了老先生，说：“我的房间是免费借给你们住的，我昨天晚上在这里已经挣取了额外的钟点费，房间的费用本来就包含在里面了。”

老先生说：“你这样的员工是每一个旅馆老板梦寐以求的，也许有一天我会为你盖一座旅馆。”

年轻的服务生听了笑了笑，他明白老夫妇的好心，但他只当它是一个玩笑。

又过了几年，那个柜台服务生依然在那家旅馆上班。有一天，他忽然接到老先生的来信，信中清晰地叙述了他对那个暴风雨夜的记忆。老先生邀请服务生到曼哈顿去和他见上一面，并附上了往返的机票。

几天以后，服务生来到曼哈顿见到了老先生。老先生指着眼前的建筑物解释说：“这就是我专门为你建的饭店，我曾经对你说过的，你还记得吗？”

“您在开玩笑吧？”服务生不敢相信地说，“我有点糊涂了，请问这是为什么？”

老先生很温和地说：“我的名字叫威廉·渥道夫·埃斯特。这其中并没有什么阴谋，因为我认为你是经营这家饭店的最佳人选。”

这家饭店就是美国著名的渥道夫·爱斯特莉亚饭店的前身，这个年轻的服务生就是该饭店的第一任总经理乔治·伯特。乔治·伯特怎么也没有想到，自己用一夜的真诚换来的竟是一生辉煌的回报。

经济学告诉我们，最稀缺的东西最值钱。在当今社会中，什么是最稀缺的呢？真诚最稀缺。尽可能真诚地帮助更多的人，成功就会来陪伴你，生活常常就是这样。

关键小结

与客户沟通时，应该思考如何帮助客户，如何才能让客户处在最佳利益的状态。当你和客户站在同一个战线时，才会让客户喜欢买你推销的产品，才会让客户将你视为朋友。当你和客户成为朋友时，你就成功了。

8. 说不如会听，认真倾听客户的诉求

一天，有位年轻人来找苏格拉底，说是要向他请教演讲术，可年轻人为了表现自己，滔滔不绝地讲了许多话。待他讲完，苏格拉底说："可以考虑收你作学生，但要缴纳双倍的学费。"年轻人很惊讶，问苏格拉底："为什么要双倍呢？"苏格拉底说："我除了要教你怎样演讲外，还要再给你上一门课，就是怎样闭嘴。"看来，苏格拉底不喜欢在跟人谈话时只管自己滔滔不绝，容不得他人插嘴的人。难怪他对人说："上帝给了我两只耳朵，而只有一张嘴，显然是希望我们多听少说。"

这段故事一样，既生动风趣，又耐人寻味。行销者在与顾客交谈时，倾听也是十分重要的。卡耐基说："在生意场上，做一名好的听众远比自己夸夸其谈有用得多。如果你对客户的话感兴趣，并且有急切想听下去的愿望，那么订单通常会

不请自来。”与客户沟通的过程是一个双向的、互动的过程：从销售人员一方来说，他们需要通过陈述来向客户传递相关信息，以达到说服客户的目的；同时，销售人员也需要通过提问和倾听接收来自客户的信息，如果不能从客户那里获得必要的信息，那么销售人员的整个推销活动都将事倍功半。从客户一方来说，他们既需要在销售人员的介绍中获得产品或服务的相关信息，也需要通过接受销售人员的劝说来坚定购买信心。同时，他们还需要通过一定的陈述来表达自己的需求和意见，甚至有时候，他们还需要向销售人员倾诉自己遇到的难题等。可见，在整个销售沟通过程中，客户并不只是被动地接受劝说和聆听介绍，他们也要表达自己的意见和要求，也需要得到沟通的另一方——销售人员的认真倾听。

管理学专家汤姆·彼得斯和南希·奥斯汀在他们合著的《追求完美》一书中谈到了有效倾听的重要性。他们认为，有效的倾听至少可以使销售人员直接从客户口中获得重要信息，而不必通过其他中间环节，这样就可以尽可能地免去事实在输送过程中被扭曲的风险。两位管理学专家还认为，有效的倾听还可以使被倾听者产生被关注、被尊重的感觉，他们会因此而更加积极地投入到整个沟通的过程当中。

最有价值的人，不一定是最能说的人。老天给我们两只耳朵一个嘴巴，本来就是让我们多听少说的。善于倾听，才是人成熟的最基本表现。

学会静听可以使销售人员直接从客户口中获得相关信息。众所周知，在传递信息的过程中，总会有或多或少的信息损耗和失真，经历的环节越多，传递的渠道越复杂，信息的损耗和失真程度就越大。所以，经历的环节越少，信息传递的渠道越直接，人们获得的信息就越充分、越准确。

当销售人员认认真真地倾听客户谈话时，客户可以畅所欲言地提出自己的意见和要求，这除了可以满足他们表达内心想法的需求，也可以让他们在倾诉和被倾听中获得关爱和自信。客户希望得到销售人员的关心与尊重，而销售人员的认真倾听则可以使他们的这一希望得以实现。一个懂得倾听他人说话的销售人员无疑在向客户表明，自己十分重视他们的需求，并且正在努力满足他们的需求。

倾听当然并不是要求销售人员坐在那里单纯地听那么简单，销售人员的倾听是为达成交易而服务的。也就是说，销售人员要为了交易的成功而倾听，而不是为了倾听而倾听。在倾听的过程中，销售人员可以通过客户传达出的相关信息判断客户的真正需求和关注的重点问题，然后，销售人员就可以针对这些需求和问题寻找解决的办法，从而令客户感到满足，最终实现成交。如果销售人员对客户提出的相关信息置之不理或者理解得不够到位，那么这种倾听就不能算得上是有效的倾听，自然也不可能利用听到的有效信息抓住成交的最佳时机。

客户在倾诉过程中需要得到销售人员的及时回应，如果销售人员不作任何回应，客户就会觉得这种谈话非常无味。必要的回应可以使客户感到被支持和认可，当客户讲到要点或停顿的间隙，销售人员可以点头，适当给予回应，以激发客户继续说下去的兴趣。例如：

客户："除了黄色和白色，其他的颜色我都不太满意。"

销售人员："噢，是吗？您觉得淡蓝色如何呢？"

客户："淡蓝色也不错，另外……"

学会倾听就是要尽可能地让客户多说话，他们说的越多透露的信息就越多，而且在说的过程当中，他们会逐渐坚定购买的决心。要真诚地聆听客户的谈话，不要假装感兴趣；在合适的时候对客户的话做出回应，否则客户会认为你无心倾听，从而造成销售的失败；可以稍微记录客户说话的要点，但是不要只顾着埋头记笔记，因为那样的话，会令客户感到这场谈话很无趣；即使客户谈论的话题非常不符合你的口味，也不要显示出排斥心理，有可能的话引导客户换一个话题；不要随意打断客户谈话，即使认为客户的某些观点不正确，也不要随便打断或纠正。

真正的倾听是暂时忘却自己的思想、期待、成见和愿望。全神贯注地理解对方讲话的内容，与讲话者一起去亲身感悟、经历整个过程。在中国的古文里，“听”这个字是由四部分组成的：心、脑、耳、眼。仅有听的打算远远不够，你还必须全身心地投入，不用任何技巧就能进入倾听状态的人是幸运的。

这是一项很难的工作，当你真正去倾听时，你会血压升高，体温上升，脉搏加快。这些都是生理上的反应，就和你在室外挖战壕时的反应是一样的。

听是收集和给予正确信息的关键。它影响我们过滤和筛选信息的效果，是影响沟通效果的关键。倾听在建立和维持良好关系、避免冲突和误解方面也是非常重要的。研究那些与别人协作得很好的人们的秘诀，90% 的人将告诉你，这秘诀包含了倾听的能力。

积极倾听是最高水准的倾听，它能够带给我们更多的信息、更好的理解和交流的效果。

积极倾听能够激发讲话者和听众的灵感，使双方积极参与到交流中来。首先，它需要听者积极的心理活动来理解讲话的内容。把这种理解反馈给讲话者，同时也给予听者检查听的效果和理解程度的余地。其次，积极倾听的反馈能够帮助讲话者澄清思想，使交流更加准确。有些思想讲话者本身也不清晰，他们很难精确地解释其含义。积极倾听的反馈能帮助讲话者发展他们的思想，给予他们机会澄清想说的内容或激发他们做进一步的补充。通过积极的倾听你可以收集到更多的信息，使交流的“交谊舞”跳得更加令人满意。

关键小结

最有价值的人，不一定是最能说的人。当销售人员认认真真地倾听客户谈话时，客户才可以畅所欲言地提出自己的意见和要求。让客户多说话，他们说得越多透露的信息就越多，而且在说的过程当中，他们会逐渐坚定购买的决心。

9.

尽量满足客户的优越感

请教问题是吸引潜在客户注意的一个很好的方法，特别是你能找出一些与业务相关的问题。当客户表达看法时，你不但能引起客户的注意，同时也能了解客户的想法，另一方面你也满足了潜在客户被人请教的优越感。

客户才是我们真正的老师。为什么这么说呢？你和客户约会见面，可以学会如何礼貌地介绍自己，有效地安排双方都愿意接受的会面日程；你和客户见面时，可以学会准时、从容礼貌的开场白。在客户有突发事情无法按时赴约时，你可以学会理解，并锻炼自己等待的耐心；当客户和你坦诚交流时，你会学到自己所必须了解的现场应用及真正的客户需求，即使客户的态度不客气，你也能学会如何换位思考，赢得客户的尊敬；当客户交给你一份合同，你会懂得信任和学会兑现承诺；你在和客户交流时，无论他们是有意还是无意，都会促使你快速、积极地调动和组织你那曾经似是而非的产品知识、专业知识和销售技巧，你会学着检验曾经的所学所悟是否有价值。因为知识只有被传递到客户那里，并且为他们带来了价值，才能说是有价值的，只要你有足够的诚意，客户也能够教会你应用知识、教会你该如何在他们那里得到认可，甚至教会你如何才能够实现差异化，走在竞争对手的前面。

小王在开始做销售时，是从客户那里学来的关于产品有什么用、如何用的知识。看似幼稚，实则非常聪明，起码比那些自认为比客户懂得更多、试图给客户洗脑的人聪明得多。谈到成功销售的关键因素，小王就会说要了解客户需求，为客户提供解决方案，找到切入点，了解与竞争对手的差异化等等。

那么谁最了解客户的需求呢？当然是客户自己。所以你在开始接触客户时，一定要把自己当作学生，虚心请教，才会赢得客户的信任，他们才会把需求明白地告诉你。你也才有机会真正地把你的产品和客户的需求结合在一起，从而找到最合适的，有差异化的解决方案，领先你的竞争对手。那种抱着“给客户洗脑的想法”的人是不会得到客户信任的。通常客户都不会把最关键的问题告诉那些他们还不信任的销售人员，因为他们不愿意在不信任的销售人员身上浪费时间，也不相信这些销售人员能够真正地帮助他们解决问题。

一旦你的解决方案成功地被客户认可，你就可以在下一个客户那里有更多可交流的东西，可以为新客户提供更大的价值。那么前一个客户在你的成长过程中不是起到了导师的作用了吗？

销售人员经常苦于找不到切入点。为什么呢？因为你不能够帮助你的客户进行指导。任何一个客户都有自己独特的决策过程和方式。决策链上的每一个人都有自己的个性和习惯。作为一个新面孔的你，如何能够尽快了解和掌握这些，并制定出行之有效的行动计划呢？很显然找到一个客户指导是关键。注意，客户指导不是要帮你说话的人，而是帮助你找到决策链，指导你用正确的方法工作，从而少走弯路的人。

当然还有很多的例子来说明拜客户为师的重要性。最关键的是我们一定要有这样的态度，内心里真正去这么想，行动上才能真正地这么做。

关键小结

那么谁最了解客户的需求呢？当然是客户自己。所以你在开始接触客户时，一定要把自己当作学生，虚心请教，才会赢得客户的信任。满足客户的优越感，警戒心自然就消失了，彼此距离拉近，能让双方的好感向前迈进一大步。

10.
掌握客户的需求特性

每一样产品都有它独有的特性，不管你知不知道它是什么，或会不会使用，它已存在于产品身上。产品的特性是指产品设计上给予的特性及功能。你可从各种角度发现产品的特性，例如从材料着手：如衣服的材料是棉、麻、丝、混纺；从功能着手：如录影机具有定时录影的功能；从式样着手：如流线型的设计。

而产品的优点则是指产品特性的有利点，如：棉的衣服能吸汗、毛的温暖、丝的轻柔；传真机有记忆装置，能自动传递到设定的多数对象；组合的隔间能随时移动等。特殊利益指的是能满足客户本身特殊的需求，例如：您每天都要和国外各分公司联络，因此使用传真机的效率较高，能节省大量的国际电话费。

牙膏有苹果的香味，闻起来很香，让小朋友每天都喜欢刷牙，可避免牙齿被蛀。

这双鞋的设计是在正式场合穿的，但鞋底非常柔软富有弹性，很适合步行上下班的您来穿。

特性及优点是以厂商设计、生产产品的角度，赋予商品的特性及优点能满足目标市场客户层的喜好，但不可否认的一个事实是每位客户都有不同的购买动机，真正影响客户购买的决定因素，绝对不是因为商品优点和特性加起来最多而购买，你的商品有再多的特性与优点，若不能让客户知道或客户不认为会使用到，再好的特性及优点，对客户而言，都不能称为利益。反之，若你能发掘客户的特殊需求，而能找出产品的特性及优点，满足客户的特殊需求，或解决客户的特殊问题，这个特点就有无穷的价值，这也是销售人员存在的价值，否则根本不需要有销售人员。而销售人员对客户最大的贡献，就是能够满足客户的特殊需求，或帮助客户获得最大的满足。

如何让客户得到最大的满足呢？销售人员带给客户累积的特殊利益愈多，客户愈能得到最大的满足。

也就是说，我们要掌握将特性转换成特殊利益的技巧，具体步骤如下：

1. 从事实调查中发掘客户的特殊需求；

2. 从询问技巧中发掘客户的特殊要求；

3. 介绍产品的特性及说明产品的特点；

4. 介绍产品的优点并说明这种优点的特别之处；

5. 介绍产品的特殊利益，阐述产品能满足客户的特殊需求。

技巧之外，最终落实到的，就是为客户寻找购买的理由，让顾客购买。

一家鞋厂的推销员曾多次拜访一家鞋店，要求会见经理，但是都遭到了拒绝。后来，这位推销员在报上看到一则关于税收政策的消息，他分析如果利用这一决定，顾客可以节省一大笔开支。于是他带着报纸大声地对鞋店的店员说："请转告你们经理，就说我有路子让他发财，不但可以把他向我订货的费用挣回来，而且还可以赚大钱。"于是他得到了经理的接见。

想想看为什么客户向A公司投保而不向B公司投保呢？其实A、B两家公司的投保条件几乎一样。你为什么把钱存在A银行而不存在B银行呢？A、B两家银行的利率是一样的。为什么你喜欢到某家饭店吃饭，但这家饭店又不是最便宜的。你仔细想想看，当你决定购买一些东西时，是不是有时候你很清楚你购买的理由？有些东西也许你事先也没想到要购买，但是一旦你决定购买时，总是有一些理由支持你去做这件事。

再仔细推敲一下，这些购买的理由正是我们最关心的利益点。例如一位女士最近换了一台体积很小的微型车，省油、价格便宜、停车方便，这些都是车子的优点，但真正的理由是她路边停车的技术太差，常常都因停车技术不好而发生尴尬的事情，这种微型车，车身较短，它能完全解决这位女士停车技术差的困扰，她就是因为这个利益点才决定购买的。

因此，我们可从探讨客户购买产品的理由，找出客户购买的动机，发现客户最关心的利益点。充分了解一个人购买东西有哪些可能的理由，能帮助你提早找出客户关心的利益点。

你可从九个方面了解一般人购买商品的理由：

1. 商品给他的整体印象

广告人最懂得从商品的整体印象来满足客户购买产品的动机。“劳力士手表”、“奔驰汽车”虽然是不同的商品，但它们都能满足客户象征地位的利益。整体形象的诉求，最能满足个性、生活方式、地位显赫人士的特殊需求。针对这些人，你在销售时，不妨从此处着手试探潜在客户最关心的利益点是否在此。

2. 成长欲、成功欲

成长欲、成功欲是人类需求中的一种，类似于马斯洛所说的自我成长、自我实现的需求。例如电脑能提升工作效率，想要自我提升的人就想到电脑补习班去进修电脑；想要成为专业的经纪人，就会参加一些管理的研习会。上电脑课、参加研习班就是在满足个人成长的需求，这种需求是这些人关心的利益点。

3. 安全、安心

满足个人安全、安心而设计的有形、无形的产品数不胜数；无形的产品如各种保险，有形的产品如防火的建材。安全、安心也是潜在客户选购产品经常会考虑的理由之一。一位销售儿童玩具的销售人员，提到每次有家长带小朋友购买玩具时，由于玩具种类很多，很难取舍，但是只要在关键时机，巧妙地告诉家长，某个玩具的设计是如何考虑到小朋友的安全性时，家长们几乎都会立刻决定购买。

4. 人际关系

人际关系也是购买的一项重要理由。例如经过朋友、同学、亲戚、师长、同事们的介绍而迅速完成交易的例子也是不胜枚举。

5. 便利

便利是带给个人利益的一个重点。例如汽车变速器自动的便利性是吸引许多女性购车的重要理由，电脑软件设计时的简便性也是客户发展的重点，便利性是打动许多人购买的关键因素。

6. 系统化

随着电子技术的革新，现在许多企业都不遗余力地进行着工厂自动化、办公室自动化（OA）的发展。这些企业购买电脑、打印机、复印机、传真机等所谓 OA 产品的时候，普遍都以能否构成网络为条件而选择，这即是因系统化而购买的例子。其他如音响、保安系统化等都是能引起客户关心的利益点。

7. 兴趣、嗜好

你销售的商品若能和客户的兴趣、嗜好结合在一起，抓住这点诉求，一定能让双方实现共赢。

8. 价格

价格也是客户选购产品的理由之一，若是你的客户对价格非常重视，你就可向他推荐在价格上能满足他的商品，否则你只有找出更多的特殊利益以提升产品的价值，使他认为值得购买。

9. 服务

服务分为售前、售中及售后服务。因服务好这个理由而吸引客户络绎不绝地进出的商店、餐馆、酒吧等的例子比比皆是；售后服务更具有满足客户安全及安心的需求。因此，服务也是你找出客户关心的利益点之一。

以上九个方面能帮助你及早探测出客户关心的利益点，只有客户接受你销售的利益点，你与客户的沟通才会有交集。如果推销员能了解到顾客的利益需求所在，那就比较容易吸引其注意。

关键小结

每个商品都有其特征，每个客户对产品的需求也多有不同。而销售人员对客户最大的贡献，就是能够满足客户的特殊需求，或帮助客户获得最大的满足。销售人员带给客户累积的特殊利益愈多，客户愈能得到最大的满足。

第八章

心理暗示术

——不知不觉中消除客户的戒心

推销最重要的关键是建立跟顾客的信赖感。在销售过程当中，你必须花至少一半的时间建立信赖感。与客户打交道，消除客户的戒心很重要，只有在真心诚意的交往之下，产品才能够完美成交。销售人员在了解和掌握足够的产品信息的同时，也十分有必要培养和锻炼自身的语言组织和表达能力，用最清晰、简明的语言使客户获得其想要知道的相关信息。

1.
透过“非语言符号”暗示客户

当我们与某人第一次见面的时候，通常情况下，我们会很快对他做出一番评价。尽管我们做出的评价也许与实际情况有所出入，但是通过此番评估，在心里，我们已经对他的友好程度、控制欲强弱以及成为自己合作伙伴的可能性大小有了一个初步的了解——不过，在此过程中，我们首先观察的并不是对方的眼睛。目前，大多数研究者都已经肯定了这样一个事实：话语的主要作用是传递信息，而“非言语讯息”则通常被用来进行人与人之间思想的沟通和谈判。在某些情况下，“非言语讯息”甚至可以取代话语的位置，发挥传递信息的功效。

美国传播学家艾伯特·梅拉比安曾提出一个公式：信息的全部表达 =7% 语调 +38% 声音 +55% 肢体语言，我们把声音和肢体语言都作为非语言交往的符号，那么人际交往和销售过程中的信息沟通就只有7%是由言语进行的。销售过程中，要充分运用“非言语讯息”，使对方卸下心防。下面几个方面请销售员们注意。

1. 目光

目光接触，是人际间最能传神的非言语交往。“眉目传情”、“暗送秋波”等成语形象地说明了目光在人们情感交流中的重要作用。

在销售活动中，听者应看着对方，表示关注；而讲话者不宜再迎视对方的目光，除非两人关系已密切到了可直接“以目传情”的程度。讲话者说完最后一句话时，再将目光移到对方的眼睛。这是在表示一种询问：“你认为我的话对吗？”或者暗示对方“现在该论到你讲了”。在人们交往和销售过程中，彼此之间的注视还因人的地位和自信而异。

推销学家在一次实验中，让两个互不相识的女大学生共同讨论问题，预先对其中一个说，她的交谈对象是个研究生，同时告知另一个人说，她的交谈对象是个高考多次落第的中学生。观察结果，自以为自己地位高的女学生，在听和说的过程中都充满自信地不住地凝视对方，而自以为地位低的女学生说话就很少注视对方。

在日常生活中能观察到，往往主动者更多地注视对方，而被动者较少迎视对方的目光。

2. 衣着

在谈判桌上，人的衣着也在传播信息，也在与对方沟通。意大利影星索菲亚·罗兰说："你的衣服往往表明你是哪一类型，它代表你的个性，一个与你会面的人往往自觉地根据你的衣着来判断你的为人。"衣着本身是不会说话的，但人们常在特定的情境中以穿某种衣着来表达心中的思想和建议要求。在销售交往中，人们总是恰当地选择与环境、场合和对手相称的服装衣着。谈判桌上，可以说衣着是销售者"自我形象"的延伸扩展。同样一个人，穿着打扮不同，给人留下的印象也完全不同，对交往对象也会产生不同的影响。

美国有位营销专家做过一个实验，他本人以不同的打扮出现在同一地点。当他身穿西服以绅士模样出现时，无论是向他问路或问时间的人，大多彬彬有礼，而且看起来基本上是绅士阶层的人；当他打扮成无业游民时，接近他的多半是流浪汉，或是来找火点烟的。

在你拜访一个潜在客户之前，检查一下自己的穿着很重要。这样他们会喜欢你并认同你和他们是同一类的人。如何穿着呢？和你的客户穿着一样就很好了。穿着是客户见到你的第一印象，得体的穿着让客户的心情放松。

3. 体势

达·芬奇曾说过，精神应该通过姿势和四肢的运动来表现。同样，销售与人际交往中，人们的一举一动，都能体现特定的态度，表达特定的涵义。

销售人员的体势会流露出他的态度。身体各部分肌肉如果绷得紧紧的，可能是由于内心紧张、拘谨，在与地位高于自己的人交往中常会如此。推销专家认为，身体的放松是一种信息传播行为。人的思想感情会从体势中反映出来，略微倾向于对方，表示热情和兴趣；微微起身，表示谦恭有礼；身体后仰，显得若无其事和轻慢；侧转身子，表示嫌恶和轻蔑；背朝人家，表示不屑理睬；拂袖离去，则是拒绝交往的表示。

也许你不信，调查表明超过半数的人认为走路方式是对方认可的重要指标。走路可以看出你的自信心。你不信可以去百货公司看看，一个不介意走路方式的营业员是否会让你反感，因为肢体语言能够表达出一种趋势，那就是你是否自信，或者是否侵犯他人。如果你在销售过程中想给对方一个良好的第一印象，那么你首先应该重视与对方见面的姿态表现，如果你和人见面时耷着脑袋、无精打采，对方就会猜想也许自己不受欢迎；如果你不正视对方、左顾右盼，对方就可能怀疑你是否有销售诚意。

4. 礼物

礼物的真正价值是不能以金钱衡量的，其价值在于沟通了人们之间的感情。原始部落的礼品交换风俗的首要目的是道德，是为了在双方之间产生一种友好的感情，同时，人们通过礼品的交换，同其他部落氏族保持着社会交往。当你生日时送你一束鲜花，你会感到很高兴，与其说是花的清香，不如说是鲜花所带来的祝福和友情的温馨使你陶醉，而自己买来的鲜花就不会引起如此愉悦的感受。

在销售过程中，赠送礼物是免不了的，向对方赠送小小的礼物，可增添友谊，有利于巩固彼此的交易关系。那么大概多少钱的东西才好呢？在大多数场合，不一定是贵重的礼物会使受礼者高兴；相反，可能因为过于贵重，反而受礼者觉得过意不去，倒不如送点富于感情的礼物，更会使销售对象欣然接受。

5. 时间

在一些重要的场合，重要人物往往姗姗来迟，等待众人迎接，这才显得身份尊贵。然而，以迟到来抬高身份，毕竟不是一种公平的交往，这常会引起对方的不满而影响彼此之间的合作与交往。

赴会一定要准时，如果对方约你 7 时见面，你准时或提前片刻到达，体现交往的诚意。如果你 8 点钟才到，尽管你口头上表示抱歉，也必然会使对方不悦，对方会认为你不尊重他，在无形之中为销售设下障碍。

文化背景不同、社会地位不同的人的时间观念也有所不同。如德国人讲究准时、守时；如果应邀参加法国人的约会千万别提早到达，否则你会发觉只有你一个人到场。有位驻非洲某国的美国外交官应约准时前往该国外交部，过了 10 分钟毫无动静，他要求秘书再次通报，又过了半个小时仍没人理会他，这位外交官认为是有意怠慢和侮辱他，一怒之下拂袖而去。后来他才知道问题出在该国人的时间观念与美国人不同，并非有意漠视他。

6. 微笑

微笑如同一剂良药，能感染你身边的每一个人。没有一个人会对一个终日愁眉苦脸、深锁眉头的人产生好感，能以微笑迎人，让别人也产生愉快情绪的人，是最容易争取别人好感的。微笑来自快乐，它带来的快乐也创造快乐，在销售过程中，微微笑一笑，双方都从发自内心的微笑中获得这样的信息："我是你的朋友。"微笑虽然无声，但是它说出了如下许多意思：高兴、欢悦、同意、尊敬。作为一名成功的销售员，请你时时处处把"笑意写在脸上"。

此外还有声音的运用，在此不做赘述。

关键小结

话语的主要作用是传递信息，而"非言语讯息"通常被用来进行人与人之间思想的沟通和谈判。在某些情况下，"非言语讯息"甚至可以取代话语的位置，发挥传递信息的功效。

2.
交流时使用对方的频道

我们都知道，在看电视和听收音机时，必须调整好接收频道，才能欣赏，否则的话，再好的节目也会因为干扰过大而影响效果。

实际上，我们在交际中也存在一个调整频道的问题。

科学研究发现，我们每个人都有一种感官特别敏锐，对我们生活的影响也特别深刻。这种感官可能是视觉，也可能是听觉，或者是触觉。这一特点也反映在我们的交际当中，我们的每一句话会不自觉地反映出自己的这种倾向。

根据这些倾向，我们可以大体把交际对象分为视觉型、听觉型和感觉型。

也就是说，每个人都不自觉地更多地使用自己最敏锐的感官，并且用与这种感官相关的语言来表达自己的感受，形成独特的交际频道。

发现了这一规律，我们就可以在交际中使用对方的频道，与对方进行交流。使用对方频道的方法主要有以下几种：

第一，让语言融入对方的交际频道。

如果我们发现对方属于视觉型的人，我们就要把视觉的说法带入到自己的语言当中，对方就会因交际频道接近而产生共鸣和共振，觉得我们也看到了他们眼中的世界。

如果对方属于听觉型的人，对世界的理解主要是来自于听觉，我们不妨在交谈中放入听觉的表达方式，告诉他们我们听得清楚而且明白。

如果对方更多的是一个感觉型的人，以触觉为主对世界进行把握，那么，我们在交往中就可以多用一些与触觉有关的字眼，告诉他：“我感觉这样是可行的。”这样就会让他们觉得，我们与他们的感觉是一模一样的。

第二，让语速配合对方的交际频道。

不同类型的人，头脑处理外部信息及思考问题的方式是截然不同的。

视觉型的人乃是透过映象的转换，因为头脑中映像的转换速率很快，因而随着头脑中映象的流动，说话的速度快，音调高，他们的呼吸较为短促。所以视觉型的人在呼吸时，胸腔起伏较明显，而且经常在说话时耸肩伸颈。

而听觉型的人说话不疾不徐，音调平和、呼吸匀称，通常在胃部起伏，说话时喜欢侧耳垂肩。

感觉型的人说话语速较慢，声音低沉，说话时停顿时间长，同时说话时使用的肢体动作或手势较多，通常用腹部呼吸。

对不同感官类型的人，我们需要学会用不同的速度音调来交际，换句话说，要把自己的语速和对方的频道配合起来，才能很好地与他们沟通。

比如说，我们面对一个听觉型的人，想和他沟通或说服他，就绝对不能用走马观花的视觉速度，向他描述，这样的收效不大，而应该和他一样，用听觉型的说话方式，和风细雨般地与他进行交流，对方才能听得真切。否则我们讲得再精彩，对方可能一句都听不进去。

对待视觉型的人，则恰恰相反，如果我们企图慢吞吞而且一板一眼地说出自己的想法，对方一定会急得抓耳挠腮。

总之，与不同的人进行交际，都要先初步了解对方是什么类型的人，把握对方的交际频道，从而有的放矢，使用不同的用语和语速来交际。对方说话速度快，我们得跟他一样快，对方说话声调高，我们要和他一样高，对方讲话节奏分明，我们就要和他一样也时常停顿。

只有做到这一点，我们才能使用对方的频道与他们交流，有效提高自己的沟通能力和亲和力。

第三，让交际内容接近对方的频道。

除了使用与对方相似的说话方式，我们还需要在交际的内容上下功夫。

在与一些有身份的人交际时，必须让交际内容与对方的频道接近，多谈对方熟悉的内容，因为对方不太可能也没有必要对我们感兴趣。

比如说，如果我们的客户喜欢园艺，那么不妨试一试种瓜得瓜的比喻。如果我们的上司有一艘自己的游艇，那么就告诉他，我们的构想滴水不漏，像刚刚检修过的游艇一样可靠。如果对方有驾驶飞机的经验，那么谈一谈能让公司迅速一飞冲天的计划。如果上司打网球，那么就告诉他这是最有效的击球点。

总之，我们要配合对方的兴趣或者是生活方式，使用对方熟悉的比喻编织一幅图像，这样阐述重点时就更加有力，而且能够巧妙地告诉对方，我们和他志同道合，兴趣相投。

关键小结

每个人都不自觉地更多地使用自己最重要的感官，并且用与这种感官相关的语言来表达自己的感受，形成独特的交际频道。利用对方的频道进行交流，有效提高自己的沟通能力和亲和力。

3. 利用客户渴望被认同的心理

在交流中，为了得到别人的认同，我们就得跟随和模仿他人的文字、声音、肢体动作，一旦获得对方的好感后，双方的地位便会发生微妙的转化。我们可能会从跟随的地位，慢慢地转换成引导的地位。这时我们可以不必再去模仿对方的说话及动作，而以主导者的方式，改变自己的语气及动作，这时对方将会不知不觉地跟着变化。

我们先借着模仿，进入对方的内心世界，建立足够的亲和力，这种亲和力会反过来引导对方的行为。

推销的艺术不是一朝一夕就能学到的，所以也有赖于学习别人的经验。但是首先要记住这样一条原则：对人亲切、关心，竭力去了解别人的背景和动机，适合对方的需求而达到自己的目的。只有出于这种动机的信息，才是我们能够真正与对方分享，并且可以对他们造成影响的信息。每当我们开口时，一定记得问自己一个问题："我所说的，与他的生活有什么关系？"

如果我们的信息涉及对方的家庭、藏书、孩子，那么我们就会惊讶地发现，对方会很快接受我们的观点，静下来听我们详细地表达自己，像讲述趣闻轶事一样表达。

有一次，孔子带着几个弟子周游到了鲁国。

春光明媚，阳光灿烂，他们的心情不由得放松下来。谁知一不留神，马车跑到了一片田地里，踩坏了一片庄稼。

正在别处劳动的农夫听到消息跑过来，到“犯罪现场”一看，心疼得很，气势汹汹拉住马头就要把他们扣留下来，要报官要求赔偿。

孔子一看，就派子贡前去交涉。子贡是当时大名鼎鼎的外交家、雄辩家，曾经在鲁、齐、吴、晋、越五国间开展穿梭外交，十年间达到保全鲁国，扰乱齐国，扶持晋国，并使越国称霸的目标。

子贡大摇大摆地走到农夫面前，引经据典，摆事实讲道理说了半个时辰，农夫反而更生气了，招呼几个儿子把刀枪都举了起来。

子贡大惊失色地跑了回来。孔子说：“你用他听不懂的东西说他，就像用山珍海味来喂那些用《九韶》吸引来的飞鸟。”

于是孔子派马夫前去。马夫对农夫说道：“老哥你听我说，你若不是在东海耕种，难免也会有动物来吃庄稼，我们若去西海游历，马就难免要吃了别人的庄稼。我们既然碰到一起了，我的马怎么能不侵犯你的庄稼呢？”

当地人一听，觉得有道理，就解开马还给了他们。

人都是以类相通。企图拿诗书之理去说服乡野之人，这正是腐儒误事的原因。子贡的话固然不错，但农民仍不会听从。为什么呢？因为儒生与农民在外貌和修养上相距甚远，农民根本不会相信他所说的话是真的。

多数人在交际过程中，都喜欢跟一个他觉得是同类、具有共同理念的人交往，因为这样可以让他觉得很自在。

两个人初次相识，千万不要只甩出钓鱼竿，却忘了放上诱饵。我们对于交际的内容必须有所了解。当我们和对方谈到某一件事时，我们必须对此确有所认识，否则说起来会平淡乏味，提不起对方的兴趣。

找到认同感，会接近彼此的距离，让对方也回报给我们一种好印象。因此，在与人交往时，试着将注意力全心全意地贯注在对方的身上，找到与对方共同感兴趣的话题，是交际成功的一种好方法。

在交际当中，我们必须细细地听对方说话，才能用自己的语言，表达我们的切身感受。如果对方提出了一个观点，千万不要只作漫不经心地回应，只从嘴里蹦出一两个字。如果我们要表示赞同，那么一定要说出完整的句子，告诉对方我们真的听懂了。我们要不时地在对话中加以充实，并且鼓励对方继续说下去。这样我们会加深在对方心目中的印象。

只要场合和语法恰当，尽可能地用“你”做句子的开头，就可以很方便地抓住对方的注意力，并且得到对方积极的回应。没有别的原因，只是这个词触动了人所共有的自我意识和自负心理，同时也避免他们因自行思考加工而可能产生的负面结论。

可以说，在交谈当中的“你”这个字，就像吃东西时撒盐和胡椒面来调味一样，会使听众感受到回味无穷的乐趣。

在交际当中，有样学样是一种十分有效的找到认同的途径。

对于一些自我感觉比较好的谈话对象，我们甚至不用费心琢磨他喜欢听哪个方面的话，仔细听清楚说话者的因素和用词，无论是名词、动词、形容词还是关联词，只需要像一只鹦鹉一样，重复谈话对象用得最多的最后几个词，或者像空谷回音一样，把一模一样的语言反弹回去，我们会发现自己与对方突然变得无话不说。

这个语言技巧虽然简单，但是效果却非常大。

因为这就像打网球一样，在我们发言的时候，我们时刻注意着把球打回到对方的可控范围之内，这样对方的兴致会越来越高，而不会感到索然无味。同时，对方感觉到他们的话从你的嘴里说出来，一种认同感马上会油然而生，他们会觉得与你有相同的价值观、心态、生活经验和兴趣。

我们需要仔细地观察别人，看看他们的举手投足有什么特别，动作很小还是很大、很快还是很慢、是显得年轻还是老态龙钟，气质是典雅还是豪放，然后，假设对方是我们的舞蹈老师，或者他会教给我们绝世武功，仔细观察他的肢体语言，模仿其举止风格。这样一来，对方下意识地会觉得跟我们在一起很自在。

无论我们模仿的是肢体动作、面部表情，还是语气语调，都有助于建立亲切感。许多人在交际时，都有自己习惯性的动作。当我们和他人谈话沟通时，模仿这些站姿或坐姿，他的手和肩的摆放姿势，使用对方惯用的手势来做加强语气，他们耸肩伸颈，你也耸肩伸颈，他的脸部有何表情时，你也和他一样。

一开始的时候，我们自己可能会觉得幼稚或不习惯。如果我们能模仿得惟妙惟肖，对方会莫名奇妙地喜欢和接纳我们，他们会反过来投桃报李，把注意力集中到我们身上，而且觉得和我们一见如故。

但模仿的过程中，注意避免模仿对方身体上的不足，或者对方刻意隐藏的某些特点。

模仿一个人时，必须具备敏锐的观察力及弹性，同时熟练的唯一方式就是练习，在一开始模仿他人的动作、表情、呼吸时，每个人都会觉得非常不自在，同时做得不好或不像，这是必然的现象，不过练习一段时间后，我们会对人生理上的变动及肌肉使用得特别敏锐，这时我们甚至不必刻意地去模仿他人的生理状态，便能自然地做出和对方相同的动作、表情来。

我们曾经提到过投桃报李，实际上这也是交际中的一种普遍规律。如果我们一开始跟随和模仿他人的文字、声音、肢体动作，一旦获得对方的好感后，双方的地位便会发生微妙的转化。我们可能会从跟随的地位，慢慢地转换成引导的地位。这时我们可以不必再去模仿对方的说话及动作，而以主导者的方式，改变自己的语气及动作，这时对方将会不知不觉地跟着变化。

为什么会发生这种变化呢？因为用有样学样的方法沟通是对他人重视的一种表现。我们先借着模仿，进人了对方的内心世界，建立了足够的亲和力，这种亲和力反过来会引导对方的行为。

一旦你可以引导对方时，我们便已发挥了潜意识说服的能力了，对方会特别容易认可和接受我们的想法和意见。

从现在开始，训练自己如何运用沟通的技巧，在文字、声音、肢体语言各方面，有样学样地运用仿效的方法，进入交际方的内心世界，与他们进行有效的沟通吧。只有这样，我们才能成为一流的沟通者，顺利地进入对方的内心世界，成为对方的朋友，发挥我们的影响力。

关键小结

找到认同感，会拉近彼此的距离，让对方也回报给我们一种好印象。因此，在与人交往时，试着将注意力全心全意地贯注在对方的身上，找到与对方共同感兴趣的话题，是交际成功的一种好方法。

4. 用好桥梁，拉近与客户的关系

生活中经常能发现这样的人，他们能够很快地与人打成一片，这种人有一个有趣的名字，叫“自来熟”，他们在任何交际场合都能有说有笑，因此人缘很好，信息很灵通，在竞争时占有很多优势。但是我们听一下他们与陌生人交往时的交际“借口”，往往平淡得像白开水一样，但他们就是凭借着这样的“借口”为桥梁，与很多用得着的人物混得特别熟。

有一位营销人员到一家商场推销产品，接待他的是商场副经理，对方一开口，这位营销人员马上说：“听口音您是北京人。”

副经理点点头，问道：“您也是北京人？”

这位营销人员笑着回答：“不，但我对北京很有感情，一听到北京口音就感到非常亲切。”

商场副经理很客气地接待了这位营销人员，生意谈得也很顺利。

下面就是一些人人可用的现成方法，可以提供给我们用来搭桥，拉近与别人的关系进行沟通。

第一，用亲戚和老乡关系来搭桥。

由于亲戚老乡这类较为亲密的关系会给人一种温馨的感觉，使交际双方易于建立信任感。特别是突然得知面前的陌生人与自己有某种关系，更有一种惊喜的感觉。故而，若得知与对方有这类关系，寒暄之后，不妨直接讲出，这样很容易拉近两人的距离，使人一见如故。

现在许多地方，都存在一些老乡会、联谊会等组织，这些老乡会、联谊会就是通过老乡关系把同一地方的人员召集在一块，组织起来。同时也通过老乡会来相互帮助、联络感情、加强交流。从人的心理上来讲，每个人的潜意识中都有一种“排他性”，对自己的或跟自己有关的事物往往不自觉地表现出更多的兴趣和热情；跟自己无关的则有一定的排斥性。因而在交谈中这类关系的点出就使对方意识到两人其实很“近”。这样，无论对方位在你上或你下，都能较好地形成坦诚相谈的气氛，打通初次见面由于生疏造成的心理上的“设防”。

毛泽东同志就常用这种“拉关系”的技巧。建国后接见民主人士时，凡是与他有点亲戚关系的，以及通过师生、故友的关系有些瓜葛的，往往是刚一见着面，没出两三句话，他就爽直地和盘托出其间丝丝缕缕的关系，在“我们是一家子”的爽朗笑声中，气氛亲热了许多，使被接见者倍感亲切。

第二，用共同的往事来搭桥。

一群从同一个中学毕业的中年人在进行同学聚会。王先生在跟一个高年级学生接触时的头一句话就是：“开学时就是你帮我安置床铺的。”“是吗？”那个同学惊喜地说。接着两人的话题就打开了，气氛顿时也热乎了许多。那个高年级同学的确帮过我们许多人，不过开学初人多事杂，大家多数也记不得了。而王先生则恰到好处地点出了这些，给对方很大的惊喜，也把两人的关系拉近了一层。

一般说来，每个人都对自己无意识中给别人很大的帮助感到高兴。见面时若能不失时机地点出，无疑能引起对方的极大兴趣，因此初次见到曾帮过自己的人时，不妨当面讲出，一方面向对方表示了谢意，另一方面在无形中也加深了两人的感情。

第三，用对方的外貌和姓名来搭桥。

每个人都对自己的相貌或多或少地感兴趣，恰当地从外貌谈起就是一种很不错的交际方式。有个善于交际的朋友在认识一个不喜言谈的新朋友时，很巧妙地把话题引向这个新朋友的相貌上。“你太像我的一个表兄了，刚才差点把你当作他，你们俩都高个头儿、白净脸，有一种沉稳之气……穿的衣服也太像了，深蓝色的西服……我真有点分不出你们俩了。”“真的？”这个新朋友眼里闪着惊喜的光芒。

当然，他们的话匣子都打开了。我们不得不佩服这个朋友谈话的灵活性。他把对方和自己表兄并提，无形中就缩短了两人之间的距离，接着在叙说两人相貌时，又巧妙地给对方以很大的赞扬，因而使这个不喜言谈的新朋友也动了心，愿意与其倾心交谈。

除了相貌之外，对方的名字也是一个用来搭桥的好东西。

名字不仅是一种代号，在很大程度上也是一个人的象征。初次见面时能说出对方的名字就已经不错了，若能再对对方的名字进行恰当的剖析，就能更上一层楼。譬如一个叫“建领”的朋友，你可以谐音地称道：“高屋建瓴，顺江而下，可攻无不克，战无不胜，可谓意味深远呀！”对一位名叫“细生”的朋友，可随口吟出“随风潜入夜，润物细无声”。或者用一种算命者的口吻剖析其姓名，引出大富大贵、前途无量之类的话，这也未尝不可。总之，适当地围绕对方的姓名来称道对方不失为一种好方法。

最后，我们要记住一点，对任何人来说，从我们嘴里发出的最美妙的声音，莫过于在一群人面前说，请他们描述一下自己的经历。因此，参加聚会或者派对时，走到对你很重要的人身边时，先想一想他曾经跟你说过什么往事或经历，选择其中一个比较有趣的，觉得听众也会欣赏的故事，然后把聚光灯打在他的身上，请他做精彩的发言。

这样，一件小小的往事，就能搭建起一座桥梁，让我们顺利地把双方的关系拉近一大步，而且不用我们费尽心机地表演。

关键小结

成功的推销员能够很快地与人打成一片，在任何交际场合都能有说有笑，因此人缘很好，在无形中占有了很多优势。那是因为他们懂得如何搭建与客户之间沟通的桥梁，借助这个桥梁自然而然地拉近双方的关系。

5.
80% 的订单靠倾听来完成

很多推销员认为顶尖推销员就是很会说话，其实真正的顶尖推销员是很少讲话的，而是坐在那里仔细地听。

要成为一个很好的倾听者，必须注意以下几个方面。

第一，你必须问很好的问题。

最顶尖的销售人员在一开始都是不断地发问，“你有哪些兴趣？”或是“你为什么购买你现在的车子？”“你为什么从事你目前的工作？”打开话题，让顾客开始讲话。每一个人都需要被了解、需要被认同，然而被认同最好的方式就是有人很仔细地听他讲话。因为在现代的生活中很少人愿意听别人讲话，大家都急于发表自己的意见。如果你能把听的工作做得很好，你跟他的信赖感就开始建立了。

第二，你必须赞美他、表扬他。比如说：“你今天看起来真是美极了、帅呆了！”而且是出自真诚的赞美，不是敷衍。记住，赞美会建立信赖感。

第三，不断地认同顾客。顾客讲的不一定是对的，可是只要他是对的，你就要开始认同他。

第四，“神经语言课程”谈到的“模仿”。我们都知道人讲话有快有慢，有的销售人员讲话是比较快的，所以通常他善于沟通的顾客是讲话速度比较快的，而对讲话比较慢的顾客就会失去很大的信任感和影响力。所以每次销售的时候，销售人员会不断地调整讲话的速度，来配合对方说话的速度。

第五，产品的专业知识。假如你没有完整的产品知识，顾客一问三不知，这样马上会让顾客失去信任感。

第六是穿着。通常一个人不了解一本书之前，他都是看书的封面来判断书的好坏；一个人不了解另一个人之前，都是看他的穿着。所以穿着对一个业务员来讲是非常重要的。记住，永远要为成功而讲究穿着，为胜利而打扮。

第七是推销前一定要做彻底的准备，准备得很详细。最好能在拜访顾客之前，彻底地了解顾客的背景，这样顾客对你会更有信赖感。

第八是最重要的，你必须要让顾客亲眼见证。因为顾客常常会说：“OK，假如你讲的都是对的，那你证明给我看！”所以见证很重要。

最后一个建立信任感的方式，就是你必须要有一些大顾客的名单。一个培训师在美国推广训练课程的时候，有人问他：“我为什么要听你的？你觉得这个训练可以帮助我们公司吗？”培训师就会展示出他们曾经帮助过 IBM、惠普、施乐的记录。顾客看到他们有这种能力，甚至会反过来要求听他的产品介绍。可是如果这个培训师没有这些大顾客的名单，顾客可能就不会听，因为这是在浪费他的时间。

还有一点很重要，就是你必须列出有哪些顾客对你有负面的意见或印象。销售工作非常困难，不可能每一个人对你都很满意。在销售过程当中，成交或是没有成交的顾客中，多少会有一些对你有不好印象的，请你把这些人列出来，同时想出解决方案。

关键小结

推销最关键的是建立跟顾客的信任感。在销售过程当中，你必须花至少一半的时间建立信任感，而建立信任感的第一个步骤就是倾听。

6. 简明的语言更有力

美国雷顿公司总裁金姆曾当过推销员。在一次订货会上，规定每人有10分钟登台推销的时间。金姆先将一只小猴装在用布蒙住的笼子里带进会场，轮到他上台时，他将小猴带上讲台，让它坐在自己肩膀上，任其跳窜，一时间场内哄乱。不一会，他收起小猴，场内恢复平静，金姆只说了一句话："我是来推销'白索登'牙膏的，谢谢。"说完便飘然离去，结果他的产品风靡全美。

金姆采用的陪衬推销法，别出心裁，别具一格，短短一句话给人留下了极其深刻的印象，达到了最佳的广告宣传效果。

在与客户进行初次约见时，由于心情紧张等原因，可能销售人员会因为急于表达自己的销售意图而忽视自己的表达方式。很多销售人员身上都有过这样的体验：越是慌慌张张地表达自己的意图，就越是错误百出，与客户沟通起来也就越吃力。因此，这些忙中出错的销售人员给客户留下的印象常常是非常糟糕的，客户常常认为，一个无法清晰地表明自己观点的人是无法弄清客户的真实需求的，他所代表的企业恐怕也缺少科学的组织性和系统性。

所以，销售人员在了解和掌握足够的产品信息的同时，也十分有必要培养和锻炼自身的语言组织和表达能力，尽可能地用最清晰、简明的语言使客户获得其所需的相关信息。

关键小结

说服别人不一定滔滔不绝，有时反而会让人感到厌烦。简明、扼要的介绍自己的产品反而会给人留下深刻的印象，达到更好的效果。

7.
谈判时，适当给客户施加压力

人的一切行为都包含着时间的因素。但是经验告诉人们，有些事情的最后期限是不能逾越的，否则就要发生重大损失。谈判往往是在最后不到 10% 的时间里谈成的。在洽谈的最后时间里，双方做出的每一次让步都可能导致 90% 的销售价值发生改变。

处于被动地位的谈判者，总是希望谈判达成协议。当谈判双方各持己见、争执不下时，处于主动地位的一方可以利用这一心理，提出解决问题的最后期限和解决条件。期限是一种时间性通牒，它可以使对方感到如不迅速做出决定，他会失去这个机会。因为从心理学的角度讲，人们对得到的东西并不十分珍惜，而对要失去的本来在他看来并不重要的某种东西，却一下子变得很有价值，在谈判中采用最后期限的策略就是借助人的这种心理定势发挥作用的。

最后期限既给对方造成压力，又给对方一定的时间考虑，随着最后期限的到来，对方的焦虑会与日俱增，因为，谈判不成，损失最大的还是自己。因而，采用最后期限压力，迫使对方快速做出决策。

在具体使用最后期限策略时，应注意以下几个方面的问题。

1. 不要激怒对方

最后期限策略主要是一种保护性的行为，因此，当你不得不采取这种策略时，要设法消除对方的敌意。除语气委婉、措辞恰当外，最好以某种公认的法则或习惯作为向对方解释的依据。假如你遵循的是恰当的公认的习惯或行为准则，或者你有一定的法律依据，对方在接受时就不会有怨气。

2. 给对方一定的时间考虑

这样以便让对方感到你不是在强迫他接受城下之盟，而是向他提供一个解决问题的方案。尽管这个方案的结果不利于他，但是毕竟是由他自己作了最后的选择。

3. 对原有条件要有适当的让步

这样使对方在接受最后期限时有所安慰，同时也有利于达成协议。

时间就是压力，它使对方在商务谈判时无法忘掉这种压力。所以，我们总是全神贯注于对方的最后期限，它有一种无形的催促力量，使对方不自觉地接受它。这就是为什么它的效果如此之大，它常会促使对方做出你希望他做的决定。所以，只要你处在谈判的主动地位，就不要忘记使用这一策略。

关键小结

谈判处于僵持阶段时，不妨给对方一个最后期限，促使对方做出你希望他做的决定。只要你处在谈判的主动地位，就不要忘记使用这一策略。

8.

用心服务，提高客户满意度

海尔电器一直倡导的“星级服务”，获得了许多消费者的认同。同样的电器，很多消费者往往愿意再多花一点钱购买海尔的产品，消费者是在为他们的服务买单。海尔集团为建设“星级服务”体系投入了巨大的资金，而且每年还要拿出一些资金来维护体系的正常运行。

服务是一种无形的产品，是维系品牌与客户关系的纽带，随着产品同质化程度的不断加剧，缔造优质的品牌服务，为客户提供满意的服务越来越成为企业品牌战略的重要内容。早有专家断言：未来的企业竞争就是服务竞争，服务体系的完善程度，服务质量的优劣程度以及由此带来的客户对品牌的综合满意度，将成为评判未来竞争力强弱的试金石。

波导在2001年为客户服务投下了3000万元，2003年又投入了近亿元，打造“客户服务品牌”之十分明显。波导对此却显得异常低调，一再声明波导的客户服务和消费者的要求之间还有不小距离，波导将努力完善客户服务来回馈消费者。

波导总部的客户服务中心建立之初，派出了近30人花了近6个月的时间走访和聆听消费者的声音。迄今，波导已经建立30个省级（一级）客户服务（维修）中心，400余个地市级（二级）客户服务（维修）中心，1600余个县级特约客户服务（维修）站，直接将总部控制的触角延伸到县级。为了解决设备问题，波导投入了5000余万元购置客户服务的设备仪器。波导在国产手机厂商中第一个建立了呼叫中心，利用CTI技术，与当今最先进的客户服务管理同步。

波导以前的平均客户服务周期是 6 天，现在已经能够缩短到 2 天。

客户的需求得不到有效回应和满足，往往是导致企业客户流失的最关键因素。客户追求的是较高质量的产品和服务，如果我们不能给客户提供优质的产品和服务，客户就不会对我们的销售满意，更不会建立较高的客户忠诚度。因此，应全面提高产品质量、服务质量，从而提高客户满意度，防范老客户的流失。

麦当劳可以说是迄今为止世界上最成功的快餐连锁店了，它的经营理念是 QSCV：Q 代表优质的产品，S 代表快捷友善的服务，C 代表清洁卫生的餐饮环境，V 代表物超所值。现在的麦当劳已经在全球 72 个国家开设了 14000 多家分店，平均每天接待 3000 万人次之多。并且，目前还在继续以每 8 小时新开一家分店的速度急速扩张着。

为了切实地取悦客户，赢得客流，麦当劳在全世界做过几十万份的口感调查，发现当可乐的温度保持在 4 摄氏度时饮用起来最爽口。于是，麦当劳的研究机构立即开发出了使可乐温度保持在 4 摄氏度的方法，并在其全球的加盟店严格执行，使客户喝到口感最好的可乐。在每一间麦当劳餐厅我们都会看到一排面对墙壁的就餐台，为什么会这样布置呢？因为麦当劳为了避免当客户一个人来用餐时与素不相识的陌生人面对面就餐时的尴尬。

许多销售员已意识到培养忠诚的客户是满意经营的关键，但做法却往往不得要领。例如，当客户在餐厅受到不好的服务而投诉时，餐厅通常以折价或免费的方式给予补偿，期望以此获得客户的忠诚，但这只能平息客户一时的怨气，却无法得到客户的忠诚，因为客户要的是精美的食物和好的服务。

客户需要的不仅仅是产品，只有产品加上服务才能为客户产生价值，这才是客户真正需要的。目前很多的销售人员与竞争对手竞争的就是产品的价格，因为这是最简单的方法。但是，真正精明的用户不会只关心价格的，只要你能将你与竞争对手的差异性转变为客户需求的重要部分，客户就会认同你。仅仅通过价格吸引客户购买的产品根本不需要销售员来做。

关键小结

客户追求的是较高质量的产品和服务，如果我们不能给客户提供优质的产品和服务，客户就不会对我们的销售满意，更不会建立较高的客户忠诚度。

9. 打好名人效应这张牌

所谓借名钓利的谋略，就是借助名人、名牌、名胜等效应，来提高自己商品的知名度，达到营销的目的。心理学表明，“名”对人们有着很大的诱惑力，而且由于人们对权威具有崇拜心理，更使得“名”的说服力大大增强。

上世纪 20 年代，洋烟霸占中国市场，国产烟要打开市场十分困难，南洋烟草公司对此束手无策。后来，公司经理灵机一动，想起了名人效应，便找到了当时在上海滩有“一代笑星”、“第一笑嘴”之称的滑稽演员杜宝林，请他帮忙宣传“白金龙”香烟。

杜宝林当即接受了邀请，并表示：“抵制洋货，提倡国货，是每个中国人义不容辞的责任和义务，我一定尽力而为之。”

其后不久，杜宝林在一次演出中，巧妙地把话题扯到了吸烟上。他幽默地说：“抽香烟实际上是世界上顶坏顶坏的事，怎么这样说呢？花了钱买尼古丁来吸嘛。有人说，‘吸烟还不如放屁’，是因为屁里还有三分半气，而烟里除了毒，什么也没有。我老婆就因为我吸烟，天天吵着要跟我离婚。所以，我奉劝各位千万不要吸烟。”听众听了大笑起来，在场的南洋公司经理听了却很失望，他万万没有料到杜宝林会给他做反面宣传。

听众们也没有想到，杜宝林讲到这里，话锋陡转，说道："不过，话还要讲回来，戒烟是世界上最难最难的事。我从 16 岁起，天天想戒烟，戒到现在已经十几年了。烟不但没戒掉，烟瘾反而越来越大了。我老婆整天担心，怕我得肺病，进火葬场。我横想竖想，既然烟戒不掉，最好的办法是吸尼古丁最少的香烟。大家晓得，洋烟中的尼古丁特别多，所以大家千万不要去买。我向各位透露一个秘密，目前市场上的烟，要数'白金龙'尼古丁最少，信不信由你。我自从抽了'白金龙'，咳嗽少了，痰也少了，老婆也不担心了，当然也不跟我闹离婚了……"

听到这里，南洋公司经理非常高兴。这一番广告宣传使"白金龙"烟身价大增，名声大噪，很快在市场上独领风骚。

对于企业和品牌来说，借名人推荐也是很重要的一种手段。充分认识到名人效应的影响力。借这种效应吸引更多用户的关注。成功的品牌，需要自己去经营，做好规划，赢在策略的起跑点上。

关键小结

名人效应已经在生活中的方方面面产生了深远的影响，比如名人代言广告能刺激消费，名人出席慈善活动能带动社会关怀弱者，可以说这种效应已无处不在。推销人员应该善用这张牌，不知不觉中吸引更多用户的关注。

第九章

产品推介术

——如何让客户对产品感兴趣

推销最终还是以产品为中心，将产品卖出去为终极目的。围绕产品，销售员应该做哪些准备工作，以使推销最终完美达成，这是本章重点要讲的内容。一般来讲，站在对方的立场上去介绍产品，客户会比较容易接受。顾客为什么会听取推销员的介绍，恐怕最重要的因素是顾客存在着某种尚待满足的需要。现代推销区别于传统推销的最大方面，就是它旨在满足需求和解决问题，推销员所介绍的产品只有与顾客利益密切相关时，才能受到重视和欢迎。

1. 推销产品，应先推销自己

21 世纪，不是一场技术的革命，也不是一场产品的革命，而是一场观念的革命；21 世纪，信息就是金钱，信息就是生产力，知识就是金钱，知识就是生产力，观念就是知识，观念就是金钱；销售观念就是销售产品。学习新的知识，汲取新的信息，存储新的观念，就是积累无形的资本，就是往自己的账户上存钱，就是往自己的大脑里输氧。

在推销过程中，推销员首先推销的是商品所传达的理念，其次是推销商品的具体功能。观念乃人们生活中的基本行为准则，是人们从事各种各样行动时的指导思想，可以说，人类的任何活动都是在一定的观念下进行的。推销人员在推销活动中，必然也遵循着一定的指导思想，有着自己的行为准则，这即是一般所言的推销观念。它决定着推销员的推销目的、推销态度，影响着推销员对各种推销方法和技巧的运用，也最终影响着企业和消费者的利益。从经营的角度来看，推销观念实质上是推销人员如何对待顾客的问题。奉行不同的观念，其基本做法和实际效果都会有很大的差别。因此，推销人员在进入角色、开展推销活动之前，首先就需要树立起正确的观念。

依据现代的推销观念，结合推销的实际过程，一些成功的推销人员总结出了十分有趣而又非常重要的推销“三步曲”。他们认为，推销人员在推销过程中，首先推销的是自己，其次是推销商品的理念，最后才是推销商品本身。这种看法是十分有见地的，因为推销是一种人与人直接打交道的过程。

要想让别人接纳你所推销的商品，首先就得要求你自己被顾客接受，千万不能引起顾客的厌恶。试想，一个服装不整、油腔滑调、满嘴胡言、让顾客极大反感的推销员，他能让顾客接受其产品？这恐怕是难以办到的。顾客看着你就不舒服，唯一的愿望可能只是想早点打发你走，他是绝对不会成全你的！因此，推销员要想推销掉自己的产品，就绝不能忽视自身的被接受。要记住顾客在尚未接受或认定一个推销员时，他是不会真正接受其推销的产品的。

关键小结

推销人员在推销过程中，首先推销的是自己，其次是推销商品的理念，最后才是推销商品本身。推销员要想推销掉自己的产品，就绝不能忽视自身的被接受。

2. 产品应有助于客户解决问题

顾客为什么会听取推销员的介绍，恐怕最重要的因素是顾客存在着某种尚待满足的需要。现代推销区别于传统推销的最大方面，就是它旨在满足需求和解决问题，推销员所介绍的产品只有与顾客利益密切相关时，才能受到重视和欢迎。

帮助顾客解决问题是引起顾客注意的重要手段，若顾客在访问开始时已了解到你可以帮助他解决某些问题，那他往往会采取比较合作的态度，乐意接待你。

一个推销员曾把一块透明塑料布样品递给一个汽车经销商，然后对他说："请你摸一摸这块塑料布。试试看能否把它撕烂。"他为什么这样做，是因为推销员知道这位潜在顾客有50多辆汽车存放在露天停车场，需要东西把汽车盖起来以防风沙、雨淋，保护汽车。他在推销时首先让顾客检查一下产品的质量，当顾客发现塑料布不容易撕烂后，当然会认为它是盖汽车的好材料，这样就引起了顾客的注意，坚定了其购买的决心。

很多销售人员认为，经过他们的介绍与讲解之后，顾客会像他们自己一样熟悉产品或服务的细节。其实这是一种十分错误的认识。顾客没有购买的主要原因，恰恰是他们不完全理解你销售的东西是什么，以及他们不知道买了以后能有多大的好处。

某位厨房用品推销员总是在主妇做饭的时间去拜访顾客，当他看到被油烟呛得直揉眼睛的主妇时，总是以同情的口吻说："安上排油烟机吧，它可使你免遭油烟之苦。"对此，主妇总会产生感激之情。

当一个房地产代表向负责的官员们推销房地产投资项目时，曾错误地认为，这些管理着成百上千名员工的行业领袖会非常了解房地产，就像熟悉他们自己的行业一样。因此，他会轻描淡写地介绍产品，以为他们会很清楚地知道能从销售的东西里面获得各种好处。这样一直下去，也许直到他错失了很多笔生意才认识到，要实现销售就必须非常仔细地向客户介绍你的产品，就像向新的学生教授一门新课程一样。在销售过程中，推销员要像老师一样推销自己，这很重要。

在教育方面的销售中，你必须采取一种低压力或无压力的方法，不用试图用任何方式影响或说服客户。你只需要提出一些有水平的问题，然后认真聆听回答。你应该主动参与其中并做好记录。你要将自己定位成一名老师或者一个助手，而不是一名销售人员，最好的方法是使用"展示、阐述与提问"的策略推销你的产品或服务：

1. 向顾客展示。在演说的"展示"部分，必须向客户表明产品或服务如何发挥效用，如何使客户受益。这个过程需要目标客户的参与，让他们自己亲身体验一下产品或服务，证明你的观点。

2. 向客户陈述。在教育方面的销售过程的“陈述”部分，必须向客户解释产品或服务的特征与优势，你可以讲故事、列数据、引用研究结果以及讲述其他满意客户的事例来丰富你的演说。就像一名律师，为你销售的产品建个档案，以形象的视觉资料或书面材料来“证明”你产品的质量与用途。

3. 向客户提问题。在向客户“提问题”的环节，你必须及时停下来提问题，以便及时了解客户目前的反应。优秀的销售人员有一个明显的特征，那就是不断地向客户提问题，让客户表达他们的观点，发表他们的评论，让客户参与进来。而业绩差的销售人员往往因为太紧张，像赛跑似的描述产品的特征，让客户连提问题和拒绝的机会也没有。

以下有一个简单的句型模式能帮你很好地介绍各种产品：

“因为这种……（产品特性），你能……（产品用途），这意味着……（客户收益）。”

例如，想想你正在推销一种最新的办公电脑。你可以这么说：“因为有这种 Pentium Ⅲ的微机处理器（产品特性），你能同时运行多种程序（产品用途），这就意味着你能在更短的时间里完成更多的工作。”

当你进行“展示、阐述与提问”时，你就站在了客户而不是销售者的位置上。通过提问，你能知道客户如何利用你提供的产品获得好处，包括教给客户如何最好地利用你提供的产品或服务，以及如何通过这些服务让他们的生活更美好、工作更高效。有不少产品，尤其是多功能的科技产品有许多显而易见的使用价值，你可以用各种不同的方式让客户使用你的产品或服务，让他们得到更多的好处与更大的享受。

你洞悉客户需求的能力越强，就能更好的教授他们如何最大限度地利用你们的产品或服务，客户就会更喜欢你、信任你，更愿意同你做长久的生意。

关键小结

帮助顾客解决问题是引起顾客注意的重要手段，若顾客在访问开始时已了解到你可以帮助他解决某些问题，那他往往会采取比较合作的态度，乐意接待你。

3. 掌握丰富的专业知识

做什么事情都有一定的专业性，只要自己肯去琢磨就会比别人强。对于专业性强的保险推销员，并不是对保险产品的透彻理解才叫专业，虽然对产品特性需要明了，但对产品理念的阐释则是重中之重。专业人士不讲保险，讲理念。专业人士不要为了提成而活，而要为了客户的切身利益着想。这才能叫做真正的专业。

推销员承担着多方面的职能，是企业经营的专门人才。因此，推销员必须具有旺盛的求知欲，善于学习并完善推销所必备的知识。大体说来，这些知识包括以下几个方面。

1. 企业知识。推销员应熟悉企业的历史及其在同行中的地位；企业的销售政策、商品种类以及服务项目；企业的订价策略、交货方式、付款条件及保修方法等有关的销售知识。

2. 商品知识。推销员要了解商品的性能、结构、用途、用法、维修及管理程序等知识，同时还要了解与之有竞争关系的商品。

河北安平县北黄城村 28 户有织罗手艺的农民联合办起织罗厂。34 岁的王建国被村民选为厂长兼业务员。上任不久，他到天津与某橡胶厂签订购买罗网的有关合同，人家问道：“你们厂能生产多大拉力的网？最高含碳量是多少？

能经得起多高的温度？”王建国傻了，财路硬是没打通。失败的原因就是他缺乏商品的专业知识。

3. 用户知识。推销人员应了解何人握有购买决定权，其动机与习惯，采购的方式、条件、时间等情况。有位推销员与采购经办人洽谈了6个月，但一直未能达成交易。最后他了解到购买设备的大权在总工程师手里，而不是那位采购人员，便改变了做法，在继续与采购人员保持密切联系的同时，也积极与总工程师进行业务洽谈，最终做成了交易。

4. 语言知识。包括普通话、地方话、外语以及语法修辞、语言技巧等。语言是推销员同顾客沟通的工具，对于成功推销产品具有重要意义。

某厂出口菠萝罐头，将“碎块”一词译作英语中的“破破烂烂”，外商见了瞠目结舌。还有一家出产名酒的厂家，竟将“古老的中国名酒”，译成“陈腐过时的中国名酒”，世界上哪个外国人肯掏腰包来买“陈腐过时”的东西？还有这样的例子：一个外国的旅游者在长江游轮上想买一副扑克玩，当他看到小卖部的“马戏扑克”，就赶忙往回跑。究其原因，“马戏扑克”用汉语拼音“Maxipuke”作为商标，英文里“maxi”是“特大的”，“puke”是“呕吐”，合起来就是“特大的呕吐”。有一款北京出品的铅笔销到香港就要幸运得多，出现了港商抢购的局面。是不是质量好，价格低呢？这些原因有之。但其中最大的奥妙是这种铅笔用的是“3388”货号。广东话谐音是“生生发发”，正是生意人吉利的意思，港岛又是众多广东同胞集居地，因此带来了意外的收获。

以上语言运用成功及不成功的例子看似与推销活动相差较远，其实道理都是相通的，值得每个推销员认真地思考。

5. 风土人情。“入境问禁，入乡随俗”，推销员足迹遍九州，必须了解不同民族、不同地区甚至不同国家的风俗习惯，才能同各种顾客交往，取得他们的信任。有关各地风土人情的丰富知识，对于推销人员来说是一种无价的财富。推销人员接触面愈广，知识愈丰富，愈有利于推销。比如，香港居民大都信佛，十分忌讳“不吉利”的字眼，如“四”谐音“死”，“574”的谐音“吾妻死”等等。因此，市面上的商品名称、汽车牌号、门牌号、电话号码乃至旅馆房号等，都讲忌讳。

关键小结

成为一名优秀的推销员并不是一件容易的事情，这就要求推销员必须具有旺盛的求知欲，不断地学习、充实自己，只有掌握了丰富的专业知识和相关知识，才能出色地完成推销工作。

4. 明白如何介绍自己的产品

如何介绍产品以及塑造产品的价值？这是值得每个推销员思考的问题。

为了让你的能力得到最大的提高，让本书发挥最大的功效，请写下你认为介绍产品及塑造产品价值应注意的那些关键要素：

1. 专业水准，对自身产品的了解；

2. 对竞争对手产品的了解；

3. 配合对方的价值观来介绍产品；

4. 一开始就给对方最大的好处，如能带给对方的利益与快乐，可以帮对方减少或避免的麻烦与痛苦。在介绍产品的价值时，一定要告诉对方产品的好处；

5. 然后扩大产品可带来的快乐与可避免的痛苦；

6. 最后告诉他可行性。这里面有几个重要的语句：你感觉如何？你认为怎么样？依你之见会有什么样的结果？

当销售人员通过各种努力使销售沟通进入到实质阶段，客户对销售人员及其所代表的公司不再存有重重疑虑时，客户的注意力就会被吸引到产品上来。此时，销售人员需要向客户提供相关资料，让客户知道你可以怎样满足他们的需要，这些其实也是客户在这一阶段更为关注的事情。

虽然销售人员已经解除了客户的某些疑虑，但这并不表示客户已经认同了自己对所销售产品或服务的需要。事实上，在这一阶段，销售人员的说服技巧将得到更大的考验。要想说服客户，销售人员必须让客户知道，购买这些产品或服务能够带给他们哪些好处，这些好处是否正是他们所需要的。这就要求销售人员必须首先明确，自己销售的产品或服务能够给客户带来怎样的优势，而不仅仅是告诉客户产品所具有的特征。

哪些是产品特征，哪些又是产品的益处呢？对于这个问题，销售人员应该向客户介绍产品之前就该搞清楚。

一般认为，产品的特征就是指关于产品的具体事实，比如产品的功能特点及产品的具体构成等。例如下面的表述就属于对产品特征的介绍：

“这部电脑几乎可以与所有其他软件、硬件和电脑网络配合使用。”（这里介绍的是电脑的兼容功能。）

“这种产品是由国家技术检测中心监督制造的，它里面的零件全部经过高温熔炼。”

“只要温度不超过 240 摄氏度，这种产品就不会变形。”

产品益处是指产品特征对客户的价值。比如，某项产品特征如何使客户的某种需求得到满足，或者某些特征可以改善客户处境等。介绍产品益处的方式可参考下面这个例子：

“这种设备操作方式极其方便，可以使您在任何时候都迅速而有效地创造效益。”

“采用先进工艺制造的这款手表，无时无刻不在彰显您的品位。”

“这种电脑方便携带到任何地方，您无论是办公用还是出差用都相当轻便。”

关键小结

推销员应该将客户的注意力转移到产品上来，这时如何介绍自己的产品就显得尤其重要了。销售人员需要向客户提供相关资料，让客户知道你可以怎样满足他们的需要，这些也是客户在这一阶段更为关注的事情。

5. 让产品介绍变得更有趣

销售员必须要吸引住销售对象的注意力，引起他们的兴趣。要达到这个目的，除了针对销售对象的需要，展示你的产品所具有的优越性和价值外，你还必须使你的销售陈述变得生动有趣；同时充分调动你的肢体语言。

说起幽默，一般人总以为不过是博人一笑的插科打诨。这看法错了，幽默不但能博人一笑，它还有许多功用。关于它的功用，要想开出一张详细的清单都很难，因为它的作用实在是太广泛了。难怪有人说：“除了生离死别，幽默到处都可显神通。”其实，这话也只说对了一半，在幽默家眼里，悲剧是不存在的，请看他们设计的墓碑：

有一位著名的拳击手，谢世后其碑文写道：“你就是数到一百下，我也不再起来。”某位著名演员去世前自题碑文：“从此谢幕，退居幕后。”

一位拥有亿万资产的房地产商，死后墓碑上刻着：“实用面积，十五平方英尺。”

看来，幽默真是无处不显其能。在销售界，幽默是一种有效的谋略。

美国某公司为了使自己生产的生发药在英国市场上打开销路，委托伦敦一家药店为总经销商，全权代理生发药的销售。这家药店的老板是一位 27 岁的年轻人，颇懂幽默技巧，他雇了 10 位秃头的男人做他的推销员。他在 10 个光秃秃的头上写上“××牌生发剂”的字样，还配上一些稀奇古怪的画面，让他们走街串巷进行宣传。

用人脑袋做广告，这样新鲜又有趣。这则令人捧腹的秃头广告一出现，就在伦敦大街上引起了轰动，伦敦的各种新闻媒体也纷纷报道这一举世罕见的广告。这无疑又为这家公司做了免费宣传，于是乎，公司的财源滚滚而来。

关键小结

推销员在展示产品时，除了展现产品所具有的优越性和价值外，还必须使你的销售陈述变得生动有趣。试想，枯燥、繁冗的介绍如何吸引客户的注意力，又怎么谈得上勾起他们的购买欲呢？

6. 强行推销不如巧妙引导

曾几何时，不少人频频接到保险推销电话，而这些不分时间、场合的保险促销方式也越来越多地被人们诟病。这种强行推销其实就是在赶跑客户。

原一平谈到自己的经验时说了这么一件事：

有一次，客户问我：“原先生，我们交往的时间不算短了，你也给了我很多帮助，有一点我一直不明白，你是做保险业务的，可我从来都不曾听你对我谈起保险的详细内容，这是为什么？”

"这个问题嘛……"

"为什么吞吞吐吐呢？难道你对自己的保险工作也不关心吗？"

"怎么会不关心呢？我就是为了推销保险才经常来拜访你啊！"

"那你为什么从未向我介绍保险的详细内容呢？"

"坦白告诉你，那是因为我不愿强人所难，我向来是让准客户自己决定什么时候投保的，从保险的宗旨和观念上讲，硬逼着别人投保也是错的。再说，我认为保险应由准客户感觉需要后才去投保，因此，未能使你感到迫切需要，是我努力不够，在这种情形下，我怎么好意思开口让你买保险呢？"

"嘿，你的想法跟别人就是不一样，很特别。"

"所以我对每一位准客户都会连续不断地拜访，一直到准客户自己感到需要投保为止。""如果我现在就要投保……"

"先别忙，投保前还得先体检，身体检查通过之后，不但我有义务向你说明保险的内容，而且，你还可以询问任何有关保险的问题。所以，请你先去做体检。"

"好，我这就去体检。"

在原一平 50 年的保险推销生涯里，从不勉强任何客户投保，这一点也是他最欣赏自己的地方。如果忽视了这一点，而用种种软硬兼施的方法勉强准客户投保的话，将会产生许多中途解约的后遗症，这是得不偿失的。设法使准客户对你想推销的产品有正确的认识之后，再诱导他们自动自发地前来购买，这才是推销员的正确做法。

关键小结

强行推销是最笨的做法。聪明的推销员懂得巧妙引导客户的思维，设法使准客户对你想推销的产品有正确认识之后，再诱导他们自动自发地前来购买。这才是推销员的正确做法。

7.

有效地消除客户的抵触情绪

在销售中，我们常常会遇见这样的客户，他们观念陈腐，思想老化，但又坚决抵制外来建议和意见，刚愎自用，自以为是。对待这种人，仅靠你的三寸不烂之舌是难以说服他的。你不妨单刀直入，把他工作和生活中某些错误的做法列举出来，再结合眼下需要解决的问题提醒他将会产生什么严重后果。这样一来，他也开始动摇，怀疑起自己决定的正确性。这时，你趁机摆出自己的观点，动之以情，晓之以理，他接受的可能性就大多了。

每一个产品、每一项服务或者每一次的购买行为都包含有信息成分在内。比如销售食品需要提供营养成分数据、注意事项和配方。汽车、家居用品和家用电器都附有用户手册。人们通过接受这些相关信息充分感受到了产品或者服务为他们带来的各项好处。

确定你的产品或服务的卖点，你要通过这些告诉客户，人家为什么非得买你的而不是别人的。这个步骤看起来简单，但很多人过不了这一关。不管你要营销的是什么，产品、服务也罢，个人才干、特长也罢，首先得清楚你的卖点、优势是什么。很多人就是不知道根据特定的情况，想清楚能打动对方的卖点。你自己都稀里糊涂，怎么能说服人家买你的东西？

大多数不满意的客户会无言地离去，而根本不给你机会留住他们的忠诚。据美国技术协助研究项目的结果显示，高品质产品或服务对于客户忠诚度非常关键，然而，通过良好的客户服务解决产品或服务的问题同样重要。在某些行业，那些问题解决了的客户要比从未碰到过问题的客户更忠诚。在高科技领域，那些设备出现过问题但又得到满意解决的客户中会有高达 90% 的客户再次从同一厂家采购，比未曾遇到过问题的客户只有 83% 的忠诚度还要高。其原因在于客户常常将你的服务和质量宣言看作是宣传口号，如果你能兑现所言，他们就会印象更深。

制定积极主动的政策，让客户了解他们的订单是否出现了问题，证明你为客户利益着想的诚意，不要等到最后一分钟才告诉客户。要征求客户的意见，明确相应的期望值和最低客户服务水准，并具体到位。比如，来电话应在两声铃响内接听，来访客人必须在 30 秒内迎候。购买仅仅是与客户间关系建立的起点而非终点，销售员必须清楚这一点。

关键小结

很多客户对推销产品具有抵触情绪，这时不要气馁，更不要放弃。确定产品的卖点和优势，让客户真正了解你是为他着想，这样才能打动客户。

8.
不要喋喋不休，更不要贬低对手

小张中午跟家人去吃意大利菜，不知道是运气好还是拜经济不景气所赐，店里的侍应生个个笑容可掬，热情不已，服务得十分周到。因为吃过早餐，大家还不饿，所以决定直接点主菜。负责帮他们点菜的意大利小伙子热情地说，要不要先来个前菜开胃呢？沙拉、橄榄或者蒜香面包？小张说大家都不是太饿，所以主菜就够了。于是他们边喝饮料边等主菜，等到上了菜小伙子又说，几位要不要添点饮料？主菜过后，他收了盘子，转身便捧来甜点和咖啡的单子，自始至终绝对没有错过任何一个销售机会。小张和家人于是边吃甜点边讨论眼下铺天盖地的过度推销风气，感叹这个曾经被奉为聪明盈利的销售模式已经风光不在。

推销员为了达到成交的目的，往往会喋喋不休地向客户介绍产品的优势。这样做的结果就是，把自家的产品夸得过了头，殊不知，过犹不及的优势介绍会使得客户对你和你的产品产生成见。

以下是一名去超市购物的顾客与一名对产品优势过度介绍的推销员对话的全过程：

为了购买一些日常用品，我来到某超市，在买了香皂、牙膏、洗发液等日用品后，准备去结账，这时突然想到我家的香油没有了，有时候做凉拌菜要用呢，又回头去买。来到卖佐料的地方，问一个三十多岁的女售货员："哪里卖香油？"

女售货员把我带到卖香油的地方，拿了一瓶A牌香油对我说："这不就有吗？"我一看价格：240克就卖24元。我又问她："还有别的牌子的香油吗？"她还是拿着那瓶香油说："有是有，但就是这种最好。"我随手拿起货架上的另一个牌子的香油，252克只卖16元。我拿了准备走，那女售货员突然大声说："那瓶是去年生产的哟。"我一惊："啊？"仔细看了出厂日期，虽然是去年生产的，但离保质期还有快一年时间呢。我又拿起了那瓶A牌的香油，看到出厂日期只比另一瓶早了一周时间，明明两瓶都是保质期内的产品，她干嘛这样诋毁别人的东西呢？于是我什么也没说，拿了那瓶"达磨坊"的香油直接去了收银台。

A品牌香油的推销员用喋喋不休和贬低竞争对手使得顾客毫不犹豫地选择了其他品牌，这是产品优势介绍过度引起顾客逆反心理的典型案例。

那么，销售员在介绍产品时，应该如何与竞争对手做比较呢？下面几点应该注意。

1. 不要贬低对手

你去贬低对手，有可能客户与对手有某些渊源，比如现在客户正使用对手的产品、他的朋友正在使用或他认为不错的产品，你贬低就等于说客户没眼光、正在犯错误，他就会立即反感。千万不要随便贬低竞争对手，特别是对手的市场份额很大或销售量不错时。因为对方如果真的做得不好，又如何能成为你的竞争对手呢？你不切实际地贬低竞争对手，只会让顾客觉得你不可信赖。一说到对手你就说别人不好，客户会认为你心虚或品德有问题。就像上面案例中的香油推销员，说别的品牌生产日期过早，其实自家产品也不过是晚了一周，她如此多此一举会让顾客非常反感。

2. 拿自己的优势与对手的弱点做比较

俗话说，货比三家，任何一种货品都有自身的优缺点，在做产品介绍时，你举出己方的三大强项，与对方的三大弱项比较，即使同档次的产品被你这么一比也就高低立现了。

3. 介绍自己的独特卖点

独特卖点就是只有我们有、竞争对手不具备的独特优势，正如每个人都有的独特个性一样，任何一种产品都会有自己的独特卖点，在介绍产品时突出并强调这些独特卖点的重要性，能为销售成功增加不少胜算。销售员必须明确产品的特征，知晓哪些产品对客户有益处。

关键小结

推销员为了达到成交的目的，往往会喋喋不休地向客户介绍产品的优势。这样做的结果就是，把自家的产品夸得过了头，殊不知，过犹不及的优势介绍会使客户对你和你的产品产生成见。

第十章

心理博弈术

——洞察变化无常的客户心理

推销是一种动态的商务活动，它要求销售员必须面对复杂多变的情势做出最为恰当的心理调整和应对策略。推销的目的在于成交，这是毋庸置疑的，然而，究竟什么时候才是购买达成的时机呢？这常常令人费解。倘若漫无目标地等待，成交绝对无望。因此，推销员必须积极主动地掌握才行。倘若急于达到目的，总想提早结束商谈，成功的机会也会渺茫。

1.
用真诚消除客户的警戒心

推销员给人的印象通常是满身的铜臭气，奸诈无比。事实上未必真的如此。相反，一个真正的推销员必须拥有一份真诚的心，像关心自己的父母和孩子一样，去为顾客着想。当顾客产生购买欲望之后，推销员更应该显露出这份真诚之心。如果一位顾客真的想购买某件商品，他肯定要提出许多相关的问题，这时推销员必须能清楚、准确地回答，同时要较为客观地向顾客解释为什么会这样，为什么会那样。

一位顾客想买一袋蔬菜种子，但他发现，这家蔬菜种子公司的种子可能很好，就是比别人家的贵。这时营业员就应该意识到，这位顾客肯定是要买的，他之所以提出价钱贵的问题，是因为吃不准到底这种价格差产生的原因是什么。明确了这些问题，营业员就可以向顾客作出如下推销和解释：

"我们公司的种子进货渠道不一样，我们是从某某城市某某著名的大种子公司进的。"

"我们公司的种子由中国人民保险公司承保。如果出了质量问题，一亩地赔偿损失 400 元。"

假设每个推销员都能这么做的话，推销员肯定会给顾客留下好感，让人觉得推销员很诚实，而不是在坑蒙拐骗。

推销员要记住，没有真诚的心，顾客立刻会发觉。一面露出温柔的微笑，可是一面又表现出"今天非抓住你不可"的咄咄逼人的态势，必定会引起顾客的警戒心。当然，能够立即成交最好，但是强迫推销倒不如放长线钓大鱼，让他回去考虑一下明天再来，或者不买这件，下次来买别件。

关键小结

一个真正的推销员必须拥有一份真诚的心，像关心自己的父母和孩子一样，去为顾客着想，给顾客留下好感，让人觉得推销员很诚实，而不是在坑蒙拐骗。这对于销售的成功非常有好处，为成功的销售打下基础。

2. 运用顺势借力的技巧

营销无常法，策划就是打破常规的艺术而非建立定律的科学，而思维定势的不断打破，是策划人的生命力所在。“有无相生”，“点石成金”，“四两拨千斤”，这三个经典词句，写尽了“顺势而为，借力发力”的创意特色。

基辛格是美国著名的外交家，他有一个朋友在农村种地。这一天，他的朋友带着儿子来拜访他。朋友儿子大学刚刚毕业，还没有找到工作，也没有结婚，朋友就想让基辛格帮一下忙。基辛格听完以后，开玩笑地对朋友说：“我已经为您物色了一个最好的儿媳妇，是欧洲一位最有名望的银行家的女儿。”朋友和他的儿子都大喜过望。于是基辛格来到了欧洲，找到了那位银行家：“我为您的女儿找了一个千里挑一的好丈夫。”“可是我的女儿年龄太小了，我们还不想……”“是啊，如果是一般情况下，年龄是太小了，可是我说的这个小伙子是世界最大银行的副行长啊！”银行家和他的女儿大喜过望，同意了。基辛格又来到世界最大银行的行长办公室：“我给你找了一位副行长。”“可是我们已经有了一位副行长了。”“我知道。可是如果你不接受会后悔的。还是让我把这个小伙子的身份告诉你吧：他是欧洲最大银行家的女婿。”于是这位行长欣然同意。

基辛格折冲樽俎之间，不费劲就为小伙子找到了副行长的职位，而且促成了一桩姻缘，让农民的儿子摇身一变，成为银行家的乘龙快婿。其中所运用的顺势借力的技巧，确实一般人不能望其项背。

岳飞的孙子岳柯在其笔记小说《程史》中写有这么一个故事：

有个卖治脚茧药的人，在店门高挂的木牌上，大书“御供”二字，打出皇帝的旗号。可是药品并不走俏，他却因撒谎被拘传进宫。幸亏皇帝认为他是个蠢汉，没有重罚他，狠狠地训斥了一顿后驱赶出宫。不想他又将木牌上的“御供”改为“曾经传唤”，这样效果就非常明显，他所卖药品一下走俏。

在国外也有一个与此类似的故事，读来也让人忍俊不禁。

一出版商有一批滞销书久久不能脱手，他忽然想出了一个非常妙的主意：给总统送去一本书，并三番五次去征求意见。忙于政务的总统不愿与他多纠缠，便回了一句：“这本书不错。”

出版商便大做广告：“现有总统喜爱的书出售。”

这些书被一抢而空。不久，这个出版商又有书卖不出去，又送了一本给总统。总统上了一回当，想奚落他，就说：“这本书糟透了。”

出版商闻之，脑子一转，又做广告：“现有总统讨厌的书出售。”

又有人出于好奇争相购买，书又售罄。第三次，出版商将书送给总统，总统接受了前两次教训，便不作任何答复。出版商却大做广告：“现有令总统难以下结论的书，欲购从速。”结果书居然又被一抢而空。总统哭笑不得，商人大发其财。这就叫水涨船高，你不想让我借光，我偏要顺势借力。

关键小结

营销无常法，策划就是打破常规的艺术，而非建立定律的科学，而思维定势的不断打破，是策划人的生命力所在。成功的推销人员应该懂得顺势借力，让别人成为自己的“得力助手”。

3. 每一个环节都围绕着客户

服务是推销的有力手段，没有服务就不可能搞好推销，进而赢得竞争。

德国奔驰车的生产厂家十分注意产品的售前服务。他们常常在厂里未成型的汽车上挂一块牌子，牌子上写着顾客的姓名、车辆型号、式样和特殊要求等。凡属顾客对不同色彩、不同规格乃至在汽车里安装什么样的收录机等千差万别的要求，都给予一一满足。由于该厂良好的售前服务，在能源出现危机，世界汽车市场竞争激烈之时，尽管德国奔驰车的价格比起日本汽车的价格要高出一倍，但奔驰车的推销工作仍然进展顺利。

美国著名的福特汽车公司，每年拥有250万顾客，为了了解他们的需求，公司定期邀请一些顾客与产品设计人员和汽车推销员讨论产品及销售服务等问题，并专门设计一种软件数据系统，供各部门经理和雇员详细了解掌握顾客的意见。一次有位顾客抱怨说，乘坐福特汽车不愿坐在后排，因为后排空间太小腿伸不开，很不舒服。听到这个意见后，公司立即将前排座位下部进行了调整改进，加宽了前后排之间的距离。这一举动赢得了顾客的普遍称赞，使福特汽车更加畅销。

为顾客服务，不仅要面带笑容、热情周到，更重要的是从市场调查、产品设计、广告宣传到刺激购买，每一环节都要紧紧围绕着顾客。

一位推销员听到一位背着大簸箕的老农和另一位乘客说：“我们兴城县街里买不着大簸箕，这次到锦县串亲，遇着了，就买了一把。”第二天这位推销员就乘车赶赴兴城，到县土杂公司一次推销出1000多件大簸箕。还有一次，这位推销员在沟帮子住店时，同旅客闲聊中得知冶金工业需要大量木炭，他就顺藤摸瓜，找到矿山机械厂、有色金属材料厂等单位，销售了积压多年的20吨木炭。

推销员的天职是推销商品，满足顾客需要。你所销售的商品若能和客户的兴趣、嗜好结合在一起，抓住这点诉求，一定能让双方尽欢。所以，推销员仅仅拥有了商品并了解到推销的基本常识是远远不够的，还要尽量去满足顾客的需要，把商品卖出去。

关键小结

推销员的天职是推销商品，满足顾客需要。为顾客服务，不仅要面带笑容、热情周到，更重要的是从市场调查、产品设计、广告宣传到刺激购买，每一环节都紧紧围绕着顾客。

4.
善用客户的逆反心理

在销售中，“激将法”是指把顾客的强烈自尊、好胜心激发出来，从而达到销售目的。

激发情感谋略，也可称“激将谋略”。它的内涵是：用富有刺激性的语言来激发对方的某种情感，让对方的情绪发生冲动，失去理智，在冲动情绪的驱使下去做某种我们期望他去做的事。

在美国某商店，一对夫妇对一只钻戒很感兴趣，但嫌价格太贵，便犹豫不决。售货员见此情形，便对他们说:“有位总统夫人也是对这只戒指爱不释手，只因为贵没买。”这对夫妇听了这话，马上掏出钱来，买下了这只昂贵的钻戒，而且还得意非常。

俗话说:“劝将不如激将。”如果那位售货员从正面开导劝说，那对夫妇未必能下决心买下那枚钻戒；而反面的激将，倒促使他们下了决心。因为人都有自尊心、荣誉感，这对夫妇也不例外。当他们听说某总统夫人也喜欢这枚钻戒，但因为太贵没买时，强烈的自尊、好胜心被激发了出来。于是，售货员便达到了目的。

激将法虽然是行销谈判中常用的语言谋略，但它也是有局限性的，值得推销员们注意:使用激将法要看准对象。激将法并不适用于所有人。一般说来，它多适用于那些谈判经验不太丰富，且容易感情用事的人。至于那些办事稳重、富于理智和经验的人，激将法就很难在他们身上发挥作用；对于那些做事谨小慎微、自卑感强、性格内向的人，也不适宜用激将法，因为富有刺激性的语言会被他们误认为是对他们的挖苦、嘲笑，并极有可能导致怨恨心理。所以，使用激将法要看准对象。

关键小结

逆反作用会对销售会谈产生破坏性的影响，不仅不会培养客户与销售员之间的共同点，还会导致彼此之间的不协调。但是如果你能利用好逆反心理，不仅会降低销售的失败率，反而会提高销售成功的可能性。

5.

巧用反问化解客户的质疑

“交易的成功，往往是口才的产物”，这是美国“超级推销大王”弗兰克·贝特格近三十年推销生涯的经验总结。因此，可以这样说，对于销售人员，哪里有声音，哪里就有了力量；哪里有口才，哪里就吹响了战斗的号角，进而也就有了成功的希望。有时候推销员摸不准顾客的意见来自何种原因，这时，可以采用反问法，变被动为主动，进行相反的推销提示。

所谓“一人之辩，重于九鼎之宝；三寸之舌，强于百万之师。”口才的影响力将会贯穿于销售工作的整个过程，而推销口才的好坏，也将会在每一个环节上，对推销工作的成败产生决定性的影响。可以毫不夸张地说，销售的成功在很大程度上可以归结为推销人员对口才的合理运用与发挥。

顾客提出反对意见，其理由多种多样。但是，有时候推销员摸不准顾客的意见来自何种原因，这时，可以采用反问法，变被动为主动，进行相反的推销提示。

顾客：“这件衣服要100块钱？”

推销员：“那您说要多少钱？”

借助反问，不仅可以委婉地否定顾客的意见，而且又能探寻出顾客反对的原因。

有时，推销员与顾客各持己见，无法取得一致时，推销员可以提出反问：“你要我说什么才好呢？”这样，推销员就很容易摆脱困境，而且给顾客造成一定压力，促成购买。

《晏子春秋》中有这样一个故事：

烛邹不慎把一只打猎用的鹰放走了，酷爱打猎的齐景公下令把烛邹推出去斩首，晏子就上前拜见景公，开始了下面一段对话：

晏子："烛邹有三大罪状，哪能这么轻易杀了呢？请让我一条一条列数出来再杀他可以吗？"

景公："当然可以。"

晏子："（指着烛邹的鼻子）烛邹，你为大王养鸟，却让鸟逃走，这是第一条罪状；你使大王为了鸟的缘故而杀人，这是第二条罪状；把你杀了，天下诸侯都会责怪大王重鸟轻人，这是第三条罪状。"

晏子用反语批评齐景公重鸟轻人，既收到批评的效果，又没使自居高位的君王难堪。

当然，应付反对的技巧还有许多，只要推销员在实际推销过程中具有随机应变的能力，推销工作就能够顺利地开展下去。不过，推销员在应付反对时，除了要注意运用有关的技巧，还要尽量避免其他问题的出现。

关键小结

销售员向客户介绍产品时，客户会提出一些问题或是质疑，如果你没有完全明白客户的意图，那么千万不要直接回答，否则可能会失去订单。不妨采用反问的方法，把问题再丢给客户。

6.

摸清客户的购买动机

需要是顾客购买商品的前提，而只有这些需要变得强烈起来成为一种动机时，顾客才会真正采取行动。销售员必须了解顾客的需要，然后真诚地满足客户的需要，才能最终达成交易。

同是顾客，但他们的购买行为却常常反差极大。实际生活中常有这样的镜头：

老师问两名学生："你们今天去商店买了什么样的衣服？"

学生 A（兴致勃勃地）："皮尔·卡丹西服！"

学生 B（小心翼翼地）："老师……我买的西服……叫不上牌子！"

为什么有人买昂贵的名牌衣服而有人则买便宜货呢？这主要是因为顾客的购买动机各异。不同的顾客生活的区域不同，具有不同的家庭、社会背景和经济条件，也有着不同的兴趣与价值观。在顾客选择商品时，这些因素都会同时影响顾客的购买心理，影响顾客选择某种商品而非其他商品。购买动机在每一个购买行为中都存在，而且是千变万化、不易掌握的。

但是，推销员应掌握顾客最一般的购买动机，简述如下：

1. 实用、省时、经济的原则

衣、食、住、行的满足是顾客最基本的需要，因而，顾客总是对那些经久耐用、价格低廉的商品感兴趣，他们想使自己手中的货币实现较高的价值。有的顾客可能喜欢买超小型汽车，因为这样的小汽车比较经济，便于停放；有的顾客则愿意买客货两用车，既能载人，又可拉货，较为实用。

2. 健康的考虑

所有的人都希望通过购买物品来维持身体健康。假如一位顾客久病缠身或受了重伤，这种愿望就更强烈。为防治感冒而备的感冒药；为御寒而买防寒服；为健身而买各种运动器材等。总之，随着现代科技的发展和人民生活水平的提高，顾客在购买物品时愈来愈重视健康和卫生因素。

3. 舒适和方便

人们都喜欢舒服，所以也希望购买的商品用起来能使自己舒适一些、方便一些。一个顾客会说："这把椅子确实很舒服。"其实际意思是："我喜欢这把椅子，当我坐在上面休息时会感到很舒服，因而我想拥有它。"便于操作、稳定可靠的东西会对顾客有很强的吸引力，尤其是需要一些专业知识才能操作的物品，如果变得简单易用，肯定会大受顾客青睐。所谓"傻瓜"相机正是基于这种考虑而设计出来的，既然"傻瓜"都会用，何况我呢？于是乎，大家都争相购买。

4. 安全要求

人们都希望有一种安全感，以便遇到可能的伤害时能够进行有效的防护。这是一种安全需要的体现。顾客在了解一种商品信息时，一般都希望了解这种产品的安全可靠程度，如果觉得此种商品安全系数低，买卖就会告吹。儿童玩具过去曾被认为是不安全的，因为有的玩具粗制滥造，有的漏电，有的有锋利的边角。后来这些有问题的玩具被从货架上拿走了，而经过改进后的玩具逐渐变得安全了。如今，许多商品都要经过消费者保护局等单位的检测，以查明某种商品是否能安全可靠地使用。另外，人们都普遍关心避免丢失钱财物品，所以，现在防护器材十分畅销，人寿保险、财产保险、健康保险等也逐渐受到顾客的喜爱。

5. 喜爱

喜爱是一种带有感情色彩的购买动机。如今，许多顾客购买商品就是为了满足对另一个人感情上的需要。父母买一台彩电，不但是作为家庭娱乐的形式赠与全家的一件礼物，同时也是为了体现对所有家庭成员的关爱。购买书籍和杂志也是出于同一个原因。一个人表达自己的感情可以采取多种方式：送花、寄卡片向朋友致意，送糖果、珠宝饰物、玩具等等，这些方式都可表示对某个人的爱意。当购买是为了表达对他人的关爱而进行的时候会变得非常惬意。寄一张“我想念你”的问候卡会给一个人的生活增添快乐。

6. 声誉和认可

产品的声誉能对顾客产生很大的影响。这种声誉天长日久会在顾客心里形成一种对该产品的偏爱，从而激发购买欲望。如世界上的名牌产品“耐克”、“彪马”、“宝洁”、“日立”、“松下”、“索尼”、“阿迪达斯”等，都深受顾客的喜爱，认可是一种要求别人承认的愿望。每个人都希望别人注意自己，希望得到别人的尊重。流行服装、艺术珍品、家具、假发和其他奢侈品的销售都是为了满足顾客希望得到认可的心理。这些象征物还能帮助顾客获得事业上成功的感觉和赶时髦的心理。

当然，顾客总是在不停地寻找那些能获得更广泛认可的商品。不要企图将过时的东西卖给顾客，即使顾客一时接受了，不久也会认识到他买的是件已遭淘汰的产品，这会失去顾客对你的信任。由于人的个性千差万别，有的人希望自己受人爱戴，具有较高的声望；有的人则追求健康、成功和权力，这些都包括在声誉和认可的购买动机中。尽管许多顾客不愿公开承认这些动机，但它却在每一次具体购买活动中毫无例外地存在着。

7. 多样化和消遣的需要

大多数人都希望自己的日常生活丰富多彩。生活多样化和消遣是一个人恢复体力和精神的一种手段，它为人们的生活增添乐趣。比如，为了消遣和娱乐，一个人购买帐篷、睡袋、灯笼等，以便在野营中度过愉快的周末；另一个人也许会购买一架钢琴，参加有关钢琴知识的讲座，让生活变得丰富多彩。

关键小结

需要是顾客购买商品的前提，而只有这些需要变得强烈起来成为一种动机时，顾客才会真正地采取行动。销售员必须了解顾客的需要，然后真诚地满足客户的需要，才能最终达成交易。

7.
及时捕捉成交的信号

推销的目的在于成交，这是毋庸置疑的，然而，究竟什么时候才是购买达成的时机呢？这常常令人费解。倘若漫无目标地等待，成交绝对无望。因此，推销员必须积极主动地掌握才行；若是急着达到目的，总想提早结束商谈，成功的机会也会渺茫。

成交时机的把握正如钓鱼。当你聚精会神地坐在岸边注意水面上的浮标时，你一定会发现，每当鱼接近诱饵时，浮标就会有轻微的摇动。此时，倘你按捺不住立即收竿，必然会大失所望；相反，倘若你按兵不动，迟迟不收竿，鱼势必会将诱饵吃光，并从容地游走。这种微妙的情形与推销时机的把握极为相似。

那么，我们该如何抓住适当的时机，促使购买达成呢？这要分析顾客的购买信号。

购买信号是顾客在已决定购买但尚未采取购买行动，已有购买意向但不十分确定时，通过行为、言语、表情等多种外在渠道所表露的心态。如前所述，推销员和顾客见面后，从引起对方注意，到最后决定购买的过程是相当迂回曲折的，要经历许多阶段。那么在推销员激起顾客购买欲望并建立信誉之后，顾客的各种表现实际上就是一些不同的购买信号。推销员要迅速地抓住这些信号，运用一些技巧，促使顾客下决心购买。

这些购买信号大多通过顾客的“本体语言”表现出来。例如：

1. 一位买主本来无精打采、垂头丧气，可现在却变得兴致勃勃；

2. 准备靠回座椅突然又向前坐起；

3. 把你和你的竞争对手的各项交易条件具体地加以比较；

4. 询问交货日期；

5. 把其他公司推销员安置一边而单独与你交谈；

6. 拿着一个样品不放，仔细地检查；

7. 反复试用样品；

8. 索取说明书或样品；

9. 以种种理由要求降低价格；

10. 要求详细说明产品的养护及费用、使用注意事项等；

11. 主动表示与推销员所在企业的职工或干部有私人交情；

12. 接待态度逐渐好转。

有时候，异议也可以是购买的信号，尤其是关于搜集信息的异议。推销员要学会从理智的异议中，分辨出哪些是真正的异议，哪些是成交的信号。另外，推销员一定要确信他没有误解这些信号，因为“本体语言”有被误解的可能。可以向顾客提几个问题来检验顾客的购买欲望是否已被推销员的游说所引起。如果答案是肯定的，那么这就是成交的良机。

一个杰出的推销员应当在整个推销过程中时刻注意捕捉购买信号，只要信号一出现，就要停止正在进行的工作，迅速转入促成购买的阶段。只有这样，才不会失去机会。

关键小结

购买信号是顾客在已决定购买但尚未采取购买行动，已有购买意向但不十分确定时，通过行为、言语、表情等多种外在渠道所表露的心态。推销员应该时刻注意捕捉购买信号，千万不要失去最佳机会。

8. 免费试用，巧用客户占便宜心理

免费试用，顾名思义，是指商家为了打消客户的某些顾虑，为用户提供的无需支付任何费用就可以使用商品的一种活动。免费试用具有少量、限量、限时等特点，它是在商家对其产品品质自信基础上，一种有强烈商业动机的市场活动。

免费试用能够给顾客带来一种安全感，人们往往喜欢免费的东西，也更喜欢试用后再买，所以现在有一些大的网站，比如："我就爱免费网"就专门提供一些免费的试用产品，比如免费试用化妆品、免费试穿衣服、免费试用产品，有的商家搞活动甚至在这些网站直接给顾客产品。所以免费试用是种趋势。

顾客试用产品是一种购买信号。据此道理，推销员应该认识到，鼓励顾客试用产品是促成购买达成的有效手段。

鼓励顾客试用产品至少能达到两种推销效果：

一是顾客在试用产品的过程中会真正体会到商品的价值和使用价值，充分地认识到商品的性能及优点，并能熟练地掌握一些基本的操作技巧，这样就促使顾客产生强烈的拥有该种商品的欲望。比如你把一个吸尘器让顾客试用一周，等一周以后你再去取时，他会真地感到家中少不了这个帮手，那他自然也

就会买下它了。

二是顾客在试用产品之后往往不好意思再拒绝购买。我们前面分析顾客类型时曾从性格角度对顾客进行了不同的分类。对于那些外表温和、态度从容、但内心却瞻前顾后的优柔寡断型顾客，鼓励其试用产品，就能消除其犹豫心理，敦促他下决心购买。而对于那些决断力强、慷慨坦率的豪爽干脆型顾客，只要他们试用了产品，基本上感到满意之后，肯定会毫不犹豫地作出购买决定。

关键小结

免费试用能够给顾客带来一种安全感，人们往往喜欢免费的东西，也更喜欢试用后再买。鼓励顾客试用产品至少能达到两种推销效果：一是促使顾客产生强烈的拥有该种商品的欲望；二是顾客在试用产品之后往往不好意思再拒绝购买。

9. 谈判桌上，关键时刻退一步

在春秋时期，齐国是春秋五霸之首，疆域辽阔，国力雄厚，拥有一支近三万人的军队；而鲁国则地域狭小，兵少力弱，不是齐国的对手。公元前684年春，齐桓公出动大批军队进攻鲁国，当齐军进入了有利于鲁军反攻的长勺地区时，鲁国并没有马上发起反攻，而是坚守阵地。这时，齐军自恃力量强大，首先发起进攻，企图一举成功。但是，齐军连续三次进攻都未获胜，队伍疲惫不堪，锐气大减。这时鲁军见时机已到，向齐军发起总攻。一时齐军阵势大乱，纷纷溃败而逃。

商场如战场，“退一步，进两步”，以退为进是谈判桌上常用的一个制胜策略和技巧。

有一年，在比利时某家画廊发生了这样一件事：美国画商看中了印度人带来的三幅画，标价每幅 250 美元，画商不愿出此价钱，双方谈判陷入了僵局，那位印度人被惹火了，怒气冲冲地跑出去，当着美国人的面把其中一幅画烧了。美国画商看到这么好的画被烧掉，感到十分可惜，他问印度人剩下的两幅画愿卖多少价，回答还是每幅 250 美元，美国画商又拒绝了这个报价，这位印度人横生一计，又烧掉其中一幅，美国画商当下只好乞求他千万不要再烧最后一幅。当再次询问这位印度人愿卖多少价钱时，卖者说道：“最后一幅能与三幅画卖一样的价钱吗？”最后这位印度人手中的最后一幅画竟以 600 美元的价格拍板成交。而当时，其他的画都在 100 至 150 美元之间。

要想诱导顾客同意你的看法，就要事先精心地准备一系列问题，这些问题的答案总是肯定的，最后，顾客无法拒绝你的要求，顺利地达成交易，比如：

“你是愿按月付款，还是按季度付款？”

“你想要我们下个星期作出安排呢？还是下下个星期？”

通过提出这些问题，顾客总是在两个肯定答案中选择，这样，他就一步步地接受了你的看法。

在询问问题、诱导顾客时，千万不要迫使顾客作出肯定或否定的回答，因为，否定的回答往往会使推销员陷入困境，一旦顾客明确了他的意见，就很难再说服他加以改变。

当然，向顾客发出“最后通牒”式的做法也是不可取的。比如：“你到底要不要”，“你还不赶快买下”等等，这样的问题等于给顾客施加了强大的心理压力，顾客的第一反应肯定是加以拒绝。

关键小结

商场如战场，在僵持不下的情况下，如果步步紧逼反而使自己陷入困境。“退一步，进两步”，以退为进才是谈判桌上常用的一个制胜策略和技巧。

10. 千万不要泄露自己的底牌

陶朱公范蠡从越王那儿退隐之后，先开了一个卖工艺品的店铺。有一次，一位客商来买货，他推荐了四件精美细致的工艺品，每件售价 800 两。客商却说只看中了其中两件，陶朱公就要价 500 两。客商不愿成交。陶朱公慢悠悠地说：既然你都不喜欢，我也不好意思再卖了。然后拿起一件扔在了地上。客商见自己喜爱的东西被摔碎了，很痛惜，连忙阻拦陶朱公，愿以 800 两买剩下的三件。陶朱公不作声，又拿起另一件。客商终于沉不住气了，请求陶朱公千万不要再扔了，他愿出 1000 两把这套残缺不全的工艺品全买走。

这就是利用对方的爱惜心理，故意用摔破一件的方法来吊起对方对另一件的胃口，提高另一件的价值。这种方法在自我推销上也很有效，我们举三国时期的庞统自荐于刘备的故事来说明。

庞统是东汉末年荆襄一带的清流派名士，因为生得相貌丑陋，得不到刘备的赏识，乃至进行了一次刻意的经营与表演，用自己的沉默与隐忍激发起对方的兴趣，从而把自己的价值显露出来。

三国时，东吴周瑜死后，鲁肃向孙权推荐庞统。孙权听后先是大喜，后来见庞统生得浓眉掀鼻，黑面短髯，面容古怪，心里便不喜欢。

鲁肃提醒孙权，庞统在赤壁大战时曾献连环计立下奇功，以期说服孙权。孙权却先入为主，仍然认为其为不堪重用的“狂士”而照旧不用。

庞统只得从江南出走，鲁肃把他推荐给刘备，刚好到柴桑口为周瑜吊丧的诸葛亮见到庞统，也写了推荐信。他见到刘备，既不下拜，也没把信呈上。号称爱才心切的刘备嫌他貌丑，只安排他当县令。

有匡世之才的庞统，只因相貌长得不怎么漂亮，几遭冷落，不得重用，他知道用寻常的办法已经报国无门，只能想别的办法露两手，来吊起对方的胃口。

庞统来到耒阳县，一不问民情，二不理政事，一应钱粮词讼，并不理会，终日饮酒作乐。刘备听说后十分生气，命张飞去责问。庞统也不去迎接，到县厅见张飞，仍然衣冠不整，大醉而出。

张飞盛怒，责怪他身为县令，把政事荒废。庞统微然一笑：“量这百里的小县，都是一些小小的公事，有什么不好决断的！”

庞统随即唤书吏把几个月来积下的公务都取出来，又把外面告状的人都叫进来，一边听人讲说，一边挥笔写判词，同时大声下令发落。是非曲直判断得清清楚楚，一点差错都没有，所有人都叩首拜伏而去。不到一顿饭的功夫，几个月的政事都了断完毕。

庞统投笔对张飞说：“荒废的政事何在？就是曹操和孙权，我处置起来都在指掌之中，一个小小的县邑，有什么值得费心呢？”

张飞大吃一惊，表示要向刘备极力举荐，庞统才拿出鲁肃的荐书。等到见了刘备，庞统又把孔明的信一并交出来。刘备终于了解到庞统的经天纬地之才，拜他为副军师中郎将，与孔明共谋方略，教练军士。

上面的这个例子也说明，让别人找到我们，并不意味着一定要锋芒毕露地把全部家底抖给别人，而是要通过有策略的沉默，沉默与行动相配合，少说多做，用事实说话，一步步地吊起对方的胃口，让人发现自己，以期达到目的。

吊起对方的胃口与大胆表现自己并不矛盾，而是服务于同一个目的的两个侧面。就像人物出场，总是会有一定的铺垫，开始时神龙见首不见尾，保持一种神秘感，才会让人对其可能的表现充满期望，并倍感敬畏和兴趣。这种“吊胃口”的技巧，内涵极为丰富和复杂，关键在于让对方产生兴趣，使其欲罢不能，驾驭起来也需要把握分寸的高超艺术。

关键小结

我们并不一定要锋芒毕露地把全部家底抖给别人，而是要通过有策略的沉默，沉默与行动相配合，少说多做，用事实说话，一步步地吊起对方的胃口，让人发现自己，以期达到目的。

11. 掌握讨价还价的策略

终端销售的过程中除了需要声情并茂的讲解外，同时需要掌握一些销售的技巧，才能使整个销售解说过程表现得更加完美，更加能打动消费者。

消费者在购买产品时讨价还价的原因主要有：一、对价格有异议；二、追求成就感。我们的应付对策首先是自信，突出品牌效力，建立不容置疑的诚信感；其次需要对消费者适度的恭维与夸奖，使消费者获得某种程度的满足感；最后用执著触动消费者的同情心。

1. 高低并举技巧

顾客购买产品一般都会采取货比三家的方式。这个时候直销员就要用自己产品的优势与同行的产品相比较，突出自己产品在设计、性能、声誉、服务等方面的优势。也就是用转移法化解顾客的价格异议。常言道，“不怕不识货，就怕货比货”。由于价格在“明处”，顾客一目了然，而优势在“暗处”，不易被顾客识别，而不同生产厂家在同类产品价格上的差异往往与其某种“优势”有关，因此，直销员要把顾客的视线转移到产品的“优势”上。这就需要直销员不仅要熟悉自己销售的产品，也要对市面上竞争对手的产品有所了解，才能做到心中有数，知己知彼、百战不殆。

另外，直销员在运用比较法的时候，要站在公正、客观的立场上，一定不能恶意诋毁竞争对手。通过贬低对方来抬高自己的方式只会让顾客产生反感，结果也会令直销员失去更多的销售机会。

2. 化整为零

如果直销员把产品的价格按产品的使用时间或计量单位量化至最小，可以隐蔽价格的昂贵性，这实际上是把价格化整为零。这种方法的突出特点是细分之后并没有改变顾客的实际支出，但可以使顾客陷入“所买不贵”的感觉中。

一位直销员向一位老年女性推荐保健品，女士问他多少钱，这位直销员不假思索脱口而出:“450 元一盒，三盒一个疗程。”话音未落，人已离开。试想，对于一个退休的女士来说，400 多元一盒的保健品怎么可能不把她吓跑呢？没过几天，小区又来了另一位直销员，他这样告诉那位女士:“您每天只需要为您的健康投资 15 元钱。”听他这么一说，女士就很感兴趣了。产品价格并没有改变，但为什么会有截然不同的两种效果呢？原因是他们的报价方式有别。前者是按一个月的用量报的，这样报价容易使人感觉价格比较高；而后一位直销员是按平均每天的费用来算的，这位女士自然就容易接受多了。

由此可见，价格因素在销售过程中的重要性。虽说价格不是决定销售的唯一因素，但是直销员掌握好和顾客谈价格的技巧，就能在销售过程中尽量避免因为价格问题产生的失误，使销售业绩再上一个新台阶。

3. 指利谈价技巧

在我们的推销生活中，价格总是被顾客最常提起的话题。不过挑剔价格本身并不重要，重要的是在挑剔价格背后真正的理由。因此，每当有人挑剔你产品的价格时，不要和他争辩。

相反，你应当感到欣喜才对。因为只有在客户对你的产品感兴趣的情况下才会关注价格，你要做的，只是让他觉得价格符合产品的价值，这样你就可以成交了。

突破价格障碍并不是件困难的事情，如果客户老是在价格上绕来绕去，是因为他太注重价格，而不愿意注重他能得到了哪些价值。

在这种情况下，你可以试试下面的办法。你可以温和地问：某某先生，请问您是否曾经不花钱买到过东西？在他回答之后，你再问：某某先生，您曾买过任何便宜货，结果品质都很好的东西吗？你要耐心地等待他的回答。他可能会承认，他从来就不期望他买的便宜货后来都很有价值。

你再说：某某先生，您是否觉得一分钱一分货很有道理？这是买与卖之间最伟大的真理，当你用这种方式做展示说明时，客户几乎都会认为你说的很正确。

在日常生活中，你付一分钱买一分货。你不可能不花钱就能买到东西，也不可能用很低的价格却买到很好的产品。每次你想省钱而去买便宜货时，总是悔不当初。

你可以用这些话结尾：某某先生，我们的产品在这高度竞争的市场中，价格是很公道的，我们可能没办法给您最低的价格，而且您也不见得想要这样，但是我们可以给您目前市场上这类产品中可能是最好的整体交易条件。某某先生，有时以价格引导我们作购买决策，不完全是有智慧的。没有人会为某项产品投资太多，但有时投资太少，也有它的问题，投资太多，最多您损失了一些钱，投资太少，那您所付出的就更多了，因为你所购买的产品无法带给你预期的满足。

在这个世界上，我们很少有机会能以最少的钱买到最高品质的商品，这就是经济的真理，也就是我们所谓的一分钱一分货的道理；这些话永远是真理。未来客户了解你是绝对诚实而爽快的人，他必定会了解你的价格无法减让。这不是拍卖会，你并不是在那里高举产品，请有兴趣的人出价竞标。你是在销售一项价格合理的好产品，而采购决定的重点是，你的产品适合客户，从而解决问题和达到目标。

4. 价格细分技巧

将报价的基本单位缩至最小，以隐蔽价格的“昂贵”，使顾客陷入“所费不多”的错觉。经验表明，以一件产品的单位报价，比以一打产品的价格报价更能促成交易。比如，火柴一包是 5 角，那么说每盒 5 分会让顾客听起来格外舒服；每斤茶叶 20 元钱，往往会被说成“2 块钱可买 1 两”。“这种高压锅的使用寿命至少是 10 年，即使是按 10 年计算的话，您一年只需花费 24 元，一个月才花 2 元钱。而在使用过程中，您节省的做饭时间和燃料费用可要比这多得多……”

顾客听到这种形式不一样而实质却一样的报价，其心理感受是大不相同的。相信每个人在购买商品时都会有此种体会。

5. 双赢技巧

虽然销售人员开展销售沟通的直接目标是为了以自己满意的价格销售出更多的产品或服务，但是如果只专注于自身的销售目标而不考虑客户的需求和接受程度，那这种销售沟通注定要以失败告终。所以销售人员必须要在每一次销售沟通之前针对自己和客户的利益得失进行充分考虑，不仅要考虑自己的最大利益，也要考虑客户的实际需求和购物心理。

通常客户都希望以更低的价格获得更好的产品或服务，而销售人员则希望自己提供的产品或服务能够获得更大的利润。在此，销售人员应该知道，自己和客户之间既存在着相互需求的关系，又存在着一定的矛盾。如果你能把握客户特别关注的需求，而在一些自己可以接受的其他问题上进行让步，那就会使双方的矛盾得到有效解决。例如：

“您提出的产品价格我已经和公司商量过了，最终我们提出的建议是：如果您的购货量达到10万箱的话，我们才能以这样的价格成交，当然，我们需要先拿到一半预付款。”

“您要这批货有急用是吗？那您看这样好不好，产品不像以前那样采用精包装，这样可以节省装货时间。至于产品的质量您绝对不用担心……”

6. 成本谈价技巧

销售人员可以把客户特别满意的产品与其他不同档次的产品进行比较，然后让客户在多种产品之间进行选择。在比较的过程中，销售人员可以针对客户的实际需求对他们提出合理化建议，例如：

客户：“各方面条件都不错，只是价格太高了……”

销售人员：“如果您觉得这一款价格较高的话，可以看看另外一款……”

客户：“这一款不如刚才那款漂亮，性能也不太好……”

销售人员：“是啊，虽然这一款价格比较低，可是各方面的条件都不如刚才那款更符合您的需求。我刚才向您介绍的那款性能优良、外型设计精美，而且做工也非常好，您用它可以……”

销售人员也可以把本企业的产品与其他价格较高的产品进行比较，从而使客户更容易接受你提出的价格，例如：

“您也看到了，我们的产品价格是市场上最低的，这是因为我们公司直接从厂家以最低价拿货，而且有自己的物流公司，所以成本要比其他商家都低……”

7. 暗示对比技巧

为了消除价格障碍，推销员在洽谈中可以多采用比较法，它往往能收到良好的效果。比较的做法通常是拿所推销的商品与另外一种商品相比，以说明价格的合理性。在运用这种方法时，如果能找到一个很好的角度来引导顾客，效果会非常好，如把商品的价格与日常支付的费用进行比较等。由于顾客往往不知道在一定时间内日常费用加起来有多大，相比之下觉得开支有限，自然就容易购买商品了。

比如说购买大件物品时，客户往往嫌价钱贵，怕不合算，是顾客共有的心理。对这种顾客，你千万不要说“价钱可以商量”、“可分期付款”等话，这是一种很糟糕的答话方式，这无异于承认你所推销的商品定价的确过高。怎样说才是恰当的呢？

一套家庭组合音响价格是2000元钱，顾客嫌贵，一位立体声录音机推销员曾向他的顾客这样证明其录音机的价格：“你说得一点也不错，2000元的确不是一个小数目。但是朋友，你想没想过，这东西不是一天两天、一年两年就能用坏了的。一般情况下，它能用个十年八年没有问题，就假定它只能用五年吧！一年平均400元，每一天平均不到1.5元。你抽烟吧，一盒烟至少也得个三五块钱，一天你总得抽一盒吧，你看，还不到一盒烟钱。这样一天分摊的费用不能算贵吧！我想，你赚的钱支付它是绰绰有余的。”

在这段话中，你先承认了顾客的说辞，让他的心理得到了满足；然后，又给他算了一笔账，不算不知道，一算就明白了，原来，2000元钱整体看是个大数目，但一化整为零，就显得不多了。况且再跟每日吸烟所花费的烟钱一比，就更微不足道了。于是，顾客欣然地掏出了钱包。

8. 折中定价技巧

和顾客讨价还价要分阶段一步一步地进行，不能一下子降得太多，而且每降一次要装出一副一筹莫展、束手无策的无奈模样。有的顾客故意用夸大其辞甚至用威胁的口气，并装出要告辞的样子吓唬你。

客户说：“价格贵得过分了，没有必要再谈下去了。”

这时你千万不要上当，一下子把价格压得太低。你可显出很棘手的样子，说："先生，你可真厉害呀！"故意花上几十秒钟时间苦思冥想一番之后，咬牙作出决定："实在没办法，那就……"比原来的报价稍微低一点，切忌降得太猛了。

当然对方仍不会就此罢休，不过，你可要稳住阵脚，并装作郑重其事、很严肃的样子宣布："再降无论如何也不成了。"

在这种情况下，顾客将认为这是最低限度，有可能就此达成协议。

也有的"铁公鸡"顾客还会再压一次，尽管幅度不是很大："如果这个价我就买了，否则咱们就算了。"这时推销员可用手往桌子一拍，"豁出去了！就这么着吧"，立刻把价格敲定。

实际上，被敲定的价格与公司规定的下限价格相比仍高出不少。

9. 转移目标技巧

讨价还价的结果往往会使洽谈陷入僵局。这种对峙而又毫无进展的局面，显然是双方都不愿看到的，因此，推销员应尽力把顾客的注意力吸引到别处，避免出现僵局。

无论产品的价格是多么公平合理，只要顾客购买这种产品，就要付出一定的经济代价。基于此，在洽谈中，推销员不应过早地提出价格问题，起码也要等顾客对产品的价格有所认识之后，你才能与之讨论价格问题；否则，如果在此之前与顾客讨论价格，那就有可能打消他的购买欲望。相反，当顾客对某种产品的欲望已很强烈时，他对价格的考虑也就越少。

如前所述，购买欲望的产生来自于顾客对商品的需要。商品越是符合顾客需要，顾客就越感到价格合适。这就是专门为顾客定做的任何一件产品的价格都对企业有利的缘由了。因此，推销员应强调产品的性能、特点、实用性、先进性，使顾客最终认识到你的产品使用价值很高，购买该产品后能得到诸多实惠，相比之下，价格就显得其次了。

对于退而求其次的策略，并非是应付客户要求时完全被动的方式，如果运用得当，销售人员完全可以利用这种方式获得更大的利益。

如何巧妙地运用这一方式获得更大的利益呢？转移客户关注的焦点，然后在一些无关紧要的问题上做出适当让步，这就是一个避免被迫抉择的好技巧。运用这一技巧的关键是如何将客户关注的焦点转移到那些无关紧要的问题上。具体如何实施这种技巧，可以借鉴下例中销售人员的做法：

销售人员："这周是本公司促销活动的最后一周了，您现在可以做出决定了吗？"

客户："我还想认真考虑一下。"

销售人员："好的。这么说，您对这种产品还是很感兴趣的？"

客户："是有一点兴趣，不过我需要花点时间好好想一想。"

销售人员："您不是为了打发我走，随便说说的吧？"

客户："当然不是，我会认真考虑的。"

销售人员："好，我想您肯定还对这种产品有些不放心？是害怕我们不能按时交货吗？"

客户："是有一些这方面的担心，你们的交货周期通常是多长？"

这时，销售人员需要表现出对双方都比较关注的问题不在意，甚至根本就略过不谈，而把其他自己不太关心的问题置于比较引人注目的地位，让客户在你不太关心的细枝末节上大下功夫，而无暇顾及彼此都十分关注的问题，如价格等。

10. 利用情感技巧

推销员报价时，保留价格尾数，采用零头标价，如报价为9.98元，而不是10元，使价格保留在较低一级档次。这样，一方面给人以便宜感，另一方面又因其标价精确给人以信赖感。

奇数报价可以满足顾客求实消费的心理，使之感到物美价廉。

在让步的同时明确告诉客户，你做出这样的决定非常艰难和无奈。除了明确告诉客户之外，销售人员还可以通过请示领导、拖延时间、示弱等方式让客户感觉到得到这样的让步已经很难得了。比如当客户提出某项要求时，即使这些要求可以实现，销售人员也不要爽快地答应，而要通过一点一点的微小让步来显示让步的艰难，这样可以降低客户过高的期望。掌握这一技巧十分重要，如果销售人员在让步时表现得非常轻松，那客户会认为你还有更大的让步空间。

11. 不便打折技巧

不要低估自己的重要性，价格谈判时，必须先做自我的心理调整。买卖是一桩彼此相互的商业行为，千万不要自贬身价，一心只求对方"恩赐"订单给你；你要想，你的产品是为客户解决问题或是为客户创造利益：买卖双方是互惠互利的，因此，千万不要低估自己的重要性，这样你才能理直气壮地说明产品的价值，才能给客户信心。下面看一个例子。

顾客："请问，您能以什么优惠价格给我呢？"

推销员："唉呀，您开玩笑了。实在对不起，本公司规定一向不打任何折扣。因为我们绝不会在产品品质上打折扣，当然也不能在价格上打折儿。换句话说，我们绝不会蒙骗顾客。"

如果产品是个小产品，或者正处于产品衰退期又无大的促销费用的投入时，我们还搞不搞促销，又如何搞呢？如果不想产品非自然死亡，笔者认为促销活动仍要搞下去。这时的目的就是想尽办法促销。是搞买赠，还是返现金、返礼品、兑奖品就要靠你八仙过海，各显神通了。

在开展促销活动前，明确这次促销活动的目的是很有必要的。我们应该根据不同的目的设计不同的促销手段，以及安排活动的侧重点、促销范围、力度等，只有目的明确才能保证促销活动的效果，这是个前提条件。我们有些企业往往是为了促销而促销。"促销就是打折"这句话就很有代表性。笔者认为，促销不仅仅是在价格上给予顾客实惠，更重要的是为了维护和延长产品的生命周期，从而使企业获得更大的赢利空间。

关键小结

每一件产品都能满足消费者某一方面的需求，其价值与消费者的心理感受有着很大的关系。在报价之前，我们应该摸清客户的心理价位，知己知彼，才能最终拿下订单。

第十一章

心理攻坚术

——如何坚定客户的购买决心

推销就是语言的艺术，在说服中运用一定的语言诱导是很重要的，但是，运用语言诱导的时候，必须强调话语的适当性。确保使用的语言能够达到一定的说服效果；如果语言运用不恰当，有可能会带来完全相反的效果。推销其实是一种说服过程，聪明的推销员运用说服总是很得法。本节介绍一些方法，供推销员参考。

1. 搞懂客户为什么会拒绝

顾客购买表现为一种需求，这种需求的满足涉及许多因素。这包括商品、地点、价格、时间和数量。假如这五个因素有一个得不到满足，顾客就有可能放弃购买。顾客的反对也主要是来自这五个方面，即商品式样、颜色、尺寸、型号、质量；商店设计布局与形象；价格适宜程度；何时购买；购买数量的多少等。但是，经验表明，无论顾客怎样反对，实际上这些反对常常仅是一种借口，以掩盖他拒绝购买的动机。比如，顾客不愿承认他无权作出购买决定，就在产品上挑毛病。因而，推销员必须了解顾客的真正反对意见，探寻其拒绝购买的“隐藏动机”。要弄清这一“隐藏动机”，需要推销员向顾客提问题，并细致地观察。如：

推销员:“这种热水器质量不错。”

顾客:“是的，不过，我要考虑考虑再说。”

顾客的“考虑考虑再说”是一个购买信号，即持反对意见的购买信号。它表明，尽管顾客看似不愿购买，事实上还是可以成交的，只是由于存在一些不太好说的问题。这时，推销员应进行广泛的启发诱导，探寻其真实的动机所在。

推销员:“看来您对热水器感兴趣，你喜欢哪种式样呢？”

顾客:“我不喜欢 ×× 型的，我怕它不安全。”

推销员:“噢，我明白您的意思了，让我给您一种安全系数大的看看。”

看来，顾客提出反对意见的真实动机在于安全因素的考虑。这可能是由于推销员在作商品介绍时，对热水器的安全可靠性解释不够，而一旦推销员意识到这个问题之后，生意马上就可以成交。

关键小结

客户为什么会拒绝？推销员必须了解顾客的真正反对意见，探寻其拒绝购买的“隐藏动机”。找到了问题的症结，才能有效地解决。

2.
尽量避免与客户争论

在与客户谈判时，双方为了谋求各自的利益，必然要在一些问题上发生分歧。分歧出现后，要防止感情用事，保持冷静，尽可能地避免争论，因为争论不仅于事无补，反而会使事情变得更糟。

推销最好的方法是让对方陈述完毕之后，先表示同意对方的意见，承认自己在某些方面的疏忽，然后提出对对方的意见进行重新讨论。这样，在重新讨论时，双方就会心平气和地进行。从而使谈判达成双方都比较满意的结果。比如，在谈判价格问题时，当甲方提出：“你方的产品价格太高，不降价无法达成协议。”这时乙方最好的办法不是立刻讨价还价，而是诚恳地表示歉意，对对方说：“我们也认为产品价格订得太高了些，但由于它成本高，所以，报价时只考虑了自己的生产成本和盈利指标，忽视了您的承受能力，这是我们的疏忽。对此，我们表示歉意。大家谁也不会为了亏本来谈判。因此，我们愿意就价格问题专门进行磋商。”这样一来。对方就不会觉得你是为了掏他的腰包，而是真诚地为了继续合作。在重新讨论价格时就显得十分宽容和大度。

顾客提出的各种反对意见可能是荒谬的、无理的，有时甚至是让人生气的。但不管怎样，推销员千万不要和顾客争吵，不能冒犯顾客。如果和顾客吵翻了，即使你获得了争吵的胜利，你也无法完成销售了。因为争吵不能说服顾客，只会让顾客寒心和气愤，今后也不会上门购物了。

此外，冷嘲热讽也是要尽可能避免的。对于顾客的无知，推销员应施展说服艺术，尽可能不让顾客难堪，否则仍会让顾客拂袖而去。

请记住：在推销中，推销员首先应该把顾客的过错统统归结于自己，然后再心平气和地进行耐心的解释。不妨把“对不起，我让您产生了误解”之类的话常挂嘴边。

一句销售行话是“占争论的便宜越多，吃销售的亏越大”。销售不是跟客户辩论、说赢客户。客户要是说不过你，他就可以不买你的东西来“惩罚”你。不能语气生硬地对客户说“你错了”、“你连这也不懂”。这些说法明显地抬高了自己，贬低了客户，会挫伤客户的自尊心。

对于那些过于敏感的客户，要尽量避免直接或间接地对他们做出可能冒犯的评语，即使如“有点”、“可能”这类有所保留的语气，都会让他们心生疑惑，因此言谈时慎选你的用词，指出事实就好。尤其要让他们了解你只是针对事情本身提出意见，而不是在对他们做人身攻击。针对他们过度的反应，你不要也跟着乱了手脚急于辩解，那可能会愈描愈黑，只要重申事情本身就好。提出意见时也同时指出他们的优点，以及表现出色的地方，以建立他们的自信心。

作为一名优秀的推销人员，应在3-5分钟内和一个原本陌生的客户建立一见如故的亲和力。只有交易双方在十分融洽的环境中，双方都不好轻易否定对方从而不让对方说“不”。推销活动不是口若悬河，让客户没有说话的余地；没有互动，怎么可能掌握客户的需求呢？

对于一些“为反对而反对”或“只是想表现自己的看法高人一等”的客户，

若是你认真地处理，不但费时，还有可能节外生枝，客户提出一些反对意见，并不是真的想要获得解决或讨论，你只要面带笑容地同意他就好了。你要让客户满足表达的欲望，然后迅速地引开话题。

人有一个通病，不管有理没理，当自己的意见被别人直接反驳时，内心总是不痛快，甚至会被激怒。心理学家指出，用批评的方法不能改变别人，只会引起反感；批评所引起的愤怒常常会引起人际关系的恶化，而被批评的事物依旧不会得到改善。当客户遭到一位素昧平生的销售人员的正面反驳时，其状况尤甚。不要对客户的反对意见完全否定，不管是否在议论上获胜，也会对客户的自尊造成伤害，如此要成功地商洽是不可能的。屡次正面反驳客户，会让客户恼羞成怒，就算你说得都对，也没有恶意，还是会引起客户的反感，因此，销售人员最好不要开门见山地直接提出反对意见，要给客户留“面子”。

客户的意见无论是对是错、是深刻还是幼稚，都不能表现出轻视的样子，表现出不耐烦、轻蔑、东张西望。不管客户如何批评，销售人员永远不要与客户争辩，争辩不是说服客户的好方法，与客户争辩，失败的永远是销售人员。

关键小结

推销员要懂得给客户留面子，最好不要开门见山地直接提出反对的意见，更不要和客户争论。因为争论不仅解决不了问题，反而会让情况越来越糟糕。

3. 有效处理客户抱怨的四大技巧

销售过程中，无论客户的抱怨如何无理取闹，你也千万不要动火。要记住不管顾客的态度如何，你的一举一动，都直接影响着公司总体的销售状况，整体的效益，顾客是上帝，这句话永远不会过时。处理客户抱怨的能力也是衡量销售员能力的重要标准。

推销员经常会遇到一些突如其来的事情。比如自己正要出门拜访时，一个顾客上门抱怨上次购买的商品有问题，希望能得到维修服务。这时，自己能说“我有约会，你下次再来吧”吗？当然不行，只得留下来耐心地听顾客的怨言，并帮助他获取公司的维修服务，以确保眼前这位“现在的顾客”。

切莫引发“战争”。身为推销员，当顾客向你提出抱怨，你应该谨记的是：这正是考验你究竟有多少能耐的好机会。提出抱怨的顾客，通常情绪激昂，怒火中烧，如果处理方法稍有不慎，就足以引发一场“战争”。处理抱怨的原则，概要而言有四种。

1. 把抱怨当做一件好事

顾客抱怨时，应该把它看成“好机会”。既不要怕它，也不要讨厌它。因为，顾客之所以向推销员提出抱怨，是认为：“我提出抱怨必能促使出售商品的公司获得各种改善。”这表示，顾客是信赖你的，你当然要欣然接受。事实上，如果能把抱怨处理好，顾客对你的信赖感只会增多，不会减少。这就叫做转祸为福。顾客获得强烈的好印象后，必定逢人便说，这无形中给公司做了有力的免费宣传。

2. 要有处理抱怨的固定流程

处理抱怨应该是一套固定的作业方式，这样才不会把事态扩大，引发不可收拾的局面。你切莫一意孤行，处理之前，你必须请有关部门的人员提供协助，紧密配合，否则容易造成“脱节”、“断层”的现象。

3. 先化解客户的敌意再解释

诚心诚意地道歉一定是处理抱怨时最先要做到的事。接着，采取低姿态，以附和的口气聆听对方的说词。在顾客怒气已发泄出去（说够了）之后，你再迅速整理他抱怨的重点，并且予以确认。最后探究原因，做适当的处理。

顾客抱怨的原因，不外乎下列数种：

公司的错误；推销员说明不够；顾客的错误；顾客的误解；发生意外事故。

不管原因如何，你要诚心诚意地解释。抱怨只要处理得当，顾客反而会支持你。你要记住这个事实。

4. 处理的速度要快

立刻处理，这是化解抱怨引发的纠纷时最有力的利器。例如，原因在商品的缺陷，你却对顾客说：“由于周五下午不上班，紧接着又是星期天，所以，我们在下星期一中午以前，再把新货送到府上……。”

如果你是顾客，将做何感想？你一定会想：“还要拖到星期一？只考虑到自己的情况，一点也不为顾客着想。这种公司的商品，以后再买才怪呢！”要是你在当天就急急忙忙、满身大汗地把新货送到他的家，那种效果与前者相比，肯定会有天地之别了。

关键小结

处理客户抱怨的能力也是衡量销售员能力的重要标准。诚心诚意地道歉一定是处理抱怨时最先要做到的事，之后再积极地解决问题。这样一来，客户怎么还会不谅解呢？

4. 沟通中多用积极的字眼

很多推销中，语言所要表达的意思差不多，但由于表达的方式不一样，会使客户产生不同的感觉，从而影响其与你及你所代表的企业的关系。所以，我们要多用积极的字眼，产生积极的效果。

在保持一个积极的态度时，沟通用语应当尽量选择体现正面意思的词。比如说，要感谢客户在电话中的等候，常用的说法是“很抱歉，让您久等”。这“抱歉”、“久等”实际上在潜意识中强化了对方“久等”这个感觉。比较正面的表达可以是“非常感谢您的耐心等待”。如果一个客户就产品的一个问题几次求教于你，你想表达你让客户真正解决问题的期望，于是你说：“我不想再让您重蹈覆辙。”干吗要提醒这个“重蹈覆辙”呢？你不妨这样表达：“我这次有信心不让这个问题再次发生。”又比如，你想给客户以信心，于是说：“这不比上次那个问题差。”按照我们上面的思路，你应当换一种说法：“这次比上次的情况好。”即使是客户这次真的有麻烦，你也不必说“你的问题确实严重”。换一种说法可能更好吗：“这种情况有点不同往常。”销售员可以体会出其中的差别。下面是更多的例子：

1. 习惯用语：问题是那个产品都卖完了。

专业表达：由于需求很大，我们暂时没货了。

2. 习惯用语：你怎么对我们公司的产品老是有问题？

专业表达：看上去这些问题很相似。

3. 习惯用语：我不能给你他的手机号码。

专业表达：您是否向他本人询问他的手机号。

4. 习惯用语：我不想给您错误的建议。

专业表达：我想给您正确的建议。

5. 习惯用语：你没必要担心这次修后又坏。

专业表达：你这次修后尽管放心使用。

关键小结

不同的说话方式会起到不同的效果。推销员应该学会多使用积极的字眼、肯定的话语，从正面引导客户，这样一来沟通才能产生积极的效果。

5. 强调产品的突出价值

无论销售人员以何种方式向客户展示购买产品的好处，通常情况下都要围绕着省钱、省时、高效、方便、舒适、安全、爱、关怀、成就感几个方面展开。

当客户说出愿意购买的产品条件时，推销人员首先要在内心将客户的理想产品要求和本公司的产品特征进行对比，明确哪些产品特征符合客户期望，哪些客户要求难以实现。在进行了一番客观合理的对比之后，销售人员就要针对能够实现的产品优势对客户进行劝说。

例如："您提出的产品质量和售后服务要求，我们公司都可以满足。您可以亲自感受一下产品的质地和制作工艺……我们公司为客户提供的服务项目包括很多种，如……"

在强化能够实现的产品优势时，推销人员必须表现出沉稳、自信的态度，而且必须保证自己的产品介绍实事求是。同时，还有一个问题需要引起推销人员的注意：你要强化的是产品的优势，而不是最基本的产品特征，介绍这些优势时必须围绕客户的实际需求展开，要从潜意识里影响客户，让客户感到这些产品优势对自己十分重要。例如：

“拥有一件这么有品位的产品肯定会让周围的朋友羡慕您的。到时候，您一定要推荐他们到我这里来购买哟！”

“现在签下定单的话，明天早上您就可以邀请朋友一起联网了。我们不但免费送货，而且还可以免费为您开通……这么有个性的键盘是为这种型号的电脑专门配置的，这是目前市场上最新款的个性键盘。”

如何向客户展示购买产品的好处？销售人员可以结合“说”与“做”两种方式。“说”即指用合适的语言向客户表述购买产品为其带来的好处，这时出色的表达方式就显得尤为重要；“做”即指通过实物或模型展示以及其他行动，向客户演示产品的用途或其他价值，这种方式适合小型商品的销售，或者在展会及本公司进行销售时也可以采取这种方式。

无论销售人员以何种方式向客户展示购买产品的好处，通常情况下都要围绕着省钱、省时、高效、方便、舒适、安全、爱、关怀、成就感等几方面展开。

这里我们主要介绍如何采用“说”的方式引起客户的购买兴趣。通常，销售人员们在向客户说明产品益处时，会根据不同的客户需求采取不同的说明方法，例如：

“产品时尚的外观设计可以体现您超凡的品位。”

“产品先进的技术会给您创造巨大的效益。”

“高效的功能可以满足您的多种需求。”

“方便的使用方法为您节省了大量时间。”

“优异的品质会让您成为市场中的佼佼者。”

……

一些销售专家还专门针对如何说明产品益处总结了如下有效句型，根据具体情况套用这些句型不失为一种既省时又省力的好方法。具体句型如下：

“会造就您……”

“会使您成为……”

“会把您引向……”

“会为您节省……”

“会为您创造……”

“可以满足您的……”

“使您更方便……”

“减少了您的……”

“增强了您的……”

“有利于您进一步……”

“帮助您改善……”

“提高了您……”

“免去了您的……”

“您更容易……”

“使您有可能……”

对于客户来说，只有销售人员说明产品可能为他们带来的价值，他们才可能被说服。熟悉产品特征是推销的基础，可是要想说服客户，销售人员就必须把产品特征转化为产品对客户日后的实际益处。说明产品益处时必须针对客户的内心愿望展开，否则就是徒劳。

关键小结

对于客户来说，只有销售人员说明产品可能为他们带来的价值，他们才可能被说服。所以，销售人员必须将产品的特征转化为产品对客户日后的实际益处。

6. 尽量让客户说“是的”

在说服中运用一定的语言诱导是很重要的，但是，运用语言诱导的时候，必须强调话语的适当性，确保使用的语言能够达到一定的说服效果。如果语言运用不恰当，有可能会带来完全相反的效果。

诱导人是指有目的的诱问、引导，使对方不知不觉地落入自己所预设的“圈套”。请看下面的营销实例：

一位推销员来到一家工厂推销电动机。这家工厂的总工程师将电动机通电后，由于测试外壳的温度，他认为推销员出售的电动机太热，怀疑电动机质量不好，表示不愿意购买。

这位推销员问总工程师：“你这里有符合电制品公司标准的电动机吧？”总工程师答：“是的”。“电制品公司一般规定电动机的设计标准，温度可高出室温 72 度，是吗？”推销员又问。“是的。”总工程师回答。

“那电机在你们厂内的温度是多少？”

“大概是华氏 75 度。”

“假如厂内的温度是 75 度，那么电动机的温度可高达 147 度。你要是把手放在华氏 147 度的水里，是不是会烫伤呢？”

“是的。”

“那你是不是最好不要把你的手放在电动机上呢？”

总工程师只好承认：“你说得一点也不错。”结果，他们成交了近五万美元的生意。

要想诱导顾客同意你的看法，就要事先精心地准备一系列问题，这些问题的答案总是肯定的——记住，诱导式询问时千万不要让对方作出否定的回答，否则将使你自己陷入被动。最后，顾客无法拒绝你的要求，顺利地达成交易。

关键小结

在说服中运用一定的语言诱导是很重要的，尽量让客户多说“是”，诱导顾客同意你的看法，这样顾客才无法拒绝你。

7.
先交朋友，再谈订单

你在与潜在客户见面前，是否能事先知道客户面临着哪些问题？有哪些因素困扰着他？比如，性格上犹豫不决的客户，说话迂回，不好意思与人对视，语气较轻，看上去想与任何人都保持距离。面对这样的客户，首先要找出他们不能做出决定的原因，然后帮助他们明确目标。最好能从寒暄入手，化解双方的陌生感，同时为他们提出一些建议和方案，再逐步引导出他们真正的需求。你若能以关切的态度站在客户的立场上表达你对他们的关心，协助解决潜在客户面临的问题，让客户感受到你愿意与他共同解决问题，他必定会对你立刻产生好感。例如，当客户的复印费用因管理不良而逐年升高时，你若能承诺协助他解决复印费用的问题，客户就会重视你所说的每一句话。

一位人寿保险经纪人曾经说：“你以为我是怎么去销售那些种类繁多的保险商品的啊？我的客户 90％都没有时间真正去了解他们保了一些什么，他们只提出希望有哪些保障，他们相信我会站在他的立场，替他规划，所以，对我而言，我从来不花大量的时间解释保险的内容和细节，我认为，我的销售就是学习、培养、锻炼一种值得别人信赖的风格。”

“客户不是购买商品，而是购买销售商品的人。”这句话，流传已久，说服力不是靠强有力的说词，而是仰仗销售人员言谈举止散发出来的人格魅力。

丰田公司的神谷卓一曾说：“接近客户，不是一味地向客户低头行礼，也不是迫不及待地向客户说明商品，这样做，反而会引起客户反感。当我刚进入企业做一个销售人员时，在接近客户时，我只会销售汽车，因此，在初次接近客户时，往往都无法迅速打开客户的心理防线。在无数次的体验揣摩下，我终于体会到，与其直接说明商品，不如谈些有关客户太太、小孩的话题或谈些乡里乡间的事情，让客户喜欢自己，这些才真正关系着销售业绩的成败，因此，接近客户的重点是让客户对一位以销售为职业的业务人员抱有好感。”

满足客户的需求已成为销售成功的关键，答案是：帮助你的客户，与客户缔结战略伙伴关系。基于这种战略伙伴关系，帮助客户发掘市场潜在机会，然后与客户共同策划、把握这些潜在机会，以此来提高客户的竞争实力，这对双方都是十分有利的。套用一句非常流行的广告语：“爱你就等于爱自己。”

帮助客户提升竞争力，形成新的竞争优势，还必须非常了解客户的业务，特别是他们所面对的市场需求情况，要对客户的灵活性、创造性和经验充满信心。寻找对其具有重要价值的机会，并帮助他们付诸实施。

如何帮助客户发掘潜在的市场机会？下面举个例子：

某包装食品厂与一家连锁超市合作进行了一次店内调查。调查的内容是：在品种繁多、分类摆放的冷冻食品中，顾客是如何最先注意到某类商品并进行选购的。厂家调查历时两个多月，通过观察，彻底改变了冷冻食品在冰柜中的陈列方式：在各连锁店拆掉妨碍顾客选购的玻璃门。这一改变使这些高利润商品的销售大幅度增加。这一切都源于厂家的主动精神。这种改善带来了更多的新的“改善”和提升竞争能力的契机。

此后，针对特定的消费群特征，这家包装食品企业不断为连锁网络中的各个商场推出定制式的促销方案。现在，双方已经有了一个业务促进活动的年度合作日程安排，大家都能看到并分享合作带来的利益。

一切从客户的利益出发，目的就是为了维持客户的忠诚。因为只有长期忠诚的客户才是企业创造利润的源泉，所以企业关注的焦点应从内部运作转移到客户关系上来。

对客户仅仅做到洗耳恭听是不足以维系合作伙伴关系的。态度和善的客户有时也会表现出对自己的判断没有信心，接待这样的客户，应该先给予正面的赞赏，然后与他们共同研究可能需要的服务。确认客户完全了解你所提供给他的解决方案后，开始执行，可能的话让客户全程参与，会产生更好的效果。必须全面了解客户的业务结构和经营理念，源源不断地向他们提供新的思路，使其充分发挥自身潜力，帮助客户发掘更多潜在机会。帮助客户就是帮企业自己，客户市场占有率的提高，也是自身竞争力的提升。

关键小结

人脉就是资源，就是钱脉。面对客户，不要急功近利，更不要只想着订单。先与客户交朋友，建立良好的关系，才是最佳的选择。

第十二章

心理降服术
——做好公关也是一门学问

公关能力在推销中起着举足轻重的作用。公关的方式很多，送礼是经常使用的一种方式。但送礼实在是一件不折不扣的苦差事。要希望自己能给对方送对礼物，在行动之前是需要好好谋划的。推销公关中，求人也很有学问。比如推销员在给男客户下订单之前，先要把他们妻子的兴趣点摸准。男客户妻子的这一关做通了，下订单就很顺利了。采用“夫人路线”迂回接近目标，最终拉近彼此的感情，为成交做好铺垫。

1.
送些小礼物促进成交

送礼实在是一件不折不扣的苦差事。面对自己不能过多追加的礼品开支，以及市面上琳琅满目的礼物，实在不知道买什么才好，但又很希望自己能给对方送对礼物。确实，送礼是一项艰巨的工作，在行动之前需要好好地谋划。这就需要你有相当的生活阅历，并具有非常好的眼光和技巧。

1. 送礼前的规划

17 世纪，有一位著名的西班牙礼仪专家叫伊丽莎白，她讲过一句话："礼品是人际交往的通行证。"换言之，她认为，在人和人打交道的时候，礼品是不可或缺的东西。

送礼之所以称为艺术，关键在一个"送"字，你的聪明才智在这个字上表现得淋漓尽致，你的蠢笨愚拙也在这个字上展示得一览无余。

送份好礼是很麻烦的事情，实施之前必须有一个完备的计划。

在送礼之前，怎样去安排自己的礼品计划呢?

首先，可购买一本记事簿或年历，专门用于记录送礼的相关事项。记住，这是一本永久保存的记事簿，而非用了就丢。

然后，把每年送出的礼物列成清单，这样就能回顾过去的记录，计划今年要送什么。在整理送礼名单时，应将今年不需要送礼的人名地址删除。如果有新的送礼对象，或是送礼对象的地址、电话有变化，则应进行更新登记，详细地列出每个人的地址、姓名、婚姻状况、节日、生日、纪念日等。

一般地，可先按照个人的分类习惯，将送礼的对象分成几大类，如潜在客户、长期客户等。

记住，去年送了某人礼物并不代表今年也要送，送礼绝不能变成一种毫无意义的习惯，要将送礼视为对某人过去一年辛苦的感谢或纪念，对友谊的长期保持，或对潜在客户的开发。

做完这些，你就列好了在今年一些日子的送礼对象，也就是你的年度送礼计划。别忘了另外一个重要的步骤：大约在送礼日之前的两个礼拜，就要提醒自己开始准备礼物了！

具体落实到送礼的实施，则要规划好“5W”。

第一个“W”，意即送给谁，“Who”。送礼前要“换位思考”。就是你送给别人的礼品应该是对方所需要的。当然，这里还有一个量力而行的问题，还有一个合情、合理、合法的问题，不是说要什么就给什么。但是至少你要明白，你送的礼物不应该是对方所厌恶的或者拒绝的，这是一个常识。怎么换位思考？就是一定要坚持以对方为中心交往。你不能自认为这是好礼物，别人喜欢那才是好东西。

如果男性送男性礼品，往往可以送他的爱人、孩子、老人喜欢的礼品，他自会转送讨好，这样皆大欢喜，成本最低，效益最高。但有些国家出于宗教信仰和民族习惯的讲究，礼品一般是不能够送给对方的老婆、配偶的。

第二个“W”，意即送什么，“What”。一般要考虑三个方面：其一，礼品的时尚性，或者我们也可以叫做时效性。什么意思？就是你送别人的东西应该是现在此时此刻比较流行的。其二，独特性，即三句话：“人无我有”，别人没的我有，“人有我优”，别人有的我的比较好，不管是吃的东西也好，用的东西也好，有的东西它就是质量好；“人优我新”，就是你送的东西大家都好都有，就要讲究新款式、新样式、新功能了。那样才会吸引人。其三，便携性。就是容易携带，本地客人送他的礼品重点、轻点倒没关系，外地客人有时候礼品要重了或者不容易携带就很麻烦。

如今，礼物重复的现象非常普遍。重复的礼物索然无味，会让人觉得你是在应付而缺乏诚意。即使对方喜欢这类礼品，也应在类似的范围内更换。常换常新，会给人以愉悦的感受。例如，上次赠给朋友一只风筝，他很喜欢。这次可以送他一支精致的线轴等，下次可以是有关风筝的书籍或图册。

在选择礼品时，怎样才能避免重复的礼物呢？一个奏效的办法是，最好将每次送出去的礼物记录下来，甚至可以记下当时送礼的情景，以及受礼者的表情，比如说：他收到领带时，很感动地拥抱了一下我；小外甥看到这个填充玩具，高兴得跳起来。你当然可以将它记录得更详细，这使你的礼物有了历史，有了血肉，有了情感，对你来说，它不再是一件生硬的物品，而变成了一种栩栩如生的纪念。而且，你可为自己下一次选择礼物作一个全面的参考。

朋友们送来的礼物通常附有小卡片，而这些卡片可以成为很重要的档案，对你下次送礼也有很大的帮助！你取下小卡片后，可在背面写明收到的礼物和日期，一般来说，人们多是选自己喜爱的礼物送人，因此，下次你送礼时，就可以找出小卡片，看看这位朋友送的是什么，再找出相近的东西回礼，例如，朋友送你加菲猫布偶，下次回送她加菲猫对杯，她一定很高兴！

第三个“W”，意即在什么地方送，“Where”。赠送礼品，有的时候需要考虑场合，比如，公务交往的礼品一般应该在办公地点送，以示郑重其事，公事公办。相反，私人社交的礼品一定要在私人交往的地方送，以示公私有别。

第四个“W”，意即什么时间送，“When”。每一次送礼，都需要一个新颖的说法，这叫做“师出有名”。节日、生日、婚礼等有意义的纪念日，或探视病人时，这都是送礼的最佳时机。因为这些时候送礼可以使收礼者不感到突兀，认为自然，容易接受。探病大多是赠鲜花，有时也赠盆景。芬芳的花朵给人带来春天的气息，使病人获得精神上的安慰。送朋友远行，也常赠礼品，礼品通常是鲜花、点心、水果或书籍杂志等。礼品上须附有名片，以祝他一路平安。

送礼的时间间隔也很有讲究，过频过繁或间隔过长都不合适。送礼者可能手头宽裕，或求助心切，便时常大包小包地送上门去。有人以为这样大方，一定可以博得别人的好感，细想起来，其实不然。因为你以这样的频率送礼目的性太强。另外，礼尚往来，人家还必须还情于你。

第五个“W”，意即如何送，“Which”。怎样送？以何种具体方式送？礼品有三个寄送方法：一是自己送，二是托人送，三是寄送，寄过去。但凡有可能，礼品要亲自送。

2. 送礼的技巧

针对不同类型的人，给他或她送什么样的礼物才算合适，这可能需要考虑到太多的因素。但是，也有一条很基本的原则，那就是：礼物最好能够满足接受礼物者的需要。我们可以将受礼者分为三种类型，并分析送给他们什么样的礼物能够充分体现送礼的价值：

a. 高枕无忧型：这种人财力雄厚，送给他们的礼物最好是具有收藏价值的，如名家字画、古董艺术品等，甚至有的时候，我们还可以送给他们一些价值虽不高，但不是很容易得到，同时又非常精美的小东西，比如一些民间的手工工艺品等。

b. 锦上添花型：这种人物质条件比较好，送给他们的礼物最好是时尚的，具有一点生活情趣的东西，如盆栽植物、葡萄酒、精致的小水晶摆件等等，这些既可观赏摆设，又有实用价值。

c. 雪中送炭型：这种人物质条件不很丰厚，送给他们的礼物最好是实用的，比如一件衬衣、一套漂亮的灯具，或者一盒价值不菲的保健品等。

同时，要掌握下面一些常见的，也是比较有效的送礼技巧：

借花献佛。如果你送的是土特产，你可说是老家来人捎来的，分给朋友尝尝鲜，东西不多，又没花钱，不是特地给他买的，请他收下。一般来说受礼者这种盛情无法回报的拒礼心态会大为缓和，最后一般会收下你的礼物。

暗度陈仓。如果你送给朋友的是酒一类的东西，不防免谈“送”字，假借说是别人送你两瓶酒，来和朋友对饮共酌，请他准备点菜。这样喝一瓶送一瓶，关系也近了，礼也送了，还不露痕迹，岂不妙哉。当然，这是针对比较要好的朋友，一般人兴许认为你为了吃一顿，吃小亏占大便宜。

烘云托月。有时你想送礼给人，而受礼者又跟你有些过节，不便直接去送。你不妨选受礼者的诞辰婚日，邀上几位熟人一同去送礼祝贺，那样受礼者就不会拒绝了。当事后知道这个主意是你出的时，必将改变对你的看法，使关系和好如初。借助大家的力量达到送礼联谊的目的，实为上策。

移花接木。老张有事要托小刘办，想送点礼物疏通一下，可是又怕小刘拒绝。老张的妻子跟小刘的太太很熟，老张便让妻子带着礼物去拜访，一举成功。看来，有时迂回运动反而能收到奇效。

醉翁之意。假如你是给家庭困难者送些钱物，有时他自尊心很强，轻易不会接受。你若送的是物，不妨说，这东西我家放着也是闲着，让他拿去先用，日后买了再还。受礼者会觉得你不是在施舍，日后又还，会乐意接受的。这样你送礼的目的也达到了。

锦上添花。一位学生受老师恩惠颇多，一直想回报却苦无机会。一天，他偶然发现老师红木镜框里的字画竟是拓片，跟室内雅致的陈设不太协调。正好，他的叔父是位小有名气的书法家，手头正有叔父赠他的字画。这位学生马上把字画拿来，主动放在镜框里，老师不但不反对，而且喜爱非常。如不能“雪中送炭”，“锦上添花”也是良策。

异曲同工。有时送礼不一定自己掏钱去买。在某些情况下，人情也是一种礼物。比如，你能通过某些关系买到厂价、批发价、优惠价的东西，当你为朋友、同事买了这些东西后，他们在拿到东西的同时，已将你的那份情当做礼物收下了。你未花分文，只不过搭上一点人情和工夫，而收到的效果与送礼无二。这种避嫌、实惠的送礼方法，只要不损害别人的利益，也不失为一种送礼的妙招。

所有这些，我们可以给推销员总结为一句话：送礼，不求最贵，但求最合适。

关键小结

送礼是一门很深的学问，送出去的礼物，如果想得到受礼人的赞许，并且能够充分表达自己的心意，最终达到自己送礼的预期目的。适当给客户送些小礼物，拉近关系，也是推销中的一门学问。

2. 感情投资花费少，回报多

作为一名推销员，如果你有人脉，它助你成功一笔交易，那自然是十分好的事情。但是，你不能被人脉冲昏了头，纯粹依靠人脉去做交易，而应将其视为你实现推销的一个砝码、一个条件，并要仔细分析如何才能将此关系利用到位。

1. 先赢得对方夫人的信任

推销员在给男客户下订单之前，先把他们妻子的兴趣点摸准。男客户的妻子这一关做通了，下订单就很顺利了。采用“夫人路线”迂回接近目标，最终拉近彼此的距离，为成交做好铺垫。

世界上最厉害的风，不是龙卷风，也不是台风，而是枕头风。不要说普通百姓，就算是威武富贵如帝王天子，在皇后嫔妃的枕头风面前耳根也会软。

枕头风如此厉害，给推销员一个重要的启示：在给男客户下订单之前，先把他们妻子的兴趣点摸准。男客户的妻子这一关做通了，下订单就很顺利了。采用“夫人路线”迂回接近目标，拉近彼此的感情，是值得动脑筋做的事情。

奉天将军曾祺的姨太太要从关内返回奉天，此事被张作霖手下干将汤二虎探知，急忙报告张作霖。张作霖觉得这是自己翻身的一个好机会，就设下了一条计谋。

汤二虎奉张作霖之命在新立屯设下埋伏，当这位姨太太一行人马行至新立屯时，被汤二虎阻截押到新立屯的一个大院里，四周站满了持枪的土匪。这时，张作霖已经接到报告，便飞马来到大院，故意提高声音问汤二虎："哪里弄来的马？"汤二虎也提高声音说："这是弟兄们在路上做的一笔买卖，听说是曾祺将军大人的家眷，刚押回来。"张作霖假装愤怒，说："混账东西！我早就跟你们说过，咱们在这里是保境安民，不要随便拦行人，我们也是万不得已才走绿林这条道儿的。今后如有为国效力的机会，我们还得求曾大人照应！你们今天却做这样的蠢事，将来怎么向曾祺大人交待？你们今晚要好好款待他们，明天一早送他们回奉天。"在屋里的那位姨太太听得清清楚楚，当即传话要与张作霖面谈。张作霖立即先派人给曾祺的姨太太送去最好的鸦片，然后入内跪地参拜姨太太。姨太太很感激地对张作霖说："刚才听罢你的一番话，我觉得你将来必有作为，今天只要你保证我平安到达奉天，我一定向将军保荐你这一部分力量为奉天效劳。"

姨太太回到奉天后，即把途中遇险和张作霖愿为朝廷效力的事向曾祺将军讲了一遍。曾祺十分高兴，立即奏请朝廷，把张作霖的部众收编为巡防营。

就这样，张作霖利用曾祺的姨太太获得了朝廷认可的正式身份，办成了一件大事，日后得以成为称雄一方的"东北王"。从这则故事中，推销员们应该受到一些启示。

2. 如何利用同事同学关系

在一个推销员聚会上，一家公司的主力销售在闲聊时跟同行们诉苦，说自己做了一年推销了，周围认识的客户基本上已经饱和，不知道用什么方法去找准客户，所以感到生意越来越难做。别人告诉他：在家靠父母，出门靠朋友，你最好找朋友多帮帮忙。他说，一年下来，能帮忙的朋友都帮了，不能帮忙的朋友找也没用。一个销售老手却说："在那些不能直接给你帮忙的朋友中，他们有没有朋友可以给你帮忙？”

作为推销员，一定要学会利用好生意场上的人脉关系。什么叫“人脉”？即把朋友的朋友变成自己的朋友，这就是人脉。所以，很多时候，你的一些朋友表面看上去对你的生意没有什么太大的帮助，但是，他的朋友或他的朋友的朋友却可能会对你的生意很有帮助。每一个推销员的准客户是“无穷无尽”的。通过朋友的介绍，可以减少第一次拜访时的陌生感，从而大大提高成交的可能性。因此，学会利用生意场上的“人脉”也是推销员的一种基本功。

要让生意场上的朋友把自己的朋友介绍给你，首先要让对方信任你，只有对方信任你，他才会愿意把自己的朋友介绍给你。

当你的朋友愿意把自己的朋友介绍给你后，他自然而然就会让你获得准客户的详细资料。根据自己掌握的资料，在对众多的准客户进行筛选后，锁定那些最具有可能性和最具有实力的准客户作为主攻对象。锁定客户后，事前准备周到，选择恰当的拜访时间、拜访方式、拜访话题等。再加上朋友的介绍，你成功的概率就会大大提高。所以，作为一个推销员，一定要学会利用生意场上的人脉，它会让你事半功倍。

一个公司的销售，是360度全方位的销售，当然竞争也是360度全方位的竞争。而对于建立销售关系网络来说也应该是360度全方位的，你的每一次行动、你的每一个思维，可能都需要围绕此来运转。假设你是一个新手，一个刚毕业的大学生，你首先是将你自己所从事的销售行业，也就是你现在在做什么工作，向你认识的人（亲朋、好友、同学、邻居）进行介绍。这就是要让你认识的所有人都知道你现在是做什么的。这个是推销你自己的第一步，也比较容易做。

刚入行的时候，苏茜的销售工作并不上道，很多时候她缺乏目标、热情和方法。但是她很幸运，在常去的咖啡馆认识了许多成功的人，他们中有房地产经纪人、汽车销售代表、500强企业的总裁、高级理财师……她逐渐从他们那里学会了一套系统的销售方法，即从现有的客户和朋友那里持续不断地发掘新的关系，获得稳定的客户量，从而获得好的销售。慢慢的，苏茜的老客户会给她介绍她所需要的潜在客户，而苏茜也因为积累的人脉一步步地走向了成功。

建立人脉关系讲究缘分，人际关系有五缘。一为“亲缘”，是基于血亲、姻亲产生的父子、母子、夫妻、兄弟、姐妹等关系；二为“地缘”，是基于籍贯、同乡产生的观念和关系；三为“神缘”，是基于相同的宗教信仰、供奉相同的神、有相同的理念而产生的关系；四为“业缘”，是基于同学、同业、战友产生的关系；五为“物缘”，是基于经营活动范围的相同或相似、伴随相关的行业协会产生的关系。

作为一名推销员，如果你有人脉，它助你成功完成一笔交易，那自然是十分好的事情。但是，你不能被人脉冲昏了头，纯粹依靠人脉去做交易，而应将其视为你实现推销的一个砝码、一个条件，并要仔细分析如何才能将此关系利用到位。只有这样才可能增加你成功的几率，否则只会功亏一篑。

一要“勤”。要勤于联络，同学、老乡、网友、车友等等，要常沟通，常走动，要勤于业务；业务要精，这是自己的优势，要在圈子中得到大家的认可，要能够帮助大家，要让大家需要自己。

二要“诚”。要以诚待人，在圈子中要诚实，要真诚，要厚道，讲话要实实在在，否则人们是不与你交往的；要以诚待事，任何事情，任何咨询，都要实事求是，来不得半点虚假。否则，所谓建立人脉关系就像黑熊掰棒子，掰一个，丢一个。

三要“信”。要守信用，在诚的基础上分析问题，在诚的基础上对作出的任何承诺，讲的任何话，要认真信守，不能成为周幽王的烽火戏诸侯、哄骗孩子的“狼来了”；要信任，与人交往，要相信人家，不能带着有色眼镜看待任何人、任何事。

四要“精”。要精通，这是指业务层面，要精通业务，为了精通业务，又要有专长，以专促精；要精明，推销自己的过程中，要防范风险，害人之心不可有，防人之心不可无，要以诚待人，又要谨防被坑，要依据规则行事，精明的前提是精通业务，精通规则。

3. 如何让作为消费主体的女性消费者帮你做宣传

女性是消费主体，与她们维护好关系让她们帮助你是很容易的。她们有自己的朋友、亲人、同学，她们会把你介绍给他们，你的推销会更上一层楼。

女人喜欢真诚。有的时候人们总是以为用最珍贵的礼物可以打动女人，其实不然。女人们是不会以礼物的是否昂贵来判断送礼人的真诚与否的。真诚不是用金钱可以买来的，它是靠我们用心去造就的。

女人需要赞美。这是女人的天性，最简单的就是要赞扬她们的美丽。女人天生就是爱美的，所以她们会在自己的男人面前尽量地表现自己的美丽，如果你不去赞美她，她会觉得你对她不尊重。对于女人的赞美不要只局限于她们的穿着打扮上，也要在她的事业和其他方面给与你的赞美。

女人需要尊重。女人其实最需要尊重了，因为尊重是我们人类的一种美德。女人需要家人朋友尊重她们的事业、人格和生活，这些都是女人们所看重的。如果她们的这些方面都得不到你的尊重，那什么都不要谈了。

女人需要一个忠实的听众。她们需要有一个听众听她们诉说他们在工作上、生活上的快乐和不快。即使是那些不善于表达的女人也会通过其他方式向你表达她的感受。就是说要善于察言观色，给她们诉说的机会，给她们以安慰和鼓励，这样就会使女人们得到一种莫大的精神寄托。

如果你把自己周围的女人关系做好了，让她们帮助你是很容易的。她们有自己的朋友、亲人、同学，她们会把他们介绍给你，你的推销将更上一层楼。

关键小结

作为一名推销员，如果你有人脉，它助你成功一笔交易，那自然是十分好的事情。但是，你不能被人脉冲昏了头，纯粹依靠人脉去做交易。

3.
“软磨硬泡”有时也有效

表面上是软磨硬泡的无理性，实际上是以真诚感动了对方。换句话说就是要设法软化被泡的对象，讲究“泡法”的礼貌性、合理性。要不温不火，而不能让对方真的生气而翻脸相向。

推销要有耐心，许多事情并不会如我们想象中的那样容易操作，比方说你求人办一件事，对方完全有能力给你办成，但他没有立即答应你，这是因为他有他自己的理由或苦衷。如果你自己立刻就败下阵来，肯定是办事无望了，假若你能持之以恒，耐心周旋，便会“柳暗花明又一村”。

某建筑工地急需60吨沥青，采购员到物资部门请求协调，但负责此事的处长推说工作忙要等两个月才能提货，采购员非常着急，他怎么能等两个月呢？但他控制住自己的感情，思索解决问题的办法。经过多番思量，他决心和那位处长大人软磨硬泡。

从第二天起他天天去处长的办公室，耐心地向处长恳求诉说，处长感到烦，不理睬他。你不理，我就坐一边等。他一有机会就张口，面带微笑，彬彬有礼，不吵也不闹，心平气和地恳求诉说，处长急不得又火不得，推不得又赶不跑，“泡”到第五天，处长就坐不住了，他长吁一声：“唉，我算服你了，照顾你这一次，提前批给你吧！”

在这个事例中，采购员便采取了软磨硬泡的方法，直到对方答应他的要求。

1946年4月，土光敏夫被推举为石川岛芝浦透平公司的总经理。战后的日本，百姓生计窘迫，企业发展更是困难重重，其中最大的困难就是筹措资金。

即便是那些著名的大企业，资金也相当紧张，更何况芝浦透平这种没有什么背景的小公司，没有哪家银行肯痛快地借钱给它。土光担任总经理不久，生产资金的来源就搁浅了。为了筹措资金，土光不得不每天走访银行。

一天，土光端着盒饭来到第一银行总行，与营业部部长长谷种重川郎（后升为行长）商议贷款事项。土光一上来就摆出了不达目的誓不罢休的气势，长谷川则装出爱莫能助的无奈之态，双方你来我往，谈了半天也没谈出个结果来。

时间过得飞快，一看到疲倦的长谷有点想要溜走的样子，土光便慢条斯理地拿出了带来的饭盒，说：“让我们边吃边谈吧，谈到天亮也行。”硬是不让长谷与营业员走开。长谷只好服输，最终批给了他所希望的款项。

后来，为了使政府给机械制造业支付补助金，土光曾以同样的方式向政府开展申诉活动，于是在政府机关集中的霞关一带，就传开了说客土光的大名。

土光的行为具备了主要的“软磨硬泡”的战术要领：

（1）脸皮要厚，不是一见到“钉子”就缩回头；

（2）明显地表达了不达目的不罢休的决心；

（3）表面上是软磨硬泡的无理性，实际上是以真诚感动了对方。换句话说就是要设法软化被泡对象，讲究“泡法”的礼貌性、合情理。要不温不火，而不能让对方真的生气而翻脸相向。

常言道：“人情卖给熟面孔。”给不给面子往往是熟人之间的事。因此，与陌生人拉关系、套近乎，光是厚脸皮不行，必须讲究方法，讲究步骤。俗话说，一回生，两回熟，只要能打开突破口，与对方拉上关系，就要毫不放松，接二连三地贴上去，天长日久，双方的关系就有点儿扯不清了。

关键小结

推销要有耐心，要设法软化客户，“软磨硬泡”在很多时候都有效果。但是过犹不及，光是厚脸皮不行，必须讲究方法，讲究步骤。

4.

适当地示弱，博得客户的同情

销售员在特殊情况下，可以使用博得客户同情的方法来进行销售。人有两种情况会掉眼泪：为了自己和为了别人，拿这个作为谈判的武器，当对方的同情之心降临，谈判结果自然就可想而知了。

小王在一家煤炭公司工作。他第一次为一家客户送煤碳样品的时候，由于对各种煤炭的鉴别能力还不足，导致把质量差的煤当成样品煤送给了客户。当时那家客户的厂长一脸怒气地吼道："……让我怎么给你付款？"

请求原谅未果后，小王心里清楚问题出在自己身上，他知道对方很难原谅自己，只有通过感情来打动他，于是说："张厂长，我的老大哥！我知道由于我的过失，给你们公司造成了很大的麻烦。我更知道我请求你如数付款很过分，但我真是没办法才求你的。我大学毕业都三年了，至今没有一份能长远发展的事业。去年好不容易找到了现在这份工作。你是我的第一个客户，第一笔业务就出现了问题，你说老总还会留我吗？非叫我卷着铺盖走人不可！那样我就会再次回到以前那种辛苦求职的生活。张厂长求你帮帮我行吗？"

听了小王的一番话，张厂长态度缓和了许多，说道："老弟呀，我现在也相信你这次是不小心装错了车，可是如果我对这车劣质煤不扣钱不扣秤的话，我也没法交代呀！工厂又不是我一个人的，你也理解理解我的苦衷好吗？"

见张厂长还要扣款，小王真的急了，眼泪止不住地流了下来："老大哥，你身为一厂之长，你的办法总比困难多吧？我求你无论如何都要帮帮我这一次，我会永远记住你的大恩大德。不然，我又要失业，父母的赡养费可咋办啊……"善良的张厂长最终被感动，长长地叹了口气，然后给小王签字如数付了款。

小王没有因为这次过失受到损失，同时也没有因此丢掉工作。在以后的合作中，他通过请示领导，把张厂长的第一次损失补了回来。张厂长更是重情义，为小王介绍了许多新客户。

人有两种情况会掉眼泪：为了自己和为了别人。拿这个作为谈判的武器，看来要追述到三国时的刘备，刘备以善哭闻名于世，他的这个招数被硬汉派笑话，但现实中却屡屡成功。毫无疑问，通过引发对方的同情，影响和改变对方的谈判立场。当对方的同情和感激同时降临，谈判结果自然就可想而知了。

某摩托车企业的销售人员，迫于销售指标的压力，要求某经销商增加提货 200 台车，该经销商已经完成了本月任务，而且库存不小，然而，其他区域的销售实在太差，只有希望那家销售还算不错的经销商帮忙了。怎么办呢？如何开口呢？如果对方一口回绝那就麻烦了。大家看看这个销售员是怎么做的：

一位销售员一脸憔悴地去见那位经销商，除了唉声叹气就是帮着经销商在店里理货。闭口不提需要经销商进货的事，当然经销商觉察到了销售人员这次过来的异样。到了第三天经销商终于忍不住问他到底发生了什么事，销售人员为难地告诉他：公司压力很大，恐怕干不长了，家里孩子还小，负担挺大的，不知以后该怎么办？说到动情处眼圈都红了。经销商显然被感动了，他觉得这么有家庭责任感而且勤快的销售人员应该帮他一把，于是问他有什么需要帮忙的，“能否这个月再进 250 台车？”于是他俩围绕到底提多少台车的谈判开始了。这是一场本来不该存在的谈判，而且没有任何额外的销售政策，但却以经销商额外提货 180 台车而圆满收场。

关键小结

销售员在特殊情况下，可以使用博得客户的同情来进行销售。毫无疑问，适当地示弱、引发对方的同情，从而影响和改变对方的谈判立场，更有利于谈判的成功。

5. 商务应酬中的心理战术

对于推销员来说，做生意的过程就是一个交朋友的过程。如果在交朋友的过程中不能喝酒，那就少了许多机会。因为酒作为一种交际媒介，在迎宾送客和聚朋会友的过程中，为交流感情和增进沟通发挥着独特的作用，是调和生意场上各种人际关系的润滑剂。那么，在酒桌上应该怎样说话办事呢？

1. 请客吃饭的三大原则

请人吃饭，诚意是很重要的。所谓诚意，是一种坚持、耐心、毅力、百折不挠的混和物。简单地说，这个客户很难请出来，那么你就去不停地邀请吧。如果你一年里出了十次的差，又有多少人忍心和有勇气拒绝你十次善意的邀请呢？

每次出差到了该地，你要第一个电话打给他：×××，今天我又来出差了。上次您正好有 ×× 事，今天方便吗，大家晚上一起聚聚啊？在遭婉拒后，你再着手安排别的事情。一年里你去了十次，有多少人忍心和有勇气拒绝十次善意的邀请呢？

下面谈谈请客吃饭的三大原则。

（1）确定邀请对象。必须根据交际的目的而定。邀请的对象自然是能给你带来帮助的人，但有时也会需要一些其他朋友作陪。应当精心安排，选择邀请的对象，要根据交际的性质、需要，及宴会规模的大小等，遵循先主后次、先亲后疏的原则，来划定邀请的范围，依次确定邀请名单。

此外，还要适当考虑邀请对象相互之间的关系，以防破坏邀请对象间的关系，给你的交际带来不便和麻烦。

（2）采取恰当的方式。要具体问题具体分析，根据交际的性质、对象而定。学者、专家、领导等，大多工作忙、时间紧，对他们最好提前邀约，以便他们做好工作调整和时间安排；闲暇时间多、工作容易调度的则可以临时邀请；对某团体的要人，公开邀请，甚至借助媒介，更能体现公正无私，光明磊落，又利于引起关注，促进宣传，扩大影响；而朋友密谈则要悄悄地进行，更利于避开旁人的视线，保证交往活动的隐蔽性；一般重要的工作联系、业务关系、公关事务等就必须采用相应的公文格式，如发书信、寄请帖等，或专人传达、亲自登门等，以示重视和尊重。总之，邀请的方式要因事而异。

（3）注意“行”、“明”、“便”。“行“即邀请的可行性。即确定可以对某人发出邀请；“明”就是明确、明白，邀请前一定要明确宴会的时间、地点、活动内容、邀请对象等；“便”就是尽可能地为邀请对象着想，为其提供来往、交通等方面的便利。

吃饭对你而言是工作，所以你必须事先有明确的主题。但是谁都讨厌8小时以外的时间还在絮絮叨叨地聊工作。老销售员的做法是：两个小时的闲聊，5分钟的工作。虽然你只是为了5分钟的工作，但是你还是必须准备两个小时的谈资。所以，吃饭前先买张当地的晚报翻翻是个不错的主意。如何在闲聊中插入你的主题，则完全依赖于谈话技巧，这是个过于庞大的话题，不再赘述。

2. 拒绝邀请，别不好意思

你有权利请别人今后继续和你保持联系，同样，你也有权利对别人的邀请说“不”。当然，回绝别人最大的障碍就是我们都不想伤害别人的感情，所以需要掌握好拒绝的方法。

回绝别人的最大障碍之一，就是我们都不想伤害别人的感情，但是不好意思回绝却常常给自己带来许多烦恼，所以在权衡利弊之后，还是要果断地拒绝你本该拒绝的邀请为好。关键在于你需要掌握好拒绝的方法。

（1）模糊应答，留条退路

有一次某单位一位同志利用儿子过生日的机会请王局长“光临寒舍”。王局长不想赴这个宴，又不好直接拒绝，便说：“你定的那个日子正是上级来检查工作的时候，这样吧，到时如果没有什么要紧事，我会抽空过去聚一下。”

（2）设置前提，争取主动

小刘正在家里埋头读书，忽然一个电话打来叫他到某哥们家“集合”，细问才知道是他们“三缺一”。小刘不好跟他们讲什么大道理，也不想再像以前那样没日没夜地玩下去，便回话说：“哎呀，我的酸手艺你们还不知道呀，你们成心让我‘进贡’，我这个月的工资都见底了。这样吧，限时一个小时，你们若是答应我就去，不答应就免谈。”一阵哄笑之后，对方也不好勉强。

（3）剖析事理，坦陈心迹

有一次建设局质检员小张的同学请他晚上到家里去喝两杯，听说还请了他那位做包工头的亲戚。小张无意赴宴，又不好跌同学的面子，便说：“你我同学一场，应该知道我的为人。若是你我几个凑个热闹，我一定会欣然前往。可正是由于我的特殊身份和你那位亲戚的关系，我才不好去喝这个酒。建筑工程百年大计质量为本，将来即使你那位亲戚承包的工程质量合格了，我公事公办问心无愧，人家也会对我们说三道四。你那位亲戚的心情我可以理解，其实工程质量不是某个人说了算的事，何必事先把事情弄得这样复杂呢？要是真的有什么闪失，到时我们见面多尴尬呀！”同学见小张说的在理，也就打消了这个念头。

下面再补充几条对别人的邀请说“不”的技巧，请推销员参考。

①笑一笑，说：“不，谢谢你。”即使不欠别人什么，只要待他有礼貌就可以了。你没必要说明理由，除非你愿意那样做。

②虽然你对这个人感兴趣，但是不喜欢他提议的活动，那就直接告诉他。告诉他你喜欢什么，看他是不是也感兴趣。

③你既然不喜欢这个人，也不喜欢他提议的活动，但是，你却很感激他邀请你，那就把你的拒绝“夹杂”在对他的感情中间。如果你想找点别的事情

来搪塞，别人很容易识破你。所以，要是人家问你，你真的很感激吗？你完全可以说，是的。例如，“事实上能和你谈话，我很高兴，虽然我不想急急忙忙到下面去洗热水浴。不过，我很感激你的邀请。”

④如果那人不理会你婉拒的暗示，那就索性去找另外一个人或另外一群人。如果某人表现得很不得体，可是只要你一直站在那里和他说话，他就以为他可能会动摇你的决心。行动胜于言语。要相信你的早期预警系统，一旦感到不舒服，就尽快离开那个人，不要等出现问题再动身。

3. 活跃气氛的酒桌绝招

在社交中，人们希望出现令人愉悦的场面，而能够制造欢乐气氛的人则更受欢迎。本节就会告诉你，在酒桌上吃饭时，如何打开话题为有些尴尬的气氛解冻加温。

以下绝招可以帮助你为生意洽谈创造出良好的氛围。

（1）夸张般的赞美

老朋友、新同事见面后，不免要介绍寒暄一番，这是个极好的活跃气氛的机会。借此把每个人的才能、成就、天赋、地位、特长等作一种夸张式的炫耀与渲染，这可使朋友们推荐给第三人，谁也不会去计较真实性，但你却张扬了朋友最喜欢被张扬的内容。这种把人抬得极高，但没有虚伪、奉承之感的介绍，会立即使整个气氛变得异常活跃。

（2）引发共鸣感

朋友、同事相聚，最忌一个人唱独角戏，大家当听众。成功的社交应是众人畅所欲言，各自都表现出最佳的才能，作出最精彩的表演。为了达到这个目的，就必须寻找能引起大家最广泛共鸣的内容。有共同的感受，彼此间才可能各抒己见，仁者见仁，智者见智，气氛才会热烈。

（3）有魅力的恶作剧

善意地、有分寸地取笑、调侃朋友并不是坏事，双方自由自在地嬉戏，超脱习惯、道德、远离规则的界限，享受不受约束的“自由”和解除规则的“轻松”，是极为惬意的乐事。

（4）寓庄于谐

社交中需要庄重，但自始至终保持庄重气氛就会显得紧张。寓庄于谐的交谈方式比较自由，在许多场合都可使用。当毛泽东主席在接见国民党谈判代表刘斐先生时说：“你是湖南人吧！老乡见老乡，两眼泪汪汪。”这番话顿使刘斐先生的紧张心情减去了一大半，紧张的会谈气氛也因此缓和了下来。

（5）提出荒谬的问题并巧妙应答

生活中，总是一本正经的人会给人古板、单调、乏味的感觉。交谈中，不时穿插一些朋友们意想不到、貌似荒谬实则极有意义的问题，能很好地活跃气氛。

（6）带些“小道具”

朋友相聚，也许在初见面时为打开局面而陷于窘境，也许在中间会出现冷场。一个精致的钥匙链可能引发一大堆话题；一把扇子，既可用作帽子，又可题诗作画，也可唤起大家的兴趣。小道具的妙用不可小觑。

（7）适当贬低自己

自我贬低、自我解嘲，这种战术是最高明的。往往是老练而自信的人才会采取这种方式。贬低会收到欲扬先抑、欲擒故纵的效果，众人将在哄笑声中重新把你抬得很高。自我贬低既可活跃气氛，又能博得他人的好感。

关键小结

在推销过程中，决定你成功的关键不仅仅是你手中的实力，更在于你玩转商务应酬的能力。千万不要小看应酬，它在交流感情和增进沟通中发挥着独特的作用，是调和生意场上各种人际关系的润滑剂。

6.

在酒桌上说对话、做对事

记得有一家公司招聘推销员，一个还没有拿到毕业证书，但长得熊腰虎背的小伙子一进招聘官的办公室就说:“我一滴酒也不能沾，能不能做推销员？”招聘官都笑了，其中有一位告诉他说：“肯定能，但是，你少了很多成功的机会！”听招聘官这么一说，他自己就打了退堂鼓。

俗话说：男人不喝酒，交不到好朋友。对于推销员来说，做生意的过程就是一个交朋友的过程。如果在交朋友的过程中不能喝酒，那不仅少了许多机会，而且也少了许多乐趣。因为酒作为一种交际媒介，在迎宾送客和聚朋会友的过程中，为交流感情和增进沟通发挥了独特的作用，是调和生意场上各种人际关系的润滑剂。但是在最“放松”的酒桌上有些事情还是得注意。

一是话题要开放，让所有客人都参与。推销员宴请客户，一开始对方来的人会比较多，所以，聊天应尽量多聊一些大家都感兴趣的话题，营造一种普天同乐的气氛。但有些年轻的推销员聊着聊着就与人贴耳小声私语，冷落其他的客人，从而影响宴请的效果。

二是语言得当。在酒桌上通过语言可以展现出你的才华、学识、修养和交际风度，有时你一句诙谐幽默的语言，会给客人留下很深的印象，使人无形中对你产生好感，所以，要会说话，知道在什么时候该说什么话。

三是坚持“敬酒不劝酒”的原则。很多年轻的推销员总喜欢把酒桌当战场，以酒量论英雄，似乎不醉不罢休。作为主人应当勤敬酒，但是一定要尊重对方的意思，如果过分地劝酒效果只会适得其反。

大多数酒宴都有一个主题，也就是喝酒的目的。赴宴时首先应环视一下各位的神态表情，分清主次，不要单纯地为了喝酒，而失去交友的好机会，更不要让某些哗众取宠的酒徒搅乱东道主的意思。

要想在酒桌上得到大家的赞赏，就必须学会察言观色，因为与人交际，就要了解人心，左右逢源，才能演好酒桌上的角色。

酒席宴上要看清场合，尽量保留一些酒力和说话的分寸，既不让别人小看自己，又不要过分地表露自身，选择适当的机会，逐渐亮出自己的锋芒，才能稳坐泰山，使大家不敢低估你的实力。

对于推销员来说，酒是必须要喝的，但推销这个行业决定了推销员不能多喝，更不能喝醉，应该在清醒的状态下在酒桌之上跟客户谈生意。那么，在酒桌上，推销员应该如何来应对一杯杯接踵而来的酒而保持屹立不倒呢？

如果你不太能喝酒却又不得不喝时怎么办？除了在喝之前要做些准备工作，还要学些挡酒的小花招。

（1）讲明后果计

作为被动者，当酒喝到一半量时，应向东道主或劝酒者说明情况。如：“感谢你对我的一片盛情，我原本只有三两酒，今天因喝得格外称心，多贪了几杯，再喝就‘不对劲’了，还希望你能体谅”。如此开脱后，就再也不要喝了。只要劝酒者明白“乐极生悲”的道理，善解人意者，就会见好就收。

（2）无中生有计

所谓的无中生有，其实就是找个借口，譬如说饭后还要开车，晚上有活动，最近在服用强身健体、养胃镇痛的中药忌用酒等等，有医生开的证明效果更佳。

（3）偷梁换柱计

对方是普通客户，做假方法可以采用。用饮料冒名顶替酒，如：用白水代替白酒，以茶代替啤酒，以姜煮可乐代替红酒，以煮过的七喜或橙汁代替黄酒。为避免被识破，开始时真而又真，然后虚虚实实，一会儿真一会儿假，再后来是假中有真，真中有假，把所有人都唬住以后，再搞假而又假。

（4）乾坤挪移

如果客人酒量甚大，你不可能陪好，就尝试着转移对方注意力。如果对方酷爱足球，你就把西甲、意甲、德甲、英超挂在嘴边儿；如果对方喜欢时尚，香奈儿、保时捷之类的品牌创业故事信手拈来。如此一来，对方入神地听你口若悬河，夸夸其谈，连吹捧带忽悠，他早忘了敬酒拼酒干杯，乐不可支地自斟自饮。

（5）以守为攻

不要主动出击。就坐后先吃菜，吃一些肉类、淀粉类等食品垫底，这样喝起酒来就不容易醉。

（6）掌握节奏

喝酒时慢慢来，不要一下子喝得太猛。不要“三种全会”样样都喝，即白酒、红酒和啤酒。要知道，混合酒特别容易醉人。

关键小结

对于推销员来说，吃饭喝酒是必须的。酒席宴上要看清场合，尽量保留一些酒力和说话的分寸。只有说对话、做对事，才能在应酬中谈好生意。

7. 你不可不知的酒桌规矩

中国人好客的传统，在酒席上发挥得淋沥尽致。人与人的感情交流往往在敬酒时得到升华。在酒桌上，有一些没有人教你的“潜规则”，但这些“潜规则”深入人心，已经成为大家默认的酒桌规矩了。作为销售人员，上酒桌之前你一定要了解它们，才不至于失礼了或被人嘲笑了还不知道是为什么。

“文敬”，是传统酒德的一种体现，也即有礼有节地劝客人饮酒。酒席开始，主人往往在讲上几句话后，便开始了第一次敬酒。这时，宾主都要起立，主人先将杯中的酒一饮而尽，并将空酒杯口朝下，说明自己已经喝完，以示对客人的尊重。客人一般也要喝完。在席间，主人往往还分别到各桌去敬酒。

“回敬”：这是客人向主人敬酒。

“互敬”：这是客人与客人之间的“敬酒”，为了使对方多饮酒，敬酒者会找出种种必须喝酒的理由，若被敬酒者无法找出反驳的理由，就得喝酒。在这种双方寻找论据的同时，人与人的感情交流就得到了升华。

“代饮”：既不失风度，又不使宾主扫兴的躲避敬酒的方式。本人不会饮酒，或饮酒太多，但是主人或客人又非得敬上以表达敬意，这时就可请人代酒，代饮酒的人一般与他有特殊的关系。在婚礼上，男方和女方的伴郎和伴娘往往是代饮的首选人物，故酒量必须大。

“罚酒”：这是中国人“敬酒”的一种独特方式。“罚酒”的理由也是五花八门。最为常见的可能是对酒席迟到者的“罚酒三杯”，有时也不免带点开玩笑的性质。

喝酒中，你应该喝多少，应该敬别人多少，敬酒是什么次序，都有一套内定的学问，具体规矩如下：

规矩一，酒桌上虽然“感情深，一口闷；感情浅，舔一舔”，但是喝酒的时候绝不能把这句话时刻挂在嘴上，不然有逼迫别人超量饮酒之嫌。

规矩二，韬光养晦，厚积薄发，切不可一上酒桌就猛喝一顿。

规矩三，领导相互喝完才轮到自己敬。

规矩四，可以多人敬一人，绝不可一人敬多人，除非你是酒桌的主人。

规矩五，自己敬别人时，如果不碰杯，自己喝多少可视情况而定，但要比照着对方的喝酒情况，切不可比对方喝得少，要知道是自己敬人。

规矩六，自己敬别人，碰完杯记得说一句“我喝完，你随意”。

规矩七，如果你职位较低，记得多给领导添酒，不要抢着给领导代酒，就是要代，也要在领导确实想找人代，比如领导不胜酒力，可以通过旁敲侧击把准备敬领导的人拦下。

规矩八，端起酒杯，右手扼杯，左手垫杯底，记着自己的杯子永远低于别人。

规矩九，如果没有特殊人物在场，碰酒最好按顺时针顺序，不要厚此薄彼。

规矩十，每次碰杯和敬酒都要有说词。

规矩十一，桌面上不要大谈生意，喝好了大家心里面自然会明了，不然他也不会敞开了跟你喝酒。

规矩十二，不要耍赖，说错话，办错事，不要申辩，自觉罚酒才是硬道理。

规矩十三，假如，纯粹是假如，遇到酒不够的情况，酒瓶放在桌子中间，让人自己添，不要傻不拉唧去一个一个倒酒，不然后面的人没酒了怎么办？

规矩十四，最后一定还有一个闷杯酒，不要让自己的酒杯空着。

规矩十五，注意酒后不要失言，不要说大话，不要失态，不要吐沫横飞，筷子乱甩，不要手指乱指。

规矩十六，不要把“我不会喝酒”挂在嘴上，如果你到头来还是要喝的话，免得别人骂你虚伪，不管你信不信，人能不能喝酒是能看出来的。

规矩十七，不管领导要你喝多少，自己先干为敬，双手扶杯，杯子要低于对方的杯子。

规矩十八，酒后嘘寒问暖是少不了的，一杯酸奶、一杯热水、一条热毛巾都显得你关怀备至。

关键小结

在酒桌上，有一些没有人教你的“潜规则”，但这些“潜规则”深入人心，已经成为大家默认的酒桌规矩了。作为销售人员，你一定要了解它，掌握其中的学问。

第十三章

售后平衡术

——真正的销售从售后开始

售后服务是整个商品销售过程的重点之一。好的售后服务会带给买家非常好的购物体验，可能使这些买家成为你忠实的用户，以后经常购买你店铺内的商品。售后服务中，经常遇到的是客户的抱怨问题。提出抱怨的顾客，通常情绪激动，怒火中烧，如果处理方法稍有不慎，就足以引发一场“战争”。推销员必须学会处理抱怨的原则。在交易完后如何与客户建立长期友谊，也是一件值得销售员思考的问题。你不一定要和顾客签什么合约，而要把重心放在如何让你周围的人参与到你的销售活动中，从如何来帮助你这个问题上进行考虑才行。

1.

处理好售后的心理技巧

售后服务是整个商品销售过程的重点之一。好的售后服务会带给买家非常好的购物体验，可能使这些买家成为你的忠实用户，以后经常购买你店铺内的商品。

那么，该如何做好售后服务呢，首先要树立正确的售后服务观念。服务观念是长期培养的一种个人或公司的魅力，卖家都应该建立一种“真诚为客户服务”的观念。

服务有时很难做到让所有的用户百分之百地满意。但只要你在“真诚为客户服务”的指导下，问心无愧地做好售后服务，相信一定会得到回报的。

卖家应该充分重视和把握与买家交流的每一次机会、因为每一次交流都是一次难得的建立感情、增进了解、增强信任的机会。买家也会把他们认为很好的卖家推荐给更多的朋友。

任何卖家都不可能让买家 100% 满意，都会发生顾客投诉。处理客户投诉是倾听他们的不满、不断纠正卖家自己的失误、维护卖家信誉的补救方法。处理得当，不但可以增进和巩固与客户的关系，还可以促进销售的增长。当然不同的卖家处理投诉的方法也不尽相同。

“我坚信，销货始于售后。”这是德国汽车经销商吉拉德的著名信条。吉拉德经营十几年来，他每年卖出的新车比任何其他经销商都多。解释他成功的秘诀时，吉拉德说：“我每月要寄出一万三千张以上的卡片。”

这个秘诀同样也是 IBM 等许多杰出公司成功的秘诀，说穿了，就是服务，压倒性的、无懈可击的服务，尤其是售后服务。吉垃德观察到："有一件事许多公司没能做到，而我们却做到了，我坚信销售真正始于售后，并非在货物尚未出售之前。顾客还没踏出店门之前，我儿子就已经写好了'感谢惠顾'的卡片了。"一年之后，吉拉德不仅会代表顾客亲自跟服务部门保持联系，而且还会继续维持两者之间的沟通。

吉拉德不会在顾客买了车之后，就把他抛至九霄云外了。他们每个月都会收到一封用大小不同、格式颜色各异的信封装的信，这样才不会像一封垃圾信件。顾客们会打开来看，信一开头就写着："我喜欢你！"接着写道："祝你新年快乐，吉拉德贺"。二月，他会寄一张"美国国父诞辰纪念日快乐"的贺卡给顾客。

吉拉德对顾客的关怀是贯彻到售后的。他说"顾客再回来要求服务时，我尽全力替他们做到最佳服务。你必须有医生的心肠，顾客的车出了毛病，你也要替他难过。"

乍看之下，吉拉德的一万三千张卡片策略，就像一种促销方式。但就和杰出公司一样，他对顾客的关怀是发自内心的诚意。如同吉拉德所说："国内真正出色的餐馆，在厨房里就开始表现他们对顾客的爱心了；同样的，顾客从我这买走一部车，将会像刚走出一家出色的餐馆一样，带着满意的心情离去。"

一些销售人员以为达成交易就是与客户沟通的结束，认为自己已经没有与客户保持友好沟通的职责了。或者他们认为，在交易完成之后如果客户有需要的话，通常都是因为产品出现了问题，而那时应该由产品维修人员与客户进行联系。这种想法不仅片面，而且十分短视。事实上，很多忠诚的老客户都是通过销售完成之后的有效沟通与销售人员确立持久联系的，那些销售高手们都不会放过在交易完成之后与客户的进一步沟通。在销售完成后仍然积极主动地关心客户需求，并且努力使他们产生更加愉快的体验，这是打通与客户后续沟通渠道的重要方式，也是建立稳定客户群的最佳方式。

销售人员为客户提供的主动服务可以为自己创造巨大的效益，在实际操作的过程中销售人员要想获得这些其实一点儿也不难。销售高手们经常采用的服务方式如下：

1. 定期进行电话联系

销售人员可以在交易完成后定期与客户进行电话联系，这种方法既省时又省力，但是却可以随时让客户感受到你的关心和体贴。在电话中，销售人员可以主动询问客户对产品的意见以及使用产品的情况，同时还可以了解客户是否又有新的需求。

2. 适机展开客户回访活动

一些企业会针对产品的市场开发进行必要的客户回访活动，而经常主动展开客户回访的销售人员却不多。其实，适机展开客户回访是获得客户积极认可的一种很重要的方式。在对客户进行回访之前，销售人员最好制定一个针对性较强的回访记录表，这样一来可以显示出你对这次回访的重视，二来也方便客户填写，另外还有助于你更准确地了解客户的意见和需求。

3. 随时告诉客户最新产品动态

销售人员还可以随时告诉客户有关本企业产品的最新动态，以满足客户的信息需求。这样可以方便客户随时掌握相关产品信息，从而更加关注你的最新产品。销售人员可以通过打电话、发邮件、送产品资料等方式来告诉客户本企业产品的最新动态。

关键小结

一些销售人员以为达成交易就是与客户沟通的结束，认为自己已经没有与客户保持友好沟通的职责了。这种做法大错特错，因为售后服务是整个商品销售过程的重点之一，好的售后服务会让客户成为你的忠实用户。

2.
有效地拒绝先拿货后付钱

现在商业交易中不少企业都采取了赊销的形式。通俗点说，即先拿货后付钱。但是这个过程中对方诚信程度如何？是否欺诈？能否按时回收账款？这些问题应该怎么解决呢？

赊销是信用销售的俗称。赊销是以信用为基础的销售，卖方与买方签订购货协议后，卖方让买方取走货物，而买方按照协议在规定日期付款或以分期付款形式付清货款的过程。赊销使商品的让渡和商品价值的实现在时间上分离开来，使货币由流通手段转变为支付手段。它实质上是提供信用的一种形式。赊销商品使卖者成为债权人，买者成为债务人，这种债务关系是在商品买卖过程中产生的。

赊销的好处主要是针对买方的，但对卖方来讲就显得有些迫不得已。任何一家卖方当然都希望现金交易，即一手交钱，一手交货，既无风险，又可尽快回笼资金。然而，面对竞争日趋激烈的市场，企业又不得不接受对它来说看似苛刻的赊销。

但是，由于信用体系的不健全、赊销管理的不严格，造成了发生坏账的可能。起先仅有一笔欠款，为了不影响销售，前款未清又放一批货，导致欠款总额增加，此后害怕收不回欠款，只好一批接一批地不断放货，进入恶性循环，最终导致血本无归。

如果一批货品不得不赊销，那么销售人员可以参考下面的方法来尽量降低赊销风险：

1. 制定付款时间的折扣制度。比如客户货到付款，则给予全部货款 8% 的优惠；30 天付款的，给予 5% 的优惠；60 天付款的，给予 2% 的优惠；90 天付款的，没有优惠……根据企业的实际情况制定相应的折扣优惠政策，尽快将货款收回。

2. 了解客户的行业地位及行业前景，能够帮助你估计客户的付款能力。但是请专业的信用咨询公司调查的话，要测算一下调查成本是否合适。

3. 对于给予了赊销制度的客户，一定要严格合同的审核制度，最好有专业的顾问律师，以保障本企业的经济利益。

关键小结

在销售过程中，很多推销员面临着赊账、欠款的问题，这给业绩的提升带来了负面影响。推销员应该尽量避免赊账，拒绝先拿货后付款。

3. 抓住客户弱点，解决拖欠款

讨账很有技巧可讲，第一，讨账要选准时机；第二，讨账要注重方法。不同性格类型、不同出发点的客户，要有的放矢，区别对待。第三，讨账要贵在坚持；第四，讨账的过程，有时是解决问题的过程，帮助客户解决这些根本问题，问题解决了，欠款问题也就迎刃而解。

在某酒业公司销售总监的办公室，区域主管老杨正在做最后的“命令”复述：调整状态、想方设法，克服困难，完成任务，如果要不回 20 余万元的赊欠货款，坚决不收兵。

这样的情景真的有一种“风萧萧兮易水寒，壮士一去兮不复还”的豪气。

攻心战术，曲径通幽。老杨要去的第一家欠账户是金老板，他是老杨所在酒厂在某市的总经销，由于这个客户销量大，几次发货时，货款不足，于是打了欠条，积攒下来，不知不觉竟达8万元之多。可赊账易，要账难呀，稍微不慎，就会伤了和气，甚至中断合作。

老杨去找客户的当天是一个礼拜六，之所以选择这天过去，是有用意的，这天是客户生日，也是一个大喜的日子，而在客户高兴的时刻，事情更有助于成功。同时，在这样的一个日子前去，老杨认为客户会明白他的用意，理解他的苦心，为此，他还准备了一份价值200多元的保健按摩仪作为生日礼物送给客户。

“金老板，我一直把你当成我最好的大哥，甚至说是师长。”老杨抛出话题，“最近，小弟有一个事情，很头痛，不知道哥哥能否帮上忙？”老杨紧紧握着金老板的手说。

“什么事，只要哥哥我能帮得上，肯定会帮的！”被酒精麻醉了神经的金老板斩钉截铁地说。

“还是以前赊欠货款的事情，快年底了，公司有考核，如果不能回款，工资都发不了，年都没法过呀。”他叹口气，一副伤心和无奈的样子。

“哦，这个事情啊，我想想。”张老板似乎清醒了一些。“多少钱？”老金头也没抬地问道。

“八万。”老杨边隐蔽地掏出欠条，边小声地说。这个时候，他知道要给对方留些面子。

“好像手头没有这么多钱。”金老板思考了一下说。“刚才听业务员小刘说，他昨天才从下边乡镇客户那里收回了将近10万元，您好像还表扬他了。”老杨把他事先掌握的信息及时向金老板透漏。“哦，好像是，我怎么给忘了呢？不过，那是我准备进别的货的钱啊。”金老板好像有点难为情。

“是这样，现在经济形势不好，今年的春节肯定赶不上以前，建议你还是把一些销量不大的小厂家货给停掉吧，这样能抽调一部分资金，并且对你未来发展很有好处，同时，我们也会因为你一直信守承诺，更加大力支持你。”老杨坚定地给金老板分析道。

“你说的有些道理，好，就按你说的办，叫出纳过来，我让他给你筹款。”金老板看了一眼老杨，挥手招呼出纳过来。

当老杨离开金老板的家时他有些兴奋：看来他的连环攻心战术，是有些效果的，他的嘴角露出了一丝笑意。

老杨这次一波三折的讨账之旅结束了，通过这次要账的经历，你能总结出一些什么经验呢？

第一，讨账要选准时机。面对爱要面子的金老板，不宜采取直来直往的催账行为，而是欲取之，先予之。通过选择客户过生日这个绝佳时机，送上能略表心意的礼品，通过利用客户高兴时刻以及饭桌上酒酣耳热之际，向客户苦诉衷肠，从而打动客户，最终还是能够让对方乖乖地把钱拿出来的。

第二，讨账要注重方法。不同性格类型、不同出发点的客户，要有的放矢，区别对待。比如，对于一些胆小怕事而又赖账不想还的客户，可以通过胡萝卜加大棒的方式，即通过唤起其以往愉快而美好的合作经历，打动其内心最柔弱的一面，而后，再通过旁敲侧击，以欠账会惹官司这一事实，给客户以反省的时间，让其自省，想方设法让他主动还钱。

第三，讨账要贵在坚持。对于要心眼的客户，比如一直哭穷的客户，可以采取以牙还牙的方式，不为其行为所蒙蔽，而是洞察真相，紧追不舍，打消客户的侥幸逃避心理，而不是轻言放弃，让客户没事偷着乐。

第四，讨账的过程，有时是解决问题的过程。欠账的原因有很多种，比如，有无力偿还的，有故意拖着不还的，有市场问题不解决而压款的等等，针对这些原因，应当认真分析，通过策划订货会、帮助清理消化库存、举行促销活动等方式，帮助客户解决这些根本问题，问题解决了，欠款问题也就迎刃而解。

当应收账款累积到惊人数额时，你会发现债务人要么躲着不敢见面，要么总是承诺还款却始终扮演“千年认账、万年赖账”的无理角色……债务人往往不会使用单一的手法拖欠债款，而是综合使用各种方法，即用尽躲、拉、赖、拖、推、磨之能事，令催款人无计可施。

作为催款人，你是否能掌握债务人的弱点、伺机而发，从而制胜难缠的债务人呢？现在，就和我们一起来分享有效解决债务人拖延债款难题的五大高招：

先来认识一下债务人常用的拖欠债款的六大“招式”：

1. 躲着不见面、不回复留言、电话、告诉别人“他不在”、变更经营场所等。

2. 以老朋友、老客户自居，要求相信他、帮助他，发誓赌咒一定还清债款等。

3. 以货物、合同规格、品质不符或价格太高为理由，拒绝付款或以此要求降价拖延时间。

4. 以生意不好无利可图、货物难销、正出差在外、会计人员不在等理由要求下次再来对账收款，达到拖延的目的。

5. 以未收到对账通知单、客户的汇款未到、前任没有交待、企业负责人已更换等理由推托责任。

6. 不断提出不同的理由来拖延支付，使债权人疲于追讨；或多次承诺支付，但从未履行。

一般来说，以下算是比较成功的催收货款的指导思想和对策。

晓之以理——增加对方的失信成本。

动之以情——维护好双方的关系。

导之以利——站在商业发展的角度上看问题。

施之以法——有针对性地进行施压。

我们也可以“缠”客户，“缠”主要有以下两个层次：

一、一定要找到对方的决策人，对方的下属对你的还款是起不到作用的；

二、针对“磨”的客户要不断地提出问题，这方面需要比较大的耐心。

“粘”：不轻易答应客户的要求，对有松动的债务人要随时提出还款承诺的要求。

“勤”：催款的频率一定要高；就像谚语“会哭的孩子有奶吃”说的那样，催得紧时更可能拿到债款。

“逼”：对客户的弱点直接施压，这一点对催款人的要求更高；同时要注意适当提高施压等级。

这里的客户弱点是指：客户的失信成本因催款人的催款行动而放大，这时，债务人会考虑还款。

“快”：对意外的事情反应要快。这一点要求催款人在头脑中要随时有应付意外事故的信号。

关键小结

讨账很有技巧可讲，第一，讨账要选准时机；第二，讨账要注重方法。不同性格类型、不同出发点的客户，要有的放矢，区别对待。第三，讨账要贵在坚持；第四，讨账的过程，有时是解决问题的过程。

4. 真正的销售从成交之后开始

不一定要和顾客签什么合约，你要把重心放在如何让你周围的人参与到你的销售活动中，从如何来帮助你这个问题上进行考虑。

乔·吉拉德有一句名言：“我相信推销活动真正开始在成交之后，而不是之前。”推销是一个连续的过程，成交既是本次推销活动的结束，又是下次推销活动的开始。推销员在成交之后继续关心顾客，将会既赢得老顾客，又能吸引新顾客，使生意越做越大，客户越来越多。

“成交之后仍要继续推销”，这种观念使得乔·吉拉德把成交看作是推销的开始。乔·吉拉德在和自己的顾客成交之后，并不是把他们置于脑后，而是继续关心他们，并恰当地表示出来。

他每月要给他的1万多名顾客寄去一张贺卡。一月份祝贺新年，二月份纪念华盛顿诞辰日，三月份祝贺圣帕特里克日……凡是在乔那里买了汽车的人，都收到了乔的贺卡，也就记住了乔。正因为乔没有忘记自己的顾客，顾客才不会忘记乔·吉拉德。

不一定要和顾客签什么合约，你要把重心放在如何让你周围的人参与到你的销售活动中，从如何来帮助你这个问题上进行考虑。

不能获得他人帮助和支持的业务员身上有一个共同点，就是他们考虑的都只是自己的利益。

“他就在有麻烦事的时候，才会给我打电话。”

“卖给我之前，不知道来了多少次，一旦买了，就好像不认识我似的。”

很多买车人都有过这样的经历：业务员在卖给我之前，经常上门来，介绍他的车如何好，可是，买了以后就再也不来了。验车的日子临近的时候，他又开始来了。他是来问我打算买什么新车的。不过，那个时候你早已改换成别的公司了。

为什么销售人员就不懂得重视已经在他们那儿买过一次东西的顾客呢？这些都是好不容易才能得到的顾客。你不好好地重视这些顾客，却又在东西卖不出去的时候，把责任都归结到“经济不景气”，或者是他人身上，这难道不是搞错了对象了吗？专业的业务员能把时间集中起来加以充分利用，专业的业务员是靠结果来打动顾客的。

关键小结

推销活动真正的开始是在成交之后，而不是之前。推销员在成交之后继续关心顾客，将会既赢得老顾客，又能吸引新顾客，使生意越做越大，客户越来越多。